Introduzione all'audio forense

Language and Forensics

Edited by Chiara Meluzzi and Sonia Cenceschi

VOL. 1

Chiara Meluzzi e Sonia Cenceschi

Introduzione all'audio forense

Fonetica forense, elaborazione del segnale audio e psicoacustica

PETER LANG
Losanna · Berlino · Bruxelles · Chennai · New York · Oxford

Informazioni bibliografiche pubblicate dalla Deutsche Nationalbibliothek
La Deutsche Nationalbibliothek elenca questa pubblicazione nella Deutsche Nationalbibliografie; i dati bibliografici dettagliati sono disponibili online all'indirizzo: http://dnb.d-nb.de.

1) Project Otzi++ 40B1-0_191458, Bridge - Proof of Concept FNS – Innosuisse
2) PRIN 2022 PNRR AKiD (Acoustic and Kinematic Characteristics of Speech in Dementia - P2022MMH7R CUP J53D2301729000)

Scuola universitaria professionale della Svizzera italiana
Dipartimento tecnologie innovative
Servizio informatica forense
SUPSI

BRIDGE

Finanziato dall'Unione europea
NextGenerationEU

MUR

Italiadomani
PIANO NAZIONALE DI RIPRESA E RESILIENZA

UNIVERSITÀ DEGLI STUDI DI MILANO

ISSN 3042-7991 (Print)
ISSN 3042-8009 (Electronic)
ISBN 978-3-0343-4417-3 (Print)
ISBN 978-3-0343-6171-2 (ePDF)
ISBN 978-3-0343-6172-9 (ePUB)
DOI 10.3726/b23225

Credits to Gloria Meluzzi for the figures in Chapters 2 and 5.

Pubblicato da Peter Lang Group AG, Losanna (Svizzera)

info@peterlang.com

PETER LANG
Open

Questa pubblicazione è stata sottoposta a peer review.

www.peterlang.com

A Mimmo

Contenuti

Indice Delle Figure

Indice Delle Tabelle

Prefazione

È con grande piacere che accolgo questo nuovo manuale dedicato alle analisi audio per il settore forense. "Introduzione all'audio forense" si prospetta come un prezioso alleato per tutti coloro che operano nel settore giuridico, tecnico e della sicurezza, in quanto fornisce in modo fruibile le conoscenze scientifiche di base necessarie per comprendere le numerose potenzialità di questa disciplina e rappresenta uno strumento di riferimento per professionisti e studiosi interessati a esplorare questo campo specialistico.

La mancanza di una regolamentazione specifica e di standard metodologici oggettivi in una disciplina così complessa evidenziano la necessità e l'urgenza di un approccio organizzato e collaborativo tra professionisti con diverse competenze, al fine di migliorare l'efficienza delle indagini e dei procedimenti e quindi, in ultima analisi, di meglio tutelare i cittadini e la società tutta.

L'aumento esponenziale dell'utilizzo dei media audio e video nella comunicazione, alimentato dalla potenza delle nuove tecnologie digitali, presenta sfide significative nell'identificazione di alterazioni dei dati originali, nell'accertamento di autenticità e nel contrasto alla diffusione di informazioni false. Inoltre, i continui ed eccezionali progressi delle tecnologie di manipolazione digitale rende sempre più complesso distinguere tra media autentici e media creati artificialmente. Dall'uso crescente di dati personali e biometrici per l'autenticazione e l'identificazione degli utenti in sistemi di elaborazione dei dati emergono d'altronde nuove e importanti preoccupazioni legate alla protezione della privacy.

L'audio forense si trova quindi al crocevia di sfide etiche e tecnologiche che necessitano la creazione di un linguaggio comune tra tecnici, giuristi e professionisti del perseguimento penale, per la strutturazione di una solida base su cui costruire collaborazioni proficue per l'evoluzione del settore.

Questo manuale, caratterizzato da un approccio concreto, coniuga efficacemente le esigenze pratiche dei fruitori con il rigore scientifico di diverse discipline, quali principalmente l'ingegneria del suono e la linguistica generale. I contenuti teorici sono controbilanciati da una vasta casistica attinta da situazioni reali e dall'esperienza sul campo delle due autrici, che si dimostrano anche attente all'incertezza insita nell'analisi scientifica.

Il profilo scientifico delle due autrici del manuale è peraltro indicativo della necessità di trattare il tema in ottica interdisciplinare e trasversale. Chiara Meluzzi è infatti Professore Associato di Glottologia e Linguistica all'Università degli Studi di Milano: è specialista di fonetica sperimentale, le cui applicazioni ricadono fortemente anche nel settore forense. Sonia Cenceschi è ingegnere e ricercatrice presso il Servizio di Digital Forensics del Dipartimento di Tecnologie Innovative della Scuola universitaria professionale della Svizzera italiana (SUPSI); ha all'attivo una consolidata esperienza come perito fonico forense. Le due autrici hanno già collaborato in precedenti pubblicazioni scientifiche sul tema dell'audio forense, tra cui ricordiamo anche la curatela del volume "La linguistica forense in prospettiva multidisciplinare" nella collana Studi AISV (vol. 10, 2023).

In un certo senso questo manuale rappresenta così il coronamento di una lunga e proficua collaborazione che da anni affronta il tema del trattamento della prova audio forense non solo dal punto di vista scientifico ma anche da quello divulgativo.

La divulgazione delle tecniche di audio forense nelle sue molteplici sfaccettature risulta difatti essenziale per preservare l'integrità delle prove in un contesto in cui la veridicità delle registrazioni può avere impatti decisivi sulle decisioni legali e sociali. Gli stessi professionisti dell'ambito giuridico sono sempre più spesso chiamati a conoscere i potenziali applicativi di questo settore scientifico, già per potersi, d'entrata, orientare nella scelta del professionista a cui affidare incarichi peritali in relazione alla prova audio.

Spero che questo manuale diventi un riferimento per tutti coloro che desiderano approfondire le proprie conoscenze in questo settore, contribuendo così a elevare gli standard professionali e a garantire una giustizia più informata e accurata.

Andrea Maria Balerna, Procuratore generale sostituto del Cantone Ticino,
Lugano 24.11.2025

Introduzione

Non è facile districarsi tra le competenze necessarie per rispondere a un quesito forense relativo all'utilizzo della prova audio. La prima ragione è che l'etichetta comunemente utilizzata di "audio forense" comprende molte discipline specialistiche che inevitabilmente si intersecano e non possono prescindere l'una dall'altra. Il sottotitolo di questo volume ne sintetizza le principali. Fonetica forense, elaborazione del segnale audio e psicoacustica sono solo alcune delle aree tematiche coinvolte, ma la loro scelta è dettata dal loro stretto legame con i quesiti reali più diffusi nella pratica forense quali, ad esempio, la richiesta di restauri audio, la trascrizione di contenuti verbali, le comparazioni vocali e la verifica dell'autenticità di una registrazione.

Il profilo professionale del perito audio forense non è attualmente delineato dalle legislazioni svizzera e italiana. Non esistono standard metodologici oggettivi a cui fare riferimento, ma solamente linee guida promosse da enti ed associazioni nazionali (es. le linee guida dell'OLF-AISV, ossia l'Osservatorio sulla Linguistica Forense-Associazione Italiana Scienze della voce) ed internazionali (ad esempio quelle stilate ogni due anni circa dall'IAFL, International Association of Forensic Linguistics), di cui spesso solo i ricercatori provenienti da un ambito universitario o esperti stranieri sono a conoscenza. Il rischio di una mancata regolamentazione, sia del ruolo peritale che delle metodologie operative, è quello di un errato o incompleto sfruttamento della prova audio, che porta spesso all'assegnazione delle perizie audio a soggetti in possesso di una formazione incompleta (se non incompatibile) o non appropriata, definiti nei paesi anglofoni "ad-hoc experts". In una società dove la prova audio è destinata ad incrementare la propria presenza nelle aule di tribunale, è pertanto necessario tentare un'organizzazione della materia, nell'ottica di tutelare i cittadini e fornire un contributo all'ottimizzazione del costo economico e temporale di indagini e procedimenti.

Il manuale "Introduzione all'audio forense" propone una panoramica delle conoscenze necessarie per sfruttare le potenzialità tecnico scientifiche dell'analisi audio, ed in particolare della voce umana, per scopi forensi sia in ambito investigativo che processuale. Lo scopo è fornire uno strumento concreto ed accessibile per ottimizzare e potenziare l'utilizzo delle registrazioni audio da parte di diverse tipologie di professionisti del settore giuridico, tecnico e della sicurezza.

Nonostante l'esistenza di diversi testi scientifici dedicati ai diversi temi trattati all'interno di questo volume, si è ravvisata la mancanza di un testo interdisciplinare e unitario di introduzione alla materia dell'audio forense in lingua italiana. Il volume è, quindi, esplicitamente dedicato ai professionisti italofoni e alle particolari situazioni linguistiche e giuridiche della Svizzera (in particolare del Cantone Ticino) e dell'Italia.

Prefazione e postfazione del volume sono volutamente a cura di due illustri professionisti dei due paesi, il sostituto Procuratore generale Andrea Maria Balerna per la Svizzera, e l'avvocato Giuseppe Cammaroto, Consigliere dell'Associazione Forensics Group per l'Italia, al fine di fornire un contributo autorevole e bilanciato che rispecchi le peculiarità giuridiche, linguistiche e culturali di entrambe le realtà nazionali. I professionisti, oltre ad arricchire il volume con la loro prefazione e postfazione, hanno anche revisionato attentamente la prima bozza del volume, suggerendo integrazioni e correzioni, soprattutto al capitolo 7, che riporta una sintesi degli aspetti giuridici legati alla prova audio forense rispettivamente nella situazione svizzera e in quella italiana.

La collaborazione prolungata e continua con Forze dell'Ordine, Giudici e Tribunali ha permesso di evidenziare l'estrema necessità di rispondere a due quesiti fondamentali:

1. come può essere sfruttata una registrazione audio in ambito forense?
2. quali sono le competenze scientifiche necessarie per operare in questo settore?

Il volume è pensato in primis per i professionisti in ambito giuridico e per le Forze dell'Ordine, chiamati a conoscere le possibilità tecniche di sfruttamento della prova audio e a sapere come individuare il professionista più adatto per i diversi tipi di perizia.

Parallelamente, va sottolineato il crescente interesse ad intraprendere un'attività professionale legata all'audio forense da parte sia di tecnici già operativi nel settore, sia di studenti provenienti, in particolare, da ingegneria, linguistica e filoni affini. Questo manuale nasce quindi con l'intento di offrire a tutti questi soggetti, dalle competenze variegate, un'introduzione alle nozioni basilari multidisciplinari per operare in questo settore. Ciascun capitolo è accompagnato da una sezione di riferimenti bibliografici specifici per futuri approfondimenti.

Volendo fornire una visione di insieme che potesse fungere da ponte tra le necessità pratiche ed il metodo scientifico, l'approccio del volume è volutamente applicativo e "bottom-up". Prendendo spunto dalla presentazione di problemi concreti, legati a casi reali ricorrenti nella pratica forense, vengono affrontate le nozioni teoriche e metodologiche ad essi collegate.

Il libro è strutturato in sette capitoli che, dove possibile, attingono da casi reali, talvolta realmente affrontati dalle autrici, approfondendo in seguito le nozioni fondamentali delle diverse discipline. Ogni capitolo presenta una sezione di letture consigliate per eventuali approfondimenti da parte dei lettori. Tali suggerimenti, così come gli altri lavori citati, saranno riportati anche nella più ampia bibliografia generale a conclusione del manuale. Il settimo capitolo si focalizza sul ruolo del professionista audio forense nel contesto giuridico italiano e svizzero e sulla comunicazione con la controparte in ambito giuridico rimarcando le buone pratiche per una collaborazione proficua.

Il volume è stato concepito e scritto congiuntamente dalle due autrici. Tuttavia ai fini della valutazione accademica sono da attribuire a Chiara Meluzzi i capitoli 2, 3 e 4, mentre a Sonia Cenceschi andranno attribuiti i capitoli 1, 5, 6 e 7; questa introduzione è invece stata redatta congiuntamente dalle due autrici. La differenza tra i diversi capitoli è visibile non solo nei temi affrontati, legati alle competenze dell'autrice, ma anche nello stile di scrittura: ci è parso preferibile ed onesto non uniformare eccessivamente in modo da mantenere, in parte, anche le specificità stilistiche delle nostre due discipline.

Il presente manuale costituisce output scientifico del progetto Otzi++ 40B1-0_191458, coordinato da Sonia Cenceschi e approvato all'interno del programma congiunto Bridge - Proof of Concept del Fondo Nazionale Svizzero per la ricerca scientifica (FNS) e Innosuisse, l'agenzia svizzera per la promozione dell'innovazione. La modalità Open Access è stata invece aggiunta al fine di condividere le basi teoriche e pratiche della gestione audio al di fuori anche dell'ambito puramente forense, ad esempio agli specialisti del settore clinico che, in varia misura si devono interfacciare con la tematica dell'analisi audio da una prospettiva necessariamente interdisciplinare. L'Open Access è stato finanziato con i fondi del progetto PRIN 2022 PNRR AKiD (Acoustic and Kinematic Characteristics of Speech in Dementia - P2022MMH7R CUP J53D2301729000), coordinato, per l'unità di ricerca dell'Università degli Studi di Milano, dalla prof.ssa Chiara Meluzzi.

Entrambe le autrici vogliono rivolgere un ringraziamento al Dr. Ing. Alessandro Trivilini per il continuo e prezioso sostegno, agli avvocati Andrea Maria Balerna e Giuseppe Cammaroto per aver accettato di essere gli autori della prefazione e della postfazione di questo volume, nonché agli amici e colleghi di Forensics Group per la grande opera di supporto alla divulgazione di questi temi. Ringraziamo inoltre Gloria Meluzzi, autrice delle immagini e delle grafiche. Un sentito ringraziamento va anche a Francesca Cotugno, Francesco Roberto Dani, Roberto Tedesco e Marco Perino, nonché agli anonimi revisori che hanno pazientemente letto e commentato puntualmente le prime bozze di questo manuale: il vostro contributo è stato prezioso per migliorare il testo e farlo giungere allo stato attuale. Ovviamente, eventuali refusi o errori ancora presenti sono da imputare esclusivamente alle due autrici. Desideriamo inoltre rivolgere un ringraziamento speciale a Ulricke Döring di Peter Lang edizioni per la infinita pazienza nel seguire la nascita di questo volume, primo di una serie che l'editore ha dedicato al tema "Language & Forensics".

Nel licenziare questo volume, rinnoviamo la nostra speranza che questo lavoro possa costituire un ulteriore passo verso un dialogo multidisciplinare e interlinguistico su un tema spinoso, ma anche appassionante e di indubbio valore sociale, quale il trattamento forense della componente audio del linguaggio.

Fondamenti di fisica acustica e analisi del segnale audio

1.1 Dalla teoria alla pratica

Le registrazioni audio sono rappresentazioni analogiche o digitali del suono, ed il suono è una forma di energia che si propaga attraverso onde, solitamente nell'aria, che viene percepita dal nostro sistema uditivo e decodificata dal cervello. Le registrazioni analogiche sono ad esempio quelle su nastro magnetico, vinile, cassette audio o bobina aperta, mentre quelle digitali sfruttano la suddivisione continua del segnale sonoro in piccoli segmenti chiamati campioni, che vengono successivamente convertiti in valori digitali e salvati in file archiviabili su supporti digitali (dischi rigidi, CD, DVD). Questi dati possono essere memorizzati e manipolati in formato digitale, consentendo una riproduzione di alta qualità e una facile manipolazione degli stessi. La registrazione digitale è oggi predominante in ambito forense, ma esistono ancora negli archivi registrazioni su supporto analogico che necessitano di adeguate misure di conservazione e conversione digitale per mantenere le loro qualità per futuri utilizzi, ad esempio per analisi riguardanti "cold cases" (casi irrisolti). Quando si effettua una registrazione audio, si cattura e si memorizza infatti una rappresentazione del suono per poterla riprodurre e analizzare in seguito. Conoscere la natura del suono, le sue caratteristiche e la sua possibile visualizzazione tramite software dedicati è una condizione necessaria per affrontare le sfide dell'analisi audio forense.

Nel processo di trascrizione vengono spesso ignorate le potenzialità di un restauro audio, o il valore aggiunto dell'osservazione di uno spettrogramma. Ovviamente non tutti i trascrittori possono o devono, a seconda del ruolo, essere in possesso di conoscenze di analisi del segnale, ma sapere che esistono professionisti nel settore può aprire a collaborazioni fruttuose ed elaborati il più possibile accurati (Meluzzi & Cenceschi, 2023).

Il capitolo si concentra pertanto sulle caratteristiche, la rappresentazione e l'osservazione del dato audio, fornendo un'introduzione alla natura acustica del suono, della voce e dei rumori, elencandone le principali caratteristiche e rappresentazioni. Queste informazioni sono propedeutiche ai successivi capitoli tecnici, e vengono trattate in maniera divulgativa fornendo specifici riferimenti bibliografici per eventuali approfondimenti tecnici.

1.2 Natura fisica e psicofisica del suono

Molte sono le definizioni di suono fornite dalla letteratura, ma per gli scopi del presente volume è importante considerare il duplice punto di vista descritto dal *Manuale di acustica* a cura di F. A. Everest (1996), sintetizzabile come segue:

- *Approccio fisico:* il suono è un fenomeno ondulatorio prodotto da uno o più sorgenti sonore (ad esempio l'apparato fonatorio umano, una radio, il clacson di un'automobile) che causano l'oscillazione di particelle in un mezzo elastico (nella nostra casistica, l'aria).
- *Approccio psicofisico:* il suono è un fenomeno di eccitazione dell'apparato uditivo umano che causa una differente sensazione in ciascun individuo, poiché legato a fattori soggettivi di decodifica e percezione del fenomeno fisico ondulatorio.

La pratica audio forense, nella maggior parte dei casi, prevede l'applicazione di entrambi gli approcci in contemporanea: quello *fisico,* poiché indispensabile per la parte di registrazione e analisi del segnale (es. modalità di raccolta della prova audio), e quello *psicofisico,* in quanto entra in gioco per tutte le attività forensi che prevedono l'ascolto soggettivo (primo esempio su tutte la trascrizione dei contenuti vocali).

Si pensi al restauro audio di un'intercettazione ambientale: la manipolazione del segnale (approccio fisico) permette potenzialmente di migliorarne l'intelligibilità, ma i passaggi digitali devono integrare operazioni di validazione tramite ascolto (approccio psicofisico) da parte di uno o più specialisti (ne riparleremo nel capitolo 3).

1.2.1 Suoni puri e complessi

I concetti che seguono sono volutamente affrontati in maniera estremamente divulgativa con l'intento di fornire una panoramica generale. Per gli approfondimenti del caso si rimanda ai molti manuali di fondamenti di acustica e analisi del suono in commercio, che trattano l'argomento da diversi punti di vista e secondo diversi gradi di difficoltà (ad esempio, Serenellini, 2014; Righini, 1994; Giannakopoulos & Pikrakis, 2014; Sacco, 2014).

Il suono come fenomeno fisico ondulatorio vede protagoniste le molecole costituenti un "mezzo" (nel nostro caso l'aria) che, vibrando grazie all'impulso loro fornito da una *sorgente* iniziale (es. radio o apparato fonatorio), trasmettono il proprio moto ad altre particelle vicine (alternando fasi di compressione e decompressione come in Fig. 1.1) fino a giungere tramite effetto domino ad un'entità ricevente (ascoltatore). Questo fenomeno ondulatorio costituisce l'onda acustica nella sua essenza fisica e per sua natura non può quindi esistere in assenza di materia.

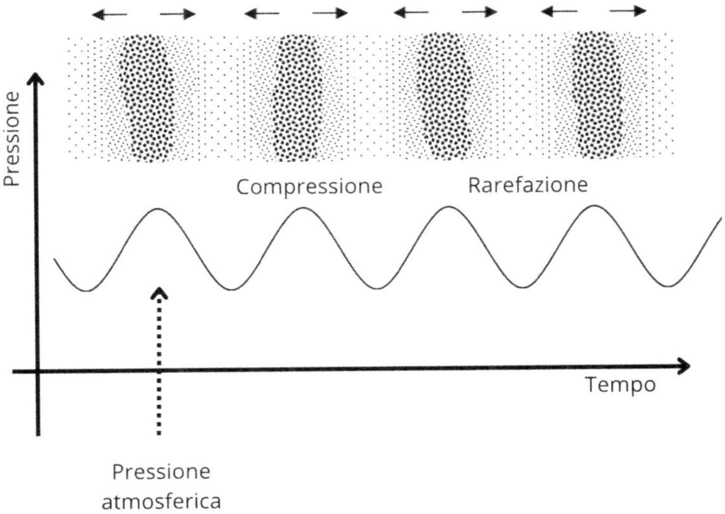

Fig. 1.1: Compressione e decompressione elle particelle del mezzo di trasmissione.

La *pressione sonora*, in Fig. 1.1 in ordinata, è l'ampiezza dell'oscillazione delle molecole rispetto alla loro posizione iniziale e viene misurata in *Pascal*: più l'oscillazione della particella sul suo centro è ampia, più aumenta la sua pressione sonora sulle particelle vicine e dunque, a cascata, anche sul timpano dell'ascoltatore (approccio psicofisico) permettendo di distinguere i suoni deboli (es. sussurri) da quelli forti (es. esplosioni). In Fig. 1.2 sono indicate la lunghezza d'onda λ (distanza tra due creste ovvero lo spazio percorso dalla particella durante la vibrazione per tornare nella posizione iniziale) e il periodo T (il tempo che la particella vibrante impiega per percorrere la distanza λ).

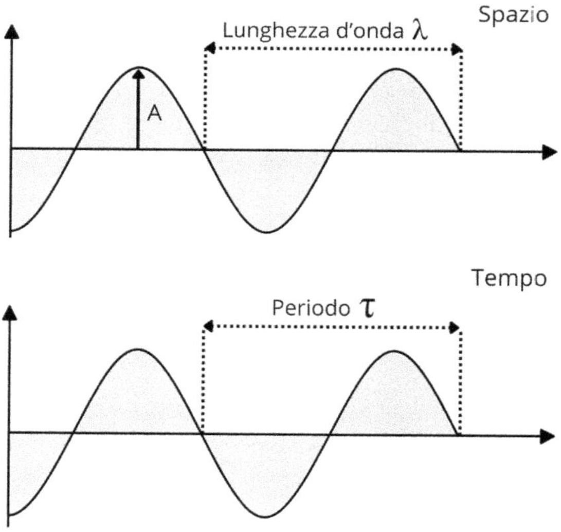

Fig. 1.2: Rappresentazione grafica della lunghezza d'onda e del periodo.

Tuttavia, l'apparato uditivo umano non reagisce in maniera lineare ai cambiamenti di pressione sonora, ma sostanzialmente in maniera logaritmica. Pertanto, per comodità d'uso, l'indicatore usato nell'ambito psicofisico è il *livello di pressione sonora* espresso in *decibel (dB)*: esso è adatto per esprimere sia suoni molto deboli che suoni molto forti senza dover utilizzare numeri e unità estremamente grandi o piccole.

Esistono diversi tipi di dB, accomunati da una stessa formula all'interno della quale varia il parametro che vogliamo comparare e per questo motivo il dB è definito come un'unità comparativa. Senza entrare nel dettaglio, il tipo di dB che più ci interessa è il dB SPL (Sound Pressure Level), di seguito da noi chiamato solo dB per semplicità, che si calcola a partire dai Pascal con la seguente formula:

$$dB = 20 \times log_{10} (P / P_{ref})$$

P è la pressione del suono che stai misurando;

P_{ref} è il livello di riferimento standard, nel caso dell'acustica pari a 20 microPascal (μPa). Questo valore è approssimativamente la pressione sonora minima udibile per l'orecchio umano medio a una frequenza di 1 kHz (dettagliata al paragrafo successivo).

Per chiarire quanto sia comodo esprimere la pressione sonora in dB piuttosto che in Pa si osservi il seguente confronto:

Soffio del vento leggero: 20 – 30 dB = 0.0002 – 0.0006 Pa
Conversazione normale: 60 – 70 dB = 0.02 – 0.06 Pa
Musica ad alto volume: 85 – 100 dB = 0.36 – 2 Pa
Soglia del dolore: 140 dB = 200 Pa

È importante sottolineare che l'espressione *Pressione sonora* è generalmente sostituita da *Intensità* nel linguaggio comune poiché il termine richiama in maniera immediata la percezione di suoni *forti* o *deboli*. Si tenga tuttavia conto che *Intensità* si riferisce in ambito tecnico alla potenza del suono che si diffonde attraverso uno spazio ed è espressa in W/m^2.

L'unità di misura del numero di oscillazioni al secondo di una particella è invece denominato *frequenza* (f) e la sua unità di misura sono gli *Hertz* (Hz)[1].

---

[1] Quando diciamo che 1 Hertz (Hz) è equivalente a 1 ciclo al secondo, stiamo indicando che in un secondo avviene un'oscillazione completa delle particelle del mezzo: [Hz] = [1 / s].

Considerando per semplicità una particella generica a cui venga impresso un movimento ondulatorio, se essa oscilla una volta attorno alla sua posizione iniziale possiede una frequenza pari ad 1 Hz (1 oscillazione in 1 secondo): 2 kHz sono quindi pari a 2000 oscillazioni al secondo (1K = 1 Kilo = 1000 Hz).

Un suono definito da una sola frequenza (es. 1 kHz) viene chiamato "suono puro": si può creare digitalmente, ma non è presente in natura. I suoni naturali sono definiti "suoni complessi", poiché estremamente variabili nel tempo: le loro particelle vibrano nello spazio con un moto caotico che può essere approssimato ed immaginato come composto da molteplici frequenze, ovvero come somma di suoni puri. Nella pratica forense trattiamo esclusivamente suoni complessi, di cui la voce è una rappresentante per eccellenza. Nel paragrafo successivo (cfr. 1.3) osserveremo questi suoni tramite rappresentazioni grafiche.

Dal punto di vista psicofisico la frequenza è legata all'*Altezza*, che distingue i suoni acuti da quelli gravi: un suono puro con frequenza 20 Hz è grave rispetto a un suono con frequenza 2000 Hz. Un range orientativo per le frequenze udibili dall'essere umano è compreso tra 20 Hz e 20.000 Hz, con variazioni soggettive legate a molteplici fattori, tra cui ad esempio l'età anagrafica del parlante.

1.3 Rappresentazioni grafiche del suono digitale

Data una registrazione audio digitale esistono due modalità diverse di rappresentarla visivamente. La prima è intuitiva e considera la sua variazione di pressione sonora nel tempo, la seconda prevede alcune conoscenze in più e permette di "guardare dentro" al suono in maniera più dettagliata per i nostri scopi.

1.3.1 Nel dominio del tempo

La rappresentazione ampiezza-tempo è classicamente utilizzata nel mondo musicale per visualizzare le tracce registrate di uno strumento. In Fig. 1.3 è mostrato un esempio della visualizzazione standard di un'intercettazione in un software di editing audio.

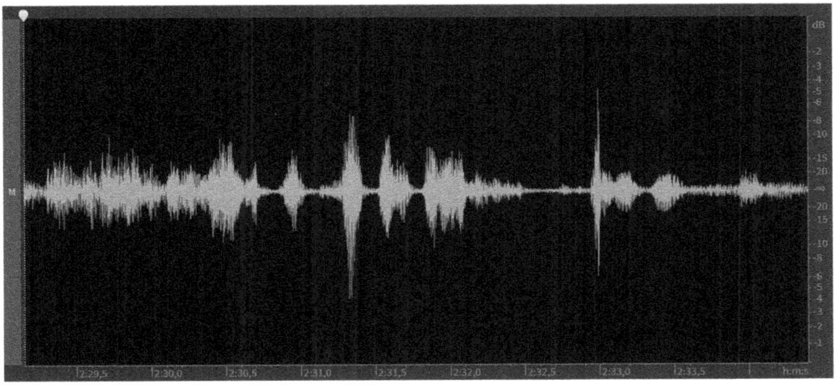

Fig. 1.3: Rappresentazione nel dominio del tempo in iZotope RX 10.

Asse delle Ascisse (X): rappresenta il tempo ed ogni punto corrisponde a un dato istante temporale.
Asse delle Ordinate (Y): rappresenta l'ampiezza del segnale audio.

Maggiore è l'ampiezza, maggiore sarà la pressione sonora (come detto precedentemente), maggiore sarà il movimento verticale del segnale sulla griglia del grafico, pertanto più potente risulterà il suono.

Solitamente i software audio indicano l'ampiezza (pressione) in decibel (dB) perché spesso si lavora con segnali diversi tra loro e l'uso dei dB consente di bilanciare e regolare i livelli in modo più intuitivo in campo digitale. I dB riportati dai software non sono dB SPL, ma tendenzialmente dB FS (decibel full scale). I concetti espressi precedentemente restano validi, solo che la misura di riferimento dentro la formula dei dB non sarà la pressione in Pa bensì il massimo valore di ampiezza consentito nello specifico formato digitale (solitamente corrisponde a 1)[2]. In altre parole, 0 dB FS rappresenta qui il massimo livello di ampiezza possibile senza distorsione (cambiamenti nella forma d'onda originale) nel dominio digitale.

2 <https://magroove.com/blog/en-us/decibel/> (ultimo accesso 20 dicembre 2025).

1.3.2 Nel dominio della frequenza: la trasformata di Fourier

La rappresentazione di un segnale audio complesso nel dominio del tempo fornisce un'immagine visiva delle variazioni nell'ampiezza della forma d'onda audio, ma non permette di esplorare le singole frequenze (suoni puri) che "compongono" quel suono. Può essere utile visualizzare l'audio durante l'ascolto od estrapolarne parte per salvarlo in una copia da elaborare, ma non, ad esempio, per effettuare delle analisi fonetiche o realizzare un restauro accurato. È quindi necessario passare nel dominio della frequenza, visualizzando lo *spettro* e lo *spettrogramma*.

Abbiamo affermato che un suono complesso è approssimabile alla somma di suoni puri; tuttavia è importante considerare che qualsiasi suono naturale non rimane immutato, ma cambia continuamente nel tempo, anche quando all'ascolto sembra rimanere inalterato. Esso si modella istante dopo istante sulla base di molteplici fattori. Per affrontare tale complessità è quindi essenziale introdurre una nuova modalità di analisi che permetta di "guardare" dentro il segnale istante dopo istante. Si immagini di suddividere un segnale audio complesso (ad esempio una voce registrata) in segmenti temporali di lunghezza infinitesimale: ognuno di questi frammenti potrà essere scomposto in una combinazione di frequenze corrispondenti a suoni puri.

La *Trasformata di Fourier* è l'operatore matematico che permette di effettuare questa scomposizione a ritroso e ricavare le frequenze che contribuiscono a creare un determinato frammento di suono in un dato istante. Una volta ricavate, queste frequenze possono essere visualizzate tramite un grafico bidimensionale chiamato *spettro*. Si rimanda a Smith (2008) per un approfondimento matematico, poiché la Trasformata di Fourier coinvolge integrali e funzioni trigonometriche complesse. Importa tuttavia in questa sede, sottolineare che la trasformata di Fourier permette di passare da una rappresentazione nel dominio del tempo a quello della frequenza, in cui gli assi sono etichettati come esposto di seguito. Nello *spettro*, quindi, il tempo scompare, lasciando spazio a un grafico che rappresenta esclusivamente le frequenze che costituiscono un singolo istante infinitesimale del segnale audio e la loro intensità.

Asse delle Ascisse (X): rappresenta le componenti frequenziali in Hz.
Asse delle Ordinate (Y): rappresenta l'ampiezza delle relative magnitudini[3] in dB.

---

3 Si intende ampiezza o intensità di una grandezza specifica.

Pertanto, l'altezza di un picco sull'asse delle ordinate riflette quanto una particolare frequenza contribuisce al suono complessivo: picchi più alti corrispondono a componenti frequenziali più intense (più potenti).

Per acquisire una comprensione completa di questa trasformazione e della sua rappresentazione grafica si faccia riferimento alla Fig. 1.4: sopra è rappresentata l'ampiezza nel dominio temporale di un segnale che compie un'oscillazione in 10 ms (0.01 sec), mentre sotto è mostrato lo spettro corrispondente. La frequenza è 100 Hz, ovvero 1 oscillazione in 0.01 sec.

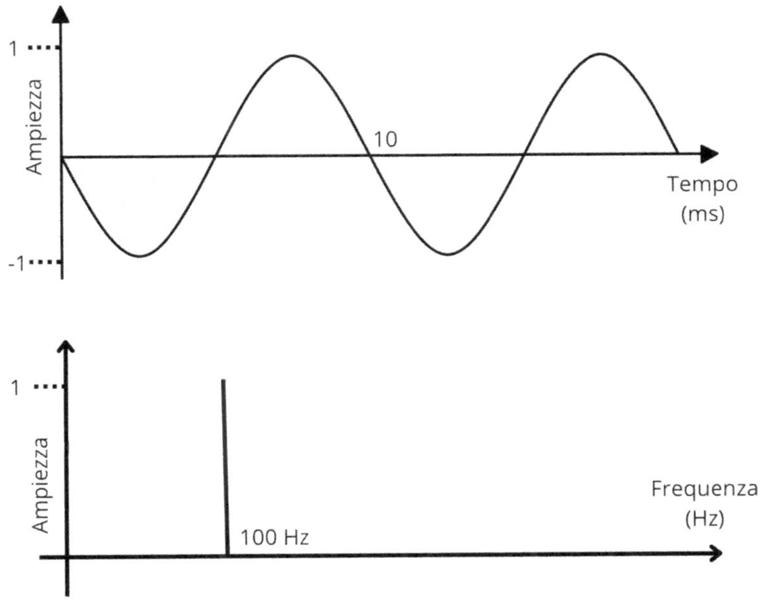

Fig. 1.4: Suono puro nel dominio del tempo (sopra) e nel dominio della frequenza (sotto).

Ora concentriamoci sulla Fig. 1.5 applicando lo stesso processo a un segnale leggermente più complesso. In questo caso abbiamo quattro segnali puri sinusoidali che compongono il suono originale.

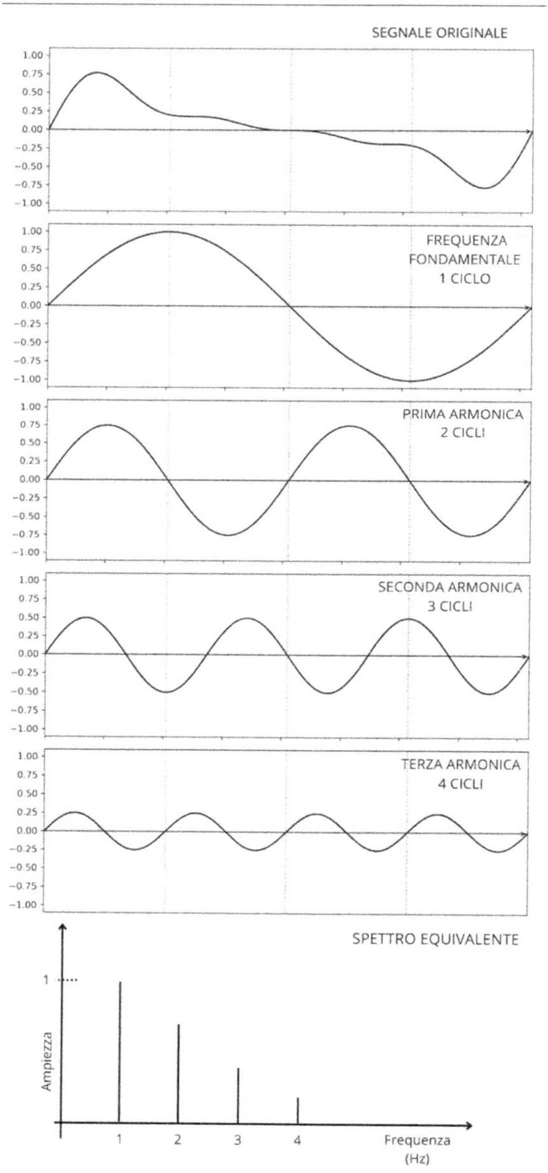

Fig. 1.5: Esempio di trasformazione in spettrogramma di un suono composto di quattro segnali puri.

Se ne deduce che più il suono è complesso, più il numero delle frequenze ottenute dalla trasformata di Fourier aumenta, più lo spettro si infittisce. Un frammento temporale di suono reale (es. voce umana) è causato da una vibrazione estremamente complessa delle particelle dell'aria, che contiene energia a tutte le frequenze udibili: l'infittimento dello spettro è tale da permettere di rappresentarlo in definitiva come una linea continua (Fig. 1.6).

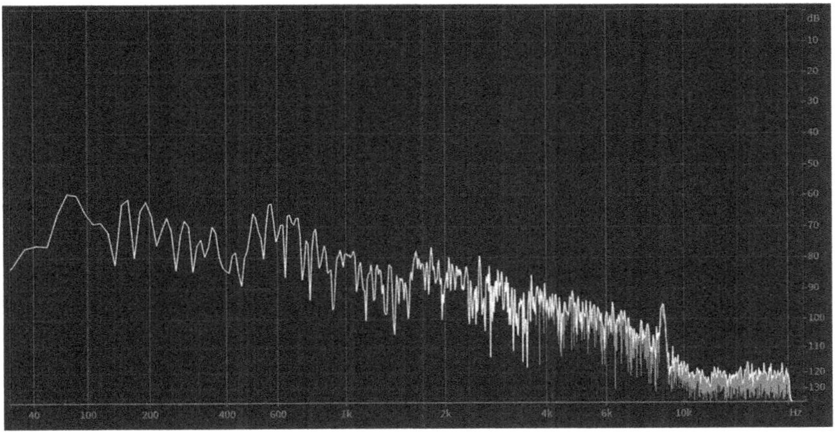

Fig. 1.6: Esempio di spettro estrapolato da un frammento di voce registrata.

Mentre lo *spettro* ci offre una visione istantanea delle frequenze presenti in un dato istante, lo *spettrogramma* si spinge oltre, permettendo di osservare come queste frequenze cambiano e si modellano nel tempo. Possiamo ricavarlo concettualmente partendo dallo spettro, giungendo ad una rappresentazione tridimensionale che fornisce un'immagine dinamica e dettagliata dell'evoluzione delle componenti di frequenza istante dopo istante.

Lo *spettrogramma* riporta sulle ordinate le frequenze, in ascissa il tempo e l'intensità delle frequenze, quest'ultima espressa visivamente da una variazione cromatica (in Fig. 1.7 bianco intenso corrisponde a una maggiore intensità). Se da ogni segmento temporale di una registrazione digitale ricaviamo il relativo spettro, unendo tanti spettri (relativi a segmenti consecutivi) sull'asse temporale otteniamo lo spettrogramma.

Nell'esempio in Fig. 1.8 è riportato lo spettrogramma di una vocale /a/ cantata: le linee orizzontali di un bianco più intenso indicano che a tali frequenze l'energia è più alta.

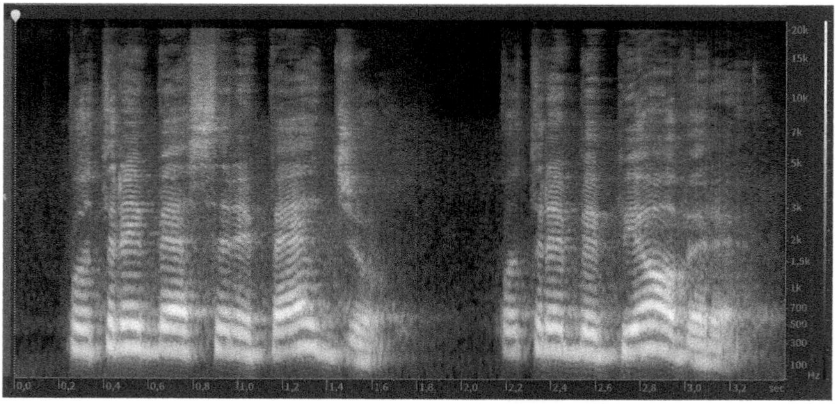

Fig. 1.7: Esempio di spettrogramma per la frase "Potrebbe essere peggio. Potrebbe piovere!" visualizzata con iZotope RX 10.

Fig. 1.8: Vocale /a/ nella voce cantata visualizzata con iZotope RX 10.

Ogni linea bianca rappresenta un picco di energia, ed è detto *Parziale*. Più parziali compongono un gruppo che viene comunemente approssimato con una *Formante*, una concentrazione di energia acustica in una certa banda di frequenze.

Questi concetti saranno esaminati in dettaglio nei prossimi capitoli, tuttavia, questo esempio lascia intuire quanto lo spettrogramma rivesta un ruolo cruciale nell'ambito dell'audio forense. Consente di condurre una serie di attività scientifiche di validazione e analisi che vanno molto oltre l'ascolto: ad esempio osservare le frequenze caratteristiche di segmenti vocalici, selezionare e rimuovere disturbi, o rivelare alterazioni o manipolazioni.

1.4 La voce umana

I termini e concetti di questa sezione verranno riproposti nel capitolo 2 in maniera più specifica. Le registrazioni vocali digitali rivestono un ruolo fondamentale nell'ambito dell'audio forense e costituiscono la parte preponderante del materiale audio sottoposto alle valutazioni degli esperti. Tuttavia la loro complessità di utilizzo è spesso sottovalutata, sia da esperti che da non esperti del settore, con conseguenze che si riflettono con imponente effetto "palla di neve" sulle indagini e sui procedimenti in genere. Le vibrazioni trasmesse nell'aria dal parlante, e decodificate dall'ascoltatore, sono il risultato di innumerevoli passaggi che presuppongono, semplificando, una formulazione corretta del messaggio con conseguente gestione di tutti i movimenti fisici necessari (Lotz, 1950; Hardcastle & Marchal, 2012). La *fonazione* è solo l'ultimo passaggio della produzione orale, quello che si basa sul flusso di aria proveniente dai polmoni che, attraversando le corde vocali nella laringe, permette di modulare il suono attraverso i movimenti dell'apparato fonatorio, e in particolare del *tratto vocale*. L'apparato fonatorio umano coinvolge diversi organi che sono variamente responsabili, data la loro interazione (cfr. cap. 2), della produzione e modulazione del suono. Tra gli organi coinvolti, oltre alle corde vocali, possiamo nominare la laringe, la faringe, la cavità orale, il naso, la mandibola, i denti, le labbra e, ovviamente, la lingua, che è anche stato in passato definito come l'articolare mobile per eccellenza. L'interazione tra queste componenti e il controllo esercitato e regolato dal sistema neurale, determina il suono finale che viene prodotto (Vanhecke *et al.*, 2016; Hrelec & Zhang, 2022).

Le *corde vocali* sono due lembi tendinei che durante la respirazione consentono il passaggio del flusso d'aria, ma che durante la fonazione si tendono e vibrano con una frequenza di oscillazione detta frequenza fondamentale o F0, che è caratteristica per ogni parlante, in quanto dipendente dalla densità, dalla lunghezza e dalla tensione delle corde stesse. Oltre a F0 avremo inoltre delle *armoniche* della frequenza fondamentale, poiché il suono prodotto non è un suono puro, ma complesso. Le armoniche sono multiple di F0 (es. F0 = 100 Hz, armonici = 200, 300, 400, etc.) e sono prodotte dalle corde vocali esattamente come succede per le corde di una chitarra (Andrade-Miranda *et al.*, 2020 per esempi visuali, nonché il cap. 2 per una visualizzazione spettrografica dei suoni umani).

Il tratto vocale, comprendente tanto la cavità orale che quella nasale, agisce come la cassa di risonanza di una chitarra, modellando la frequenza fondamentale e le relative armoniche create dalle corde vocali, contribuendo così a caratterizzare la voce e lo stile di eloquio del singolo parlante. Riassumendo: le corde vocali producono la frequenza fondamentale e le sue armoniche; questo suono complesso viene poi modellato dai movimenti del tratto vocale e dalle sue risonanze, influenzando i suoni prodotti dal parlante e costituendo il segnale vocale finale, che si propaga nell'aria fino a raggiungere un ipotetico ascoltatore.

Prosodia è invece un termine che raccoglie una varietà di fenomeni vocali interconnessi come l'accento, il ritmo e l'intonazione (Arvaniti, 2020, Walker, 2012; Hanson *et al.*, 2001). I parametri che concorrono all'espressione fonetica della prosodia sono la durata (ad esempio di vocali o sillabe), l'ampiezza e la frequenza fondamentale (F0).

Una definizione scientifica di prosodia che prenderemo come riferimento è fornita da Fujisaki (1997, p. 28, nostra traduzione):

> La prosodia è l'organizzazione sistematica di varie unità linguistiche in un enunciato o in un gruppo coerente di enunciati nel processo di produzione del parlato. La sua realizzazione coinvolge sia le caratteristiche segmentali che soprasegmentali del discorso, e serve a trasmettere non solo informazioni linguistiche, ma anche informazioni paralinguistiche e non linguistiche.

La prosodia è fondamentale per la comunicazione umana poiché contribuisce a trasmettere sfumature emotive, struttura delle frasi, domande, enfasi, etc. (per un approfondimento di stampo ingegneristico si veda Cenceschi, 2019; Cenceschi, Sbattella, & Tedesco, 2021, nonché la letteratura di taglio prettamente linguistico citata nel successivo cap. 2).

L'*intonazione* consiste nella variazione della frequenza fondamentale (F0) in altezza, intensità e durata nel tempo durante la fonazione. Contribuisce a mettere in risalto sillabe, parole ed enunciati, seguendo sia le regole grammaticali specifiche di ciascuna lingua, sia le convenzioni espressive condivise tra i parlanti di lingue diverse.

Le *formanti* consistono in picchi di risonanza nel profilo spettrale del suono, frutto delle risonanze nel tratto vocale (come la cavità orale e la faringe), che possono amplificare alcune frequenze e attenuarne altre. In Fig. 1.9 si osserva lo spettro di una vocale. Ciascuna formante non possiede solo una frequenza ed ampiezza, ma anche una *larghezza di banda*, altro elemento caratteristico del parlante poiché influisce sulla percezione della voce (Kuwabara & Ohgushis, 1987). L'ampiezza e la larghezza di banda delle formanti sono strettamente collegate alla fisicità dell'individuo e contribuiscono alla diversità e alla riconoscibilità delle voci. Infatti, ogni persona produce un insieme unico di formanti che, anche se possono variare nel tempo, danno luogo a una configurazione unica che le rende un indicatore utile per l'identificazione vocale[4].

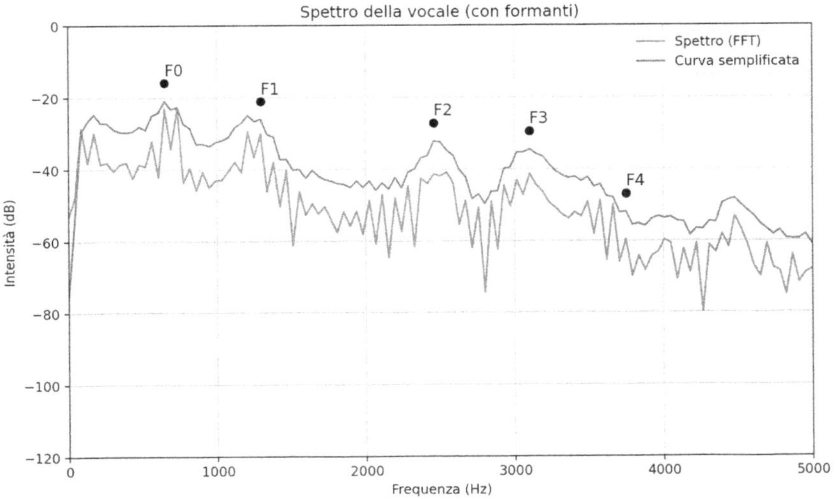

Fig. 1.9: Spettro di una vocale /a/.

4 Si osservi che, nonostante siano stati compiuti vari tentativi in questa direzione, la variabilità dei fenomeni fonetico-prosodici è tale da impedire che questi elementi possano essere considerati alla stregua delle impronte digitali.

Tuttavia, la variabilità delle formanti è sì inter-individuale (differenze tra diverse persone) ma anche intra-individuale, dal momento che si osservano cambiamenti nelle formanti vocali prodotte dalla stessa persona a causa di fattori come emozioni, salute o condizioni ambientali. Nonostante la variabilità intra-individuale, le analisi statistiche possono essere utilizzate per identificare schemi ricorrenti nelle formanti di un parlante specifico. La caratterizzazione di una voce deve pertanto tenere conto della quantità di dati a disposizione, dello stato emotivo del parlante e di tutta una serie di fattori tesi a minimizzare le variabili in gioco.

La variabilità intra-individuale non può essere trascurata. Si noti che i valori formantici non sono numeri statici e addirittura all'interno della stessa vocale oscillano ed evolvono in dipendenza dalla consonante o dalla vocale successiva (Hillenbrand *et al.*, 2001) come osservabile in Fig. 1.10. Inoltre, con l'invecchiamento, il tratto vocale e le corde vocali subiscono cambiamenti che influenzano le formanti. Anche condizioni mediche come raffreddori e allergie possono alterare la voce ed esistono tecniche vocali che enfatizzano o attenuano specifiche frequenze (es. falsetto, respirazione diaframmatica), mentre le emozioni influiscono sulla tensione delle corde vocali e sulla respirazione, modificando a loro volta i valori formantici. Questo tema verrà ripreso nei capitoli 4 e 6 dedicati alla statistica e alla comparazione vocale.

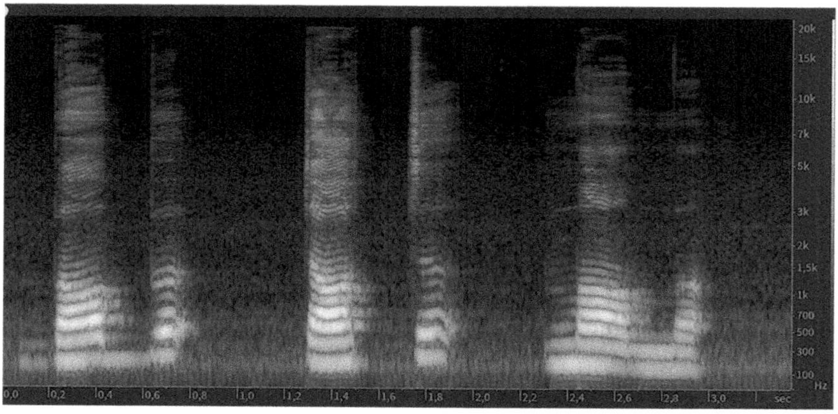

Fig. 1.10: Spettrogramma di /bob/ /tot/ /mom/ visualizzate con iZotope Rx 10.

Sulla base di quanto esposto, si pensi ad una registrazione vocale di 3 secondi (parlante dall'identità ignota) che debba essere comparata con una seconda lunga 50 minuti (parlante dall'identità nota), per comprendere se l'identità del parlante coincida. I segnali sono molto nitidi ma le uniche parole del parlante ignoto sono "*Pronto...polizia?*". Il parlante è emotivamente alterato e il frammento contiene pochissime vocali: una comparazione non è possibile poiché il campione non è statisticamente rilevante e rappresentativo di quella voce (cfr. cap. 6).

1.4.1 Vocali e Consonanti

È importante spendere due parole per introdurre le principali caratteristiche dei suoni vocalici e consonantici, che saranno poi approfondite dal punto di vista della fonetica nel capitolo 2 di questo manuale. Le vocali sono suoni in cui l'aria fluisce liberamente attraverso il tratto vocale senza ostacoli significativi. Durante la loro produzione, le corde vocali vibrano e la forma della bocca e della lingua determina la posizione delle formanti diversificando il suono emesso. Nella lingua italiana le vocali scritte con le lettere <a, e, i, o, u>, includono due vocali, la "e" e la "o"[5], che possono anche essere "aperte" o "chiuse", a seconda del contesto fonetico, della posizione nella parola e anche dell'origine geografica del parlante (cfr. cap. 2).

Le consonanti sono invece prodotte tramite la parziale o totale ostruzione del flusso d'aria attraverso il tratto vocale (ad esempio, tramite la costrizione del flusso d'aria alla lingua o al palato, o mediante la chiusura della glottide). Si dividono in *sorde* e *sonore* a seconda se le corde vocali vibrano o meno durante la loro emissione (Fig. 1.11).

Questi temi saranno approfonditi nel capitolo 2, dedicato alla fonetica. Per l'analisi acustica, è importante considerare che il parlato umano è una sequenza di suoni singoli che si influenzano reciprocamente. Inoltre, la registrazione digitale va vista come un contenitore di informazioni non solo uditive, ma anche visive e numeriche.

---

[5] Il capitolo 2 presenterà le notazioni fonetiche e i simboli dell'alfabeto fonetico internazionale (International Phonetic Alphabet, IPA), che in questo capitolo non adottiamo ancora per non creare confusione nel lettore che non conoscesse questo sistema di notazione.

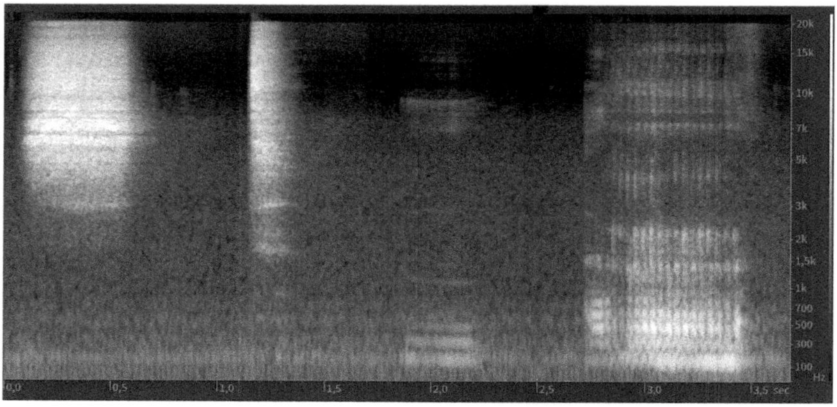

Fig. 1.11: Consonanti /s/ /t/ (sorde, a sinistra) e /m/ /r/ (sonore, a destra).

1.4.2 L'articolazione

L'articolazione è il processo attraverso cui vengono prodotti e inanellati i singoli suoni che compongono un linguaggio (Stone, 1997). È una componente essenziale della produzione del suono sia nel parlato che nel canto (Gregg, 2002) e per l'analisi audio forense riveste particolare interesse per quanto concerne la caratterizzazione e differenziazione dei parlanti (cfr. il lavoro di Hirson & Lindsey, 1999). Ad esempio, una persona con disartria lieve può essere facilmente riconoscibile in determinati contesti di analisi, sia a livello percettivo che tecnico.

1.4.3 Il timbro vocale

Il termine *timbro* assume significati leggermente diversi a seconda del contesto (scientifico o comune), ma anche all'interno di diverse discipline che si occupano di analisi della voce umana. In generale, infatti, il termine *timbro* viene usato nel linguaggio comune per descrivere la caratteristica o la qualità distintiva della voce di una persona o di uno strumento musicale. Ad esempio, dire che una voce ha un "timbro caldo" o "nasale" è un modo colloquiale di riferirsi alla percezione soggettiva del suono.

È importante notare che in ambito scientifico il termine *timbro* assume un significato più specifico, riferendosi alle qualità acustiche che distinguono una voce (o un suono) dagli altri. Il timbro è in questo caso determinato dalla composizione in frequenza del suono, cioè dalle frequenze parziali (e/o armoniche) che lo compongono. Tuttavia, nella letteratura psicoacustica non c'è un accordo chiaro sul significato del timbro e su quali fenomeni uditivi debbano essere inclusi nella sua definizione. La definizione più citata, approvata dall'American Standards Association nel 1960, afferma che il timbro è la qualità che permette di distinguere due suoni con la stessa intensità e altezza. Tuttavia, il timbro dipende da diversi fattori, come lo spettro, la forma d'onda, la pressione sonora e le caratteristiche temporali del suono, il che spiega le diverse interpretazioni presenti in letteratura. In sostanza, il timbro include tutti i fenomeni acustici diversi daaltezza, intensità, durata e localizzazione spaziale (Grey, 1975).

Il timbro della voce umana è distintivo del parlante ed è determinato da vari fattori (es. fisiologici, anatomici, geografici, etc.). La terminologia *timbro vocale* viene utilizzata nella sua accezione generica e colloquiale in molti contesti giuridici e investigativi, per cui è importante comprendere le sfumature legate al suo significato per interagire con diversi professionisti.

Semplificando, tutto ciò che è stato trattato nel presente capitolo riguardo la voce umana e la fonazione, influisce sul timbro vocale (Traube, 2006). Riconoscerne la complessità è di fondamentale importanza nell'ambito dell'analisi forense, dove condurre analisi, come ad esempio la comparazione vocale, richiede una considerazione approfondita di tutti questi elementi.

1.5 Rumori e Suoni

Un'ulteriore classificazione concettuale fondamentale è la distinzione tra suoni e rumori: i primi sono generalmente associati a sensazione di piacevolezza, e sono creati da una vibrazione meccanica dell'aria che può essere prodotta intenzionalmente, come nella musica, o incidentalmente, come nel parlato umano. I rumori sono invece spesso considerati come fenomeni indesiderati o disturbanti, come ad esempio il traffico automobilistico, il ticchettio di un orologio, una radio non sintonizzata bene o lo sparo di una pistola.

I rumori e i suoni possono rappresentare un disturbo per la comprensione dei contenuti linguistici di una registrazione (McArdle & Wilson, 2009, nonché il cap. 3 del presente volume), ma anche essere fonte diretta e indiretta di informazioni. I rumori rappresentano una *fonte diretta* quando rivelano un'informazione grazie alla loro sola esistenza. Ad esempio, il rumore di una frenata potrebbe costituire elemento indicativo di una manovra di arresto da parte di un veicolo, finalizzata a evitare una collisione. Sono *fonte indiretta* di informazioni quando, tramite analisi, rivelano informazioni circa il quesito peritale. Un esempio tratto da un caso reale: il ticchettio ininterrotto e con intensità costante di un orologio suggerisce una posizione relativa fissa del dispositivo di registrazione rispetto alla sorgente sonora.

I rumori e i suoni possono come accennato coprire il segnale vocale e rappresentare un disturbo per la comprensione dei contenuti linguistici. In tal caso è necessario rimuoverli o abbassarne l'intensità per aumentare l'intelligibilità delle voci. La casistica è molto varia, ma nel capitolo 5 tratteremo il tema del restauro audio fornendo i concetti fondamentali per acquisire consapevolezza circa la fattibilità di un restauro e l'eventuale difficoltà di intervento (cfr. in particolare cap. 5.10).

Il miglior rappresentante della categoria dei suoni è la musica. Riconoscerla nello spettrogramma è piuttosto semplice perché presenta delle bande orizzontali di maggiore intensità: sono le *armoniche* delle note prodotte dallo strumento e sono l'equivalente delle formanti per la voce. Mentre le formanti vocaliche possiedono valori di frequenza che non sono in particolare rapporto matematico con la frequenza fondamentale delle corde vocali, le armoniche sono frequenze multiple della nota fondamentale prodotta dallo strumento (Rosati, 2023). In Fig. 1.12 un confronto tra una vocale pronunciata da una voce femminile ed una nota prodotta pizzicando una corda di chitarra classica.

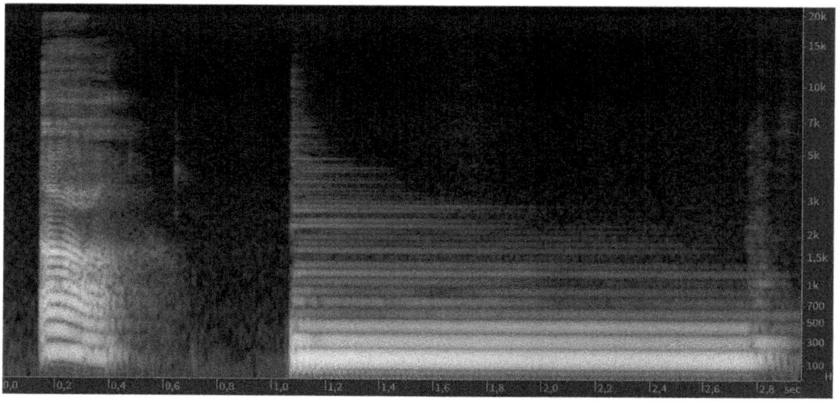

Fig. 1.12: A sinistra lo spettrogramma di una vocale /a/, a destra una nota di chitarra classica.

Possiamo suddividere i rumori nelle seguenti categorie.

Impulsivi: esempi tipici sono il colpo di pistola o una porta sbattuta. La loro energia si sfoga velocemente e hanno durata estremamente breve (cfr. Fig. 1.13)

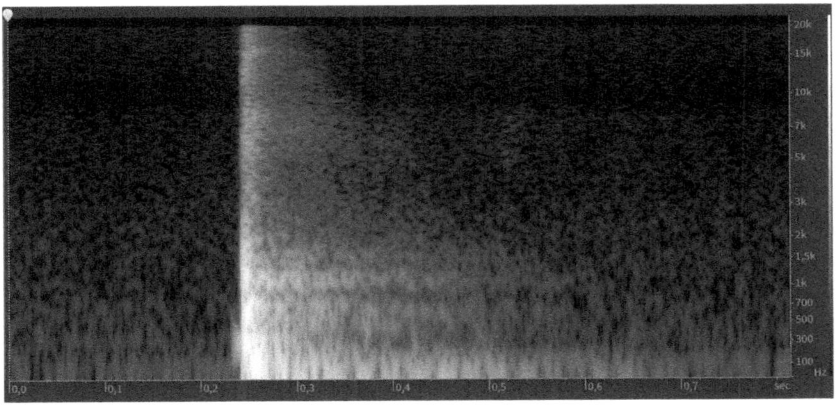

Fig. 1.13: Esempio di rumore impulsivo.

Continui: come il ventilatore, o l'aspirapolvere, possiedono un'energia costante o poco variabile nel tempo e possono durare a lungo (cfr. Fig. 1.14).

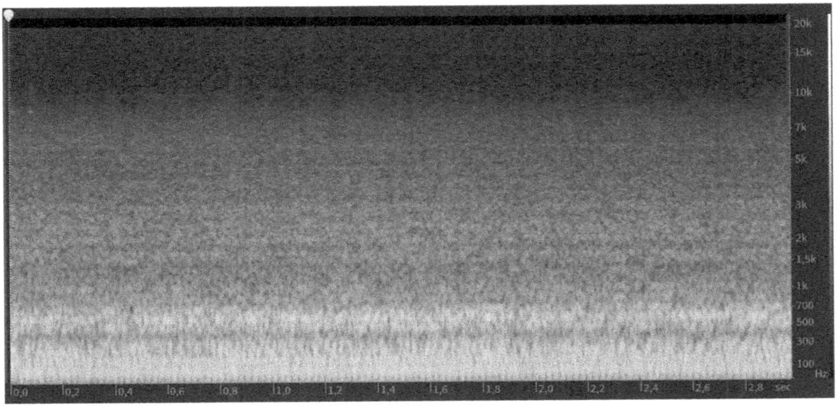

Fig. 1.14: Esempio di rumore continuo proveniente da un ventilatore.

Discontinui: suoni complessi duraturi (ad esempio una trasmissione radiofonica sovrapposta a rumori impulsivi e continui di varia natura, che cambiano spesso in maniera non prevedibile nel tempo, cfr. Fig. 1.15).

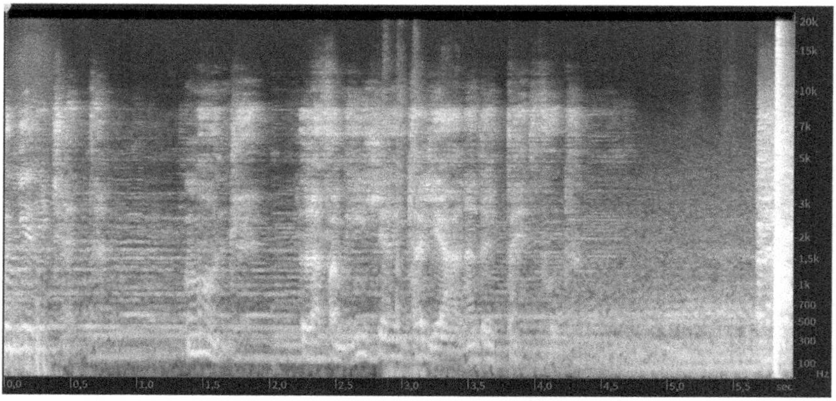

Fig. 1.15: Rumore discontinuo proveniente da radio e rumori ambientali.

1.6 Percezione uditiva

George Berkeley, un vescovo irlandese del '700, fu autore del famoso dilemma dell'albero (Downing, 2004; Albano Leoni, 2010): *"se un albero cade in una foresta e nessuno lo sente, fa rumore?"*. Per Berkeley la risposta era *"non fa rumore, in quanto gli oggetti esistono solo se percepiti"*. Questo interessante quesito è utile per introdurre il tema della percezione, che sarà fondamentale nel capitolo 3. Lasciando al lettore le riflessioni filosofiche, la percezione uditiva si riferisce al processo tramite cui il sistema uditivo rileva, interpreta e comprende i suoni (o rumori) provenienti dall'ambiente circostante.

Una volta che le vibrazioni dell'aria prodotte dall'albero che cade raggiungono i padiglioni auricolari, inizia una complessa serie di passaggi: ricevute dal timpano e trasmesse attraverso l'orecchio medio alla coclea (struttura a forma di chiocciola situata nell'orecchio interno), tramite l'organo del Corti sono poi convertite in segnali elettrici. Questi ultimi vengono poi trasmessi attraverso il nervo uditivo al tronco encefalico e poi al cervello. Durante questo processo, gli impulsi nervosi subiscono un'ulteriore elaborazione e traduzione neurale e vengono interpretati attraverso il coinvolgimento di diverse aree cerebrali.

Questa descrizione è una sintesi estrema ma necessaria per comprendere quanto i risultati prodotti da questo processo siano altamente influenzati da innumerevoli fattori individuali, tra cui l'ambiente di crescita, la formazione, le caratteristiche fisiche, etc. Per l'ambito audio forense, la consapevolezza di questa soggettività gioca un ruolo cruciale, poiché persone diverse possono interpretare i contenuti di una stessa registrazione in maniera differente, in particolare per quanto concerne il parlato umano (cfr. cap. 3 per una visione più psicoacustica del fenomeno, con le relative implicazioni forensi).

1.7 Propagazione del suono nell'ambiente

La disciplina della fisica acustica si occupa anche della propagazione e percezione del suono nell'ambiente (Spagnolo, 2015; Serizel *et al.*, 2018): le vibrazioni acustiche create da una sorgente subiscono infatti l'influenza di caratteristiche acustiche e geometriche legate all'ambiente stesso o alla natura e posizione della sorgente del suono. Le registrazioni catturano e cristallizzano per loro natura queste caratteristiche e conoscerle è fondamentale per non alimentare false percezioni o poterle sfruttare per risolvere specifici quesiti. Di seguito vengono brevemente introdotti alcuni dei principali fenomeni legati all'ambiente di registrazione.

Riflessioni: si verificano quando le onde sonore colpiscono una superficie (pareti, pavimenti, soffitti o qualsiasi altra superficie solida) rimbalzandovi parzialmente o totalmente. Le riflessioni possono essere analizzate per stabilire l'autenticità di una registrazione audio o, in determinate condizioni, essere sfruttate per ottenere indizi sulla posizione della sorgente o la natura dell'ambiente.

Riverbero: quando il suono si riflette su più superfici, crea una serie di riflessioni multiple (oltre a fenomeni di rifrazione e diffrazione) che possono persistere per un certo periodo anche dopo che la sorgente sonora ha smesso di emettere. La somma di queste riflessioni costituisce, appunto, il riverbero. In ambito musicale, il riverbero contribuisce a dare un senso di spaziosità e dimensione all'ambiente acustico; tuttavia, in una registrazione forense può rendere difficile la comprensione delle parole, come nel caso di una conversazione registrata in una chiesa.

Eco: si verifica quando il suono arriva all'orecchio dopo essere stato riflesso da una superficie solida, come una parete o una montagna, situata a una certa distanza. L'eco è percepito come una ripetizione del suono originale, ma con un ritardo (*delay*) dovuto al tempo impiegato per viaggiare fino alla superficie riflettente e tornare indietro. In ambienti aperti o ampi, l'eco può essere estremamente evidente.

Assorbimento acustico: materiali come tappeti, tende o pannelli fonoassorbenti possono assorbire parte dell'energia acustica, influenzando la chiarezza e l'intensità del suono. Applicare pannelli fonoassorbenti in un ambiente aiuta a registrare un parlato più nitido, mentre software di post-produzione audio permettono di ridurre tramite automazioni il riverbero nelle registrazioni simulando l'assorbimento dei materiali.

Risonanza: la risonanza si verifica quando un oggetto o una superficie vibrano in risposta a una frequenza specifica di suono amplificandone la potenza percepita. La risonanza potrebbe manifestarsi quando la voce di una persona coinvolta in un'intercettazione ambientale risuona in modo distintivo a causa delle caratteristiche acustiche specifiche del luogo, ad esempio grazie ad una parete posizionata in maniera tale da amplificarne il timbro.

Mascheramento acustico: la presenza di suoni più forti può mascherare o coprire suoni più deboli, influenzando la percezione complessiva dell'ambiente sonoro. Il tipico esempio è quello di una registrazione in un ristorante in cui le voci dei commensali, le stoviglie, la televisione, mascherano in modo significativo il parlato di interesse.

Condizioni atmosferiche particolari: possono influenzare la propagazione del suono; ad esempio, l'aria umida trasmette il suono più velocemente di quella secca.

I fattori descritti sono utilizzati in vari contesti, come la progettazione acustica degli ambienti o la produzione musicale. In ambito forense è possibile sfruttarli per fare ipotesi, ad esempio, sulla posizione dei parlanti o del registratore utilizzando tecniche avanzate di analisi ed elaborazione del segnale audio. Allo stesso tempo conoscerli è utile per mitigare gli errori percettivi o scegliere l'adeguata tecnica di restauro.

Letture consigliate

In questa prima sezione consigliamo letture che possano contribuire allo sviluppo di una visione trasversale e di ampio respiro circa i temi trattati. Il *Manuale di acustica e teoria del suono* di Paolo Rossi & Stefano Leoni (2016, Rugginenti) è un ottimo volume di base, trasversale e didattico. Per quanto concerne la fonetica acustica si rimanda al *Manuale di fonetica* di Federico Albano Leoni e Paolo Maturi (2002) e al *Manuale di fonetica articolatoria, acustica e forense* di Luciano Romito (2010) edito dal Centro Editoriale e Librario Universitario della Calabria, citati anche nel cap. 2 di questo volume.

Pur non affrontando direttamente alcuni argomenti in questo capitolo, proponiamo ulteriori materiali per approfondire temi correlati. Per chi fosse curioso di saperne di più sull'evoluzione del linguaggio umano suggeriamo, quale fonte di molte parole chiave e spunti per possibili approfondimenti, Michel Belyk & Steven Brown (2017). The origins of the vocal brain in humans. *Neuroscience & Biobehavioral Reviews*, *77*, 177–193.

In Kristina Simonyan, Hermann Ackermann, Edward F. Chang, & Jeremy D. Greenlee (2016). New developments in understanding the complexity of human speech production. *Journal of Neuroscience*, *36*(45), 11440–11448, il lettore troverà invece un'introduzione, sul fronte neurolinguistico, ai recenti progressi sperimentali significativi nella ricerca sul controllo motorio del linguaggio. Infine, il capitolo verteva su suono e voce, ma esistono altri elementi importantissimi nella comunicazione: le pause e il cosiddetto *non-verbal speech*. Per iniziare a prendere confidenza con questi concetti e la loro importanza in ambito forense suggeriamo Svetlana Zdravković & Slobodan Jovičić (2020). The importance of speech pauses for psychotherapeutic and forensic observations. *Archibald Reiss Days*, *10*, 513–524, e Angelika Braun (2020). Nonverbal Vocalisations. A Forensic Phonetic Perspective. In *Laughter and Other Non-Verbal Vocalisations Workshop Proceedings* (pp. 19–23), University of Bielefeld.

I suoni del linguaggio umano: elementi di fonetica articolatoria e acustica

2.1 Introduzione

Supponiamo di essere chiamati ad esprimerci circa la similarità tra due voci registrate e la possibilità che queste voci appartengano alla stessa persona. Si tratta di uno dei casi più frequenti con cui il perito audio forense, e nello specifico il fonetista forense, in collaborazione con altri specialisti dell'audio, deve confrontarsi. In questo caso, come in altri simili, di cui è ricca la letteratura, il riconoscimento dell'identità di un parlante chiama in causa anche altri indizi, ma un ruolo centrale è rivestito dai suoni. Usiamo qui in prima istanza un termine volutamente generico (suoni), che racchiude al suo interno vari fattori, da quelli propriamente acustico-fisici (per cui si veda il precedente cap. 1) a quelli invece più propriamente legati al parlato come emissioni di foni alla cui concatenazione secondo certi criteri viene associato un significato da parte dell'ascoltatore. Questi fattori fanno sì che si possa distinguere tra suoni propri del linguaggio umano, riconosciuti come tali dai membri di una determinata comunità linguistica, e suoni non linguistici, i quali possono certamente però assumere un particolare significato all'interno di un determinato gruppo di parlanti o in determinate situazioni comunicative, senza necessariamente appartenere a un sistema strutturato e articolato.

In questo capitolo verranno affrontati i suoni del linguaggio umano, con particolare enfasi sui suoni dell'italiano e alla loro variabilità tra le diverse regioni (torneremo in seguito sulla distinzione tra dialetti e italiani regionali). Data la centralità della voce a livello comunicativo, ma anche sociale e nei procedimenti giudiziari, è importante avere alcune basi tecniche di analisi della voce a livello non solo ingegneristico, per le quali si rimanda al precedente capitolo di questo libro, ma anche linguistico. Dopo aver presentato quindi le nozioni fondamentali di fonetica, sia articolatoria sia acustica, al termine del capitolo si forniranno alcuni esempi di applicazione forense di questo tipo di analisi linguistica. Il lettore potrà subito notare che alcuni concetti qui introdotti richiamano direttamente nozioni già presentate nel capitolo 1, che qui verranno ridiscussi dal punto di vista linguistico e integrati in un discorso sulla voce umana come parte di un sistema più complesso.

2.2 La fonetica tra le discipline linguistiche

La linguistica è la disciplina che studia il linguaggio umano come struttura. Sebbene vi siano solitamente delle specializzazioni su diverse lingue o famiglie linguistiche, per cui, ad esempio, si parla di linguistica romanza o germanica, il linguista generale è interessato al funzionamento delle strutture linguistiche *in sé*, adottando spesso un approccio contrastivo tra lingue diverse. Lo studio della lingua come struttura implica che vi si riconoscano diversi livelli di analisi, tra loro interdipendenti e complementari. Si è soliti riconoscere un livello del segno linguistico, a cui appartengono lo studio dei suoni del linguaggio umano (fonetica e fonologia), dei morfemi, ossia dei più piccoli pezzi portatori di significato e della loro unione in parole (morfologia), nonché l'articolazione di parole in frasi (sintassi). A un livello superiore vi è poi il significato, affrontato prevalentemente dalla semantica e dalla semiotica. Infine, a livello del discorso si osserverà come il segno linguistico con il suo significato sia utilizzato in chiave comunicativa (pragmatica, sociolinguistica, analisi del discorso).

Prima di affrontare il tema dei suoni del linguaggio umano, è necessario dunque avere ben chiaro come questi rappresentino sempre una parte di una struttura linguistica più complessa. Questa visione di lingua come struttura in cui ogni elemento è interdipendente dagli altri dell'insieme si deve prevalentemente alla scuola strutturalista che vede il suo padre fondatore nel linguista ginevrino Ferdinand de Saussure. A lui si deve anche una fondamentale visione del segno linguistico come diviso tra una dimensione più astratta, detta con termine francese *langue*, e una dimensione più concreta, che viene definite sempre in francese come *parole*. Queste due dimensioni sono interdipendenti: gli atti di parole si giustificano all'interno del sistema astratto della *langue*, e a sua volta senza la *langue* non esisterebbe la *parole* (Graffi, 2019, pp. 153–155)[6].

Questa differenza tra *langue* e *parole* sarà ripresa anche dalla scuola strutturalista detta di Praga, tra i cui esponenti troviamo Trubeckoj. A lui si deve la distinzione dello studio del linguaggio umano in due sotto-discipline dell'analisi linguistica, ossia la fonetica e la fonologia (cfr. Trubeckoj, 1971[1939], Graffi 2019). La fonetica è, dunque, la disciplina che si occupa della concreta produzione dei suoni del linguaggio umano, della loro classificazione, ma anche del loro mutamento in sincronia e diacronia[7] all'interfaccia tra i diversi livelli del sistema linguistico (ad es. fonetica e lessico, oppure fonetica e sociolinguistica, di cui si tratterà brevemente anche in questo capitolo). L'ambito di indagine della fonologia è tradizionalmente visto come un po' più vasto dal momento che include non solo la rappresentazione astratta dei suoni del linguaggio, ma anche tutti i fattori che vanno oltre il singolo suono e sono perciò detti sopra-segmentali come la nozione di sillaba e di accento, ma anche prosodia, accento e ritmo (cfr. Marotta & Vanelli, 2021)[8].

Se di questi ultimi aspetti parleremo diffusamente nel seguito di questo capitolo, precisiamo subito cosa intendiamo con l'espressione "rappresentazione

---

6 Dato che noi però ci troviamo di fronte a degli atti di *parole*, per un linguista la sfida è dunque ricostruire qual è la *langue*, la struttura astratta del sistema linguistico a partire da diversi atti di *parole*.

7 La dimensione sincronica riguarda l'interazione tra gli elementi del sistema linguistico considerati in un dato momento temporale, mentre la dimensione diacronica riguarda le trasformazioni degli elementi e delle strutture linguistiche nel corso del tempo: ad esempio, la ricerca etimologica si focalizza sulla dimensione diacronica, mentre la fonetica forense è un ambito di indagine assolutamente sincronico.

8 Il dibattito circa l'interazione tra fonetica e fonologia è molto ampio e complicato: in Meluzzi (2022) si è cercato di darne una piccola sintesi, soprattutto rispetto alle posizioni della scuola italiana e ai lavori del linguista americano John Ohala (in particolare il discusso lavoro del 1990). Tutti i fenomeni precedentemente menzionati come ambito tradizionale di indagine della fonologia (accento, ritmo, prosodia, sillaba) hanno infatti indubbie ricadute fonetiche, per cui sarebbe insensato dire che questi fenomeni non interessino l'indagine fonetica ma solo quella fonologica, pur se è vero che, tradizionalmente, vi è stata una scarsa o difficile compenetrazione tra i due approcci (fonetico e fonologico) e tra i due ambiti di indagine, come lamenta anche Albano Leoni (2009). Per una discussione più recente sul tema della compenetrazione di livelli tra fonetica e fonologia, si rimanda inoltre al volume di Calamai & Celata (2025).

astratta dei suoni del linguaggio", tema fondamentale per capire la differenza tra fonetica e fonologia, che rappresentano comunque due facce di una stessa medaglia. Dal momento infatti che tutti gli esseri umani, salvo patologie o malformazioni, hanno lo stesso apparato fonatorio, sono teoricamente tutti in grado di produrre lo stesso numero e la stessa tipologia di suoni. Tuttavia solo alcuni di questi foni saranno utilizzati, all'interno dei diversi sistemi linguistici, per creare gruppi di suoni più ampi dotati di significato, fino ad arrivare alle parole. Come sempre, un esempio chiarirà meglio questo concetto: se pronunciamo le parole *gatto* e *matto* notiamo che si distinguono per soli due suoni, quelli iniziali graficamente resi come <g> e <m>; lo stesso capita anche all'interno di parola, ad esempio con *ago* e *amo*. Queste quattro parole rappresentano le cosiddette coppie minime, ossia due parole che sono in tutto identiche tranne che per un singolo suono. I suoni corrispondenti alla grafia di <g> e <m> hanno quindi in italiano non solo valore fonetico, ma anche valore fonologico, in quanto servono a opporre significato, se inseriti in unità linguistiche più grandi quali, appunto, le parole. Diremo quindi che in italiano questi suoni non sono solo foni ma anche fonemi[9].

In questo capitolo, come è evidente dal titolo, ci concentreremo sulla fonetica, limitandoci solo ad alcune nozioni che appartengono alla dimensione fonologica (es. la sillaba) e a quella prosodica. In ambito forense, infatti, capita frequentemente di dover operare un confronto tra voci basandoci su fatti fonetici, o addirittura micro-fonetici, senza per questo essere chiamati a ricostruire il sistema fonologico del parlante (una impresa decisamente ardua data la frequente scarsità dei materiali linguistici oggetto di analisi). Tuttavia, anche nell'ambito della fonetica forense servono alcuni elementi di fonologia, quali ad esempio la nozione di sillaba, di allungamento e geminazione consonantica, nonché la già citata prosodia e l'intonazione.

Prima di iniziare la disamina dei suoni del linguaggio umano in ottica forense, è opportuno ricordare come sia possibile distinguere tre diverse tipologie di analisi fonetica o "tre fonetiche" (Albano Leoni & Maturi, 2009). La fonetica articolatoria si occupa di analizzare la posizione degli articolatori nel momento in cui produciamo il linguaggio; questo tipo di analisi è molto antico, tanto che può essere fatto risalire alla tradizione grammaticale indiana

---

9 Si ricordi che i fonemi non hanno significato di per sé ma solo quando combinati in unità linguistiche maggiori.

precedenti al III secolo a.C., e ha permesso di arrivare a una classificazione dei foni secondo uno standard simbolico universalmente riconosciuto, ossia l'alfabeto fonetico internazionale o IPA (*International Phonetic Alphabet*)[10]. In anni più recenti si è poi assistito al progressivo sviluppo di una fonetica articolatoria che potremmo definire 2.0, in cui cioè si vanno a osservare i movimenti degli articolatori durante la fonazione con tecniche più o meno invasive. Chiaramente questa tipologia di analisi non è praticabile e nemmeno utile in ottica forense, per cui in questa sede ci concentriamo sul primo tipo di analisi fonetica articolatoria, nonché sulla fonetica acustica. Quest'ultimo approccio, le cui origini possono essere fatte risalire già alla fine del Settecento, quanto meno come ambizione, analizza il segnale fonico prodotto dal parlante in termini di onde acustiche che quindi permettono anche di "vedere la voce"[11]. Infine, la fonetica percettiva si concentra sulla percezione dei suoni del linguaggio da parte dell'orecchio umano e sulla capacità di discriminazione cognitiva sia dei singoli suoni, sia dei suoni all'interno di strutture linguistiche di ordine superiore (es. parole, frasi) o anche extralinguistiche (es. la capacità di riconoscere le intenzioni comunicative di un parlante a partire proprio da variazioni fonetico-prosodiche).

2.3 La classificazione dei foni

La fonetica articolatoria "classica" costituisce una base imprescindibile per ogni analisi fonetica, anche di tipo acustico, perché permette non solo di leggere ed interpretare lo spettrogramma (cfr. cap. 1.3), ma anche di formulare delle ipotesi articolatorie per la variabilità che osservo nei miei dati acustici, dal momento che piccole modificazioni articolatorie portano a modificazioni acustiche direttamente osservabili e misurabili in chiave acustica. Per fare un esempio con potenziali ricadute forensi: io so che una delle due voci da

---

10 Heselwood (2013, pp. 48–140) riassume la storia dell'annotazione fonetica di diverse tradizioni, non solo occidentali, evidenziando come l'interesse per il corretto posizionamento degli articolatori era legato proprio alla corretta pronuncia dei testi antichi, specie se di carattere sacrale, come nel vaso dei testi sacri della tradizione indiana.

11 Un'appassionante ricostruzione della storia della fonetica articolatoria e delle varie tecniche e strumentazioni si trova in Gick, Wilson & Derrick (2013); per le fasi più antiche della fonetica articolatoria e i suoi collegamenti con la nascita di una notazione fonetica in ottica interlinguistica e interculturale, si veda inoltre Heselwood (2013).

comparare appartiene a un soggetto con un disturbo articolatorio molto comune, la cosiddetta 'lisca' o 'zeppola', più propriamente sigmatismo, quindi mi concentrerò sui foni fricativi, in particolare sul fonema /s/ e le sue realizzazioni nelle due voci, allargando eventualmente la mia indagine anche alle altre fricative e affricate.

Alla base della fonetica vi è dunque la necessità di descrivere i suoni del parlato attraverso una rappresentazione simbolica bi-univoca (a ogni simbolo corrisponde un suono e viceversa) e universale, nel senso che a ogni simbolo è associato uno stesso suono a prescindere dalla lingua di riferimento. Questa operazione si basa però su due importanti presupposti teorici: la possibilità di segmentare in unità discrete una entità continua come il parlato, stabilendo dei confini talvolta arbitrari tra un fono e un altro, ma soprattutto l'individuazione di parametri di analisi la cui combinazione ci permetta di descrivere tutti i suoni prodotti dal linguaggio umano. Rispetto al primo punto, dobbiamo quindi tenere a mente quello che già uno dei primi fonetisti, Kenneth Lee Pyke, scriveva in un suo testo del 1943, ossia che nessuna descrizione fonetica, per quanto dettagliata, sarà mai completa, dal momento che il parlato non è formato dalla giustapposizione di segmenti discreti, ma il passaggio da un segmento all'altro è continuo.

Rispetto al secondo punto, già gli antichi grammatici indiani avevano individuato quelli che sono ancora oggi i parametri principali per la classificazione dei foni del linguaggio umano. Questa classificazione la possiamo ritrovare nell'IPA, l'alfabeto fonetico internazionale, i cui simboli sono una associazione univoca con un determinato suono, indipendentemente dalla lingua. Al contrario di quello che saremmo portati a pensare, però, l'IPA non è una rappresentazione statica ma dinamica, nel senso che riflette gli avanzamenti e le diverse conoscenze teoriche rispetto al tratto fonatorio e anche rispetto ai suoni del linguaggio umano. La versione dell'IPA riprodotta in Fig. 2.1 rappresenta dunque l'ultima versione di un lungo processo di elaborazione iniziato nel 1889[12].

---

12 La carta dell'IPA è liberamente scaricabile dal sito dell'associazione omonima al sito: <https://www.internationalphoneticassociation.org/> (ultimo accesso 20/12/2025). Chi fosse interessato alla storia dell'IPA ma, più in generale, all'evoluzione della rappresentazione dei suoni del linguaggio umano in ottica interculturale, trova un'ottima rassegna nel volume di Heselwood (2013).

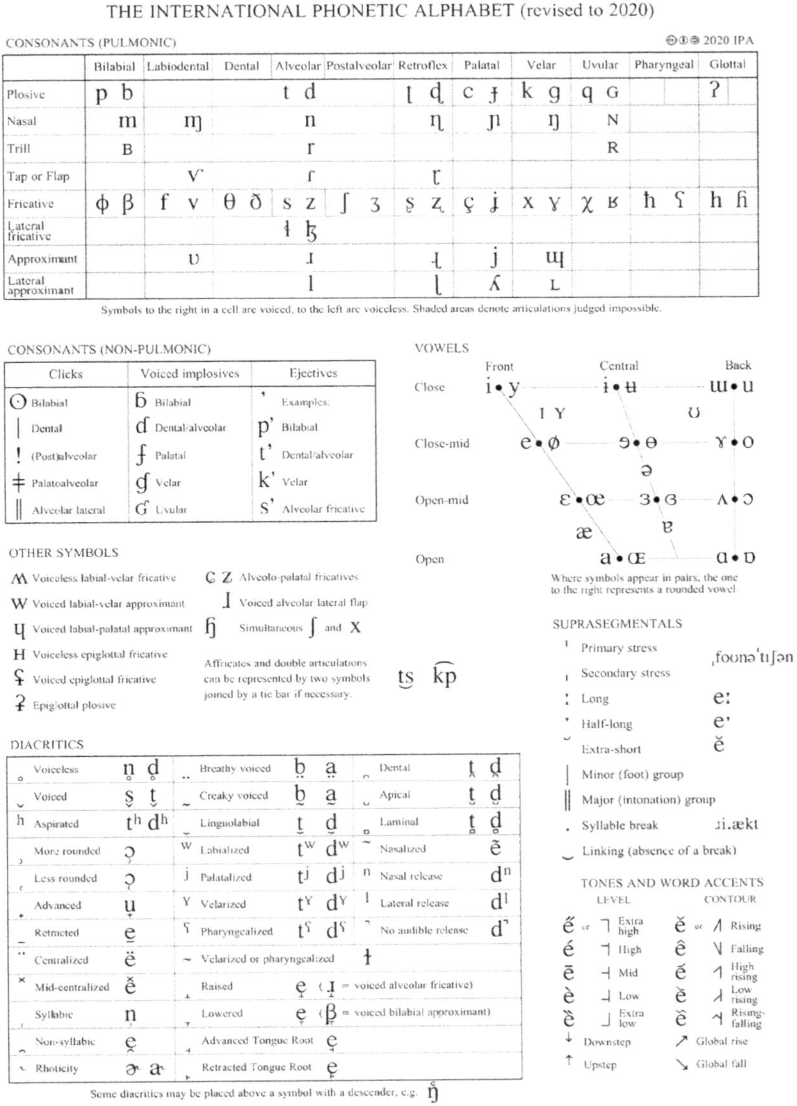

Fig. 2.1: L'alfabeto fonetico internazionale nella sua ultima rappresentazione del 2020 [immagine liberamente accessibile per Creative Commons Attribution-Sharealike 3.0 Unported License (CC-BY-SA)].

Dalla carta in Fig. 1 possiamo subito notare la presenza di diversi riquadri, il primo dei quali, il più esteso, in alto, presenta l'elenco dei foni consonantici polmonari o egressivi: si tratta di quei foni che sono emessi con il flusso d'aria in uscita dalla cavità prima pleurica, poi laringale e infine orale. Sotto questa prima tabella, sulla sinistra, troviamo poi un altro riquadro che riporta i suoni consonantici non polmonari o ingressivi, che vengono cioè prodotti con flusso d'aria in entrata: si tratta di suoni assenti nell'italiano e nelle lingue europee, almeno con valore fonologico, ma molto presenti nelle lingue del mondo, come ad esempio nelle lingue della famiglia Khoisan, parlate nell'Africa sudoccidentale nonché in aree della Tanzania. In realtà un suono simile è presente anche in italiano, specialmente nelle varietà regionali meridionali, in cui per indicare una negazione viene prodotto un suono che solitamente scriviamo come <*tz*>, ma che in realtà è, foneticamente parlando, un click[13]. Sotto questa tabella di suoni non polmonari troviamo un elenco di vari simboli, variamente presenti nelle diverse lingue e, soprattutto, nella tradizione fonetica di studi su tali lingue, come vedremo a breve per quanto riguarda le cosiddette affricate.

Sulla destra rispetto alla tabella dei suoni non polmonari troviamo uno schema trapezoidale: si tratta di una riproduzione della cavità orale, all'interno della quale sono classificati i suoni vocalici. Sotto di essa vi sono due elenchi di simboli, uno per i tratti cosiddetti soprasegmentali, che trascendono quindi il singolo suono: di questi è importante ai nostri fini ricordare il simbolo per l'accento primario [ˈ] e quello per l'allungamento [ː]. Sotto di esso si trovano i simboli per indicare i toni, elemento fondamentale nella fonologia di molte lingue extra-europee, tra cui si ricorda immediatamente il cinese, ma anche nelle lingue del gruppo baltico, almeno nelle loro varietà standard: il lettone, infatti, presenta tre toni (discendente, fratto e costante) per la sillaba accentata, mentre il lituano ne distingue due (acuto e circonflesso, Banfi & Grandi, 2016, p. 201). L'italiano non possiede i toni con valore fonologico, ma possiamo comunque trovarli con valore pragmatico in espressioni para-linguistiche come le esclamazioni (es. *oh*, *ah*, *meh*)[14].

---

[13] Di solito questa realizzazione è accompagnata da un movimento del capo, con innalzamento del mento.

[14] Il lettore potrà trovare un ottimo esempio di questa funzione pragmatica dei toni in italiano in una celebre scena del film *Quo vado?* con Checco Zalone, in cui l'attore comico esprime una vasta gamma di significati solo tramite l'espressione *meh*, utilizzando appunto, tra le altre, una variazione di toni.

L'ultimo box "sulla sinistra in basso" riporta un elenco di diacritici: questi simboli vengono utilizzati in trascrizioni fonetiche di grana fine o molto fine, volte a rendere fenomeni molto specifici nella realizzazione di determinate consonanti o vocali. In ambito forense non sono solitamente utilizzati, data la loro elevata specificità, ma alcuni di essi potrebbero essere a volte utili, se opportunamente spiegati all'interno della perizia, per rimarcare una differenza di realizzazione di alcuni suoni nel confronto tra due voci, andando quindi a riassumere tramite la scelta di un simbolo IPA quelle che sono state le evidenze della comparazione tra, ad esempio, Voce Nota e Voce Ignota.

2.3.1 Le consonanti dell'italiano

Concentriamoci ora su quelli che sono i foni dell'italiano: in Tab. 1 sono riportati i suoni consonantici e in Tab. 2 quelli vocalici (cfr. Albano Leoni & Maturi, 2009). Consonanti e vocali rappresentano infatti la primaria distinzione tra i suoni del linguaggio umano: le consonanti sono articolate con una occlusione del canale articolatorio, mentre le vocali non presentano questa occlusione, lasciando l'area libera di fluire senza incontrare ostacoli, motivo per cui sono detti foni continui.

Tab. 2.1: Le consonanti dell'italiano

	Bilabiali	Labio-dentali	Alveolari	Post-alveolari	Palatali	Velari
Occlusive	p b		t d			k g
Fricative		f v	s z	ʃ (ʒ)		
Affricate			ʦ ʣ	ʧ ʤ		
Nasali	m	ɱ	n		ɲ	ŋ
Laterali			l		ʎ	
Vibranti						
Mono-			ɾ			
Poli-			r			
Approssimanti					j	w

Come anche nell'IPA, la classificazione delle consonanti italiane si basa su tre parametri: il modo di articolazione, il luogo di articolazione e la sonorità del fono prodotto. Il modo di articolazione riguarda la modalità con cui l'aria fuoriesce dal canale fonatorio. Per l'italiano riconosciamo sette modi di articolazione, disposti lungo l'asse verticale dello schema in Tab. 2: occlusivo, fricativo, affricato, nasale, laterale, vibrante e approssimante. Nelle consonanti occlusive l'ostruzione del canale fonatorio è completa a causa del contatto tra gli articolatori che impediscono il passaggio dell'aria; a questa occlusione, momentanea, segue poi una apertura immediata, simile a uno scoppio, da cui questi foni derivano il nome anche di plosive o, in vecchi manuali, esplosive. Nel caso delle fricative il contatto tra gli articolatori non è così intenso da impedire il fluire dell'aria, ma quest'ultima fuoriesce attraverso delle fessure, creando una sorta di turbolenza caratterizzante uditivamente e acusticamente questo gruppo di foni. Le affricate rappresentano una sorta di unione delle due modalità precedentemente illustrate: a una fase di occlusione, più breve e spesso meno intensa delle occlusive vere e proprie, segue una fase di frizione caratterizzata dal rilascio turbolento dell'aria[15]. Tendenzialmente questo passaggio da fase occlusiva a fase fricativa è graduale, ma in molte varietà regionali e nelle pronunce molto controllate è possibile che si produca un effetto "staccato", a volte con una brevissima pausa di 10–15 millisecondi tra occlusione e frizione (cfr. Meluzzi, 2020). Le nasali sono caratterizzate da un abbassamento del velo palatino, quella parte del palato che è normalmente innalzata a occludere il passaggio dell'aria nella cavità nasale: il suo abbassamento nella produzione di questi foni fa sì, dunque, che l'aria fuoriesca sia dalla cavità orale sia da quella nasale. Nelle laterali, come dice il nome stesso, il flusso d'aria fuoriesce dai lati della bocca, grazie al posizionamento degli articolatori. Le vibranti sono rappresentate da brevi e frequenti occlusioni seguite da un rilascio; si distingue tra monovibranti, nel caso vi sia appunto una sola fase di breve occlusione e rilascio, e polivibranti, caratterizzate da almeno due momenti di breve occlusione. Rispetto all'alternanza tra mono- e poli-vibrante in italiano, vi è grande variabilità sia rispetto ai diversi italiani

---

15 Il lettore attento avrà forse notato che nell'IPA non è presente la modalità di articolazione affricata; le affricate sono invece elencate tra gli altri simboli e vengono di solito rappresentate con un archetto sopra o sotto i due simboli corrispondenti all'occlusiva e alla fricativa. Questo è dovuto al fatto che nella letteratura fonologica, principalmente anglofona, le affricate sono viste come una sotto-categoria delle occlusive oppure, in qualche caso, delle fricative, rappresentando delle variazioni allofoniche e non fonologiche nei sistemi linguistici di riferimento (si veda in proposito Meluzzi, 2021).

regionali (cfr. *infra* e Sobrero & Miglietta, 2006)[16], sia rispetto alle abitudini articolatorie dell'individuo. In generale, però, la monovibrante ricorre in contesto intervocalico scempio (es. *mare*, *duro*), mentre la polivibrante è caratteristica del contesto intervocalico geminato (es. *farro*, *corro*). Davanti a consonante (es. *carta*) è più frequente la realizzazione polivibrante, mentre dopo consonante (es. *capra*) è più frequente quella in monovibrante. Ad inizio parola, invece, lo stesso parlante può realizzare talora l'una talora l'altra vibrante, in dipendenza anche da altri fattori contestuali, primo tra tutti la velocità di eloquio. Infine, la cosiddetta "erre moscia" rappresenta in realtà una realizzazione approssimante della rotica, in cui gli articolatori non vengono cioè pienamente in contatto, risultando in un suono quasi vocalico trascritto come [ɹ], se mantiene il luogo di articolazione alveolare, o come [ʋ], se mostra un luogo di articolazione più arretrato e quindi labiodentale. Altre realizzazioni sono possibili e fortemente caratterizzanti la pronuncia del singolo individuo.

Come detto, le approssimanti rappresentano un caso particolare che, per certi versi, mostra delle similarità tra questa classe di foni consonantici e le vocali. Infatti, nella produzione di questi foni l'avvicinamento degli organi articolatori è, per così dire, incompleto e quindi non si produce una occlusione né totale né parziale: l'aria è quindi libera di fluire in modo continuo, in modo simile a quanto avviene, appunto, con i foni vocalici[17].

Sulla riga orizzontale della Tab. 1 troviamo il secondo parametro di classificazione delle consonanti, ossia il luogo di articolazione, vale a dire il punto in

[16] Anche l'italiano parlato in Svizzera, ossia nel Canton Ticino e nel Grigioni italiano, si può considerare una forma di italiano regionale, molto legata in particolare alle varietà lombarde. Chi volesse approfondire la questione si può appoggiare ai lavori di Bruno Moretti (cfr. Moretti 2019), nonché alla recente rassegna dialettologica in Guerini (2023).

[17] Proprio per questa loro natura a metà tra suoni propriamente consonantici e suoni vocalici, le approssimanti hanno uno statuto particolare tanto nelle indagini fonetiche sia in quelle fonologiche, prendendo il nome di semi-consonanti o di semi-vocali, a seconda della loro posizione nella sillaba. Si parla infatti di semi-consonanti quando le approssimanti precedono la vocale (es. la <i> nella parola *piano*) e di semi-vocali quando seguono la vocale (es. la <u> nella parola *caustico*). In una parte della tradizione di studi italiani, cambia anche il simbolo fonetico associato alle approssimanti nel caso si tratti di semi-consonanti o semi-vocali. Nella letteratura anglofona questi foni sono invece etichettati come *glides*. Per una rassegna degli studi e dei problemi fonetico-fonologici associati alle approssimanti in italiano, si rimanda il lettore a Meluzzi (2025, in corso di stampa).

cui i due articolatori fisso e mobile (ossia, la lingua) vengono in contatto nella cavità orale. I punti di articolazione sono classificati dall'esterno all'interno della cavità orale: per primo troviamo il luogo bilabiale, articolato tramite contatto delle due labbra, a cui segue il luogo labiodentale, in cui gli incisivi superiori si appoggiano sul labbro inferiore. Il più ampio gruppo delle dentali può essere diviso tra alveolari, in cui la punta della lingua[18] poggia sugli alveoli posteriori degli incisivi superiori, e le post-alveolari, in cui il contatto avviene tra la lamina della lingua e un punto leggermente più arretrato, ossia la parte anteriore del palato. Quest'ultimo luogo di articolazione caratterizza appunto le cosiddette consonanti palatali, con un contatto tra il dorso della lingua e il palato duro. Infine, le consonanti velari sono articolate con un contatto sempre tra il dorso della lingua e il velo.

L'ultimo parametro nella classificazione delle consonanti riguarda la sonorità o sordità del fono, ossia la vibrazione o meno delle pliche vocali (anche impropriamente note come corde vocali) durante la fonazione. In realtà, le corde vocali sono delle membrane attaccate da una parte alla cartilagine tiroidea e dall'altra ad altre due piccole cartilagini dette aritenoidi tramite due piccoli muscoli interni, detti appunto muscoli vocali. L'azione di contrazione o distensione di questi muscoli provoca l'avvicinamento o l'allontanamento, con maggiore o minore tensione, delle cartilagini aritenoidee e quindi la messa o meno in vibrazione delle corde vocali[19]. Durante la produzione di foni sonori, i muscoli della glottide sono tesi e producono una sequenza

---

[18] Anche se siamo abituati a pensare alla lingua come a un qualcosa di unitario, se ne possono distinguere diverse parti che sono coinvolte in misura maggiore o minore nell'articolazione dei foni: ad esempio la punta della lingua (o apice) è un articolatore estremamente mobile ed è coinvolto nella produzione di un elevato numero di foni nelle varie lingue del mondo; viceversa il dorso della lingua e ancora di più il post-dorso vengono utilizzati per la produzione di foni, ma in numero più limitato perché si tratta di una struttura molto grossa, con meno rapidità e precisione di movimento. Questo, che avrà importanti ricadute a livello acustico (cfr. *infra*), ci spiega anche come mai nell'IPA, che, lo ricordiamo, rappresenta tutti i foni delle lingue del mondo (a oggi note), vi siano molti più foni anteriori rispetto a quelli posteriori, cioè articolati nella parte anteriore del cavo orale, con la punta o la lamina della lingua, rispetto a quella posteriore.

[19] Le dinamiche della fonazione sono qui volutamente ed esplicitamente semplificate, in linea con gli scopi e il target primario di questo manuale. Il lettore tenga però presente che esistono svariati modelli dell'apparato fonatorio e del suo funzionamento; per approfondimenti, si consiglia il volume di Esling *et al.* (2019) nonché Calamai & Celata (2025).

di aperture e chiusure cicliche, con un movimento oscillatorio delle pliche vocali che caratterizza la produzione di un fono sonoro[20].

I foni consonantici possono infatti essere o sordi o sonori: nell'IPA, così come in Tab. 1, i foni sordi sono sempre scritti a sinistra, mentre quelli sonori sono scritti a destra di un medesimo spazio. Ad esempio, nella casella delle occlusive bilabiali troviamo la sorda [p] di *papà* e la [b] di *babbo*. Alcune caselle presentano dei foni solo sulla destra: questo avviene perché i foni del modo laterale, nasale, vibrante e approssimante sono, unitamente ai foni vocalici, sempre sonori. Questo significa che in nessuna lingua del mondo sono state attestate realizzazioni sorde di questi foni che sarebbero, d'altronde, anatomicamente impossibili (o quando meno molto difficili) da produrre.

Si noti, infine, che sono riportati diversi foni nasali. In italiano hanno valore fonologico, ossia distintivo di significato, solo tre di questi foni, vale a dire /m/, /n/ e /ɲ/, quest'ultimo corrispondente al grafema <gn>, come si può osservare dalle coppie minime *mano – nano* e *Pina – pigna*. Si noti, inoltre, che la distinzione tra /n/ e /m/ è presente in contesto iniziale di parola e intervocalico, ma non ad esempio in contesto pre-consonantico, in cui avremo [m] davanti a consonante labiale (es. *campo* [ˈkãm.po]) e [n] negli altri casi (es. *anta* [ˈãn.ta], ma vedi dopo). Davanti a una consonante non potremmo mai avere /ɲ/: si tratta di una cosiddetta restrizione fonotattica, cioè non tutti i fonemi possono comparire in tutte le posizioni o possibilità combinatorie in una determinata lingua.

Gli altri due foni nasali, [ɱ] e [ŋ], rappresentano dei cosiddetti allofoni contestuali del fonema /n/, ossia delle realizzazioni fonetiche che ricorrono solo se vi è una particolare sequenza di foni e non altrove, senza distinguere significato. La [ŋ] si ritrova quando la /n/ è seguita da una consonante occlusiva velare [k] o [g], come ad esempio in *anca* e *mango*, rispettivamente trascritte quindi come [ˈãŋ.ka] e [ˈmãŋ.go]; attenzione che in *pancia*, invece,

[20] Una prova empirica piuttosto rozza ma efficace di quanto appena spiegato consiste nell'appoggiare due dita sul proprio collo, poco più in alto della struttura ossea che caratterizza appunto la laringe, e produrre in modo continuo il verso della zanzara *zzzz*, contrapponendolo poi a un sibilo serpentesco che potremmo rendere graficamente come *sss*. Solo nel primo caso si percepirà la vibrazione delle corde vocali.

il digramma <ci> corrisponde a una affricata post-alveolare sorda, per cui si trascriverà [ˈpãn.ʧa]. la [ɱ] si ritrova invece quando la /n/ è seguita da una fricativa labiodentale [f] o [v], come ad esempio in *tanfo* e *inverno*, rispettivamente [ˈtãɱ.fo] e [ĩɱ.ˈvɛr.no].

Per riassumere, elenchiamo di seguito i nomi delle diverse consonanti dell'italiano con i loro simboli IPA ed esempi in cui compaiono, in diversi contesti:

[p] occlusiva bilabiale sorda, es. *papà, campo*
[b] occlusiva bilabiale sonora, es. *babbo, cambio*
[t] occlusiva alveolare sorda, es. *tutto, conto*
[d] occlusiva alveolare sorda, es. *dado, panda*
[k] occlusiva velare sorda, es. *caco, chiodo, questo*
[g] occlusiva velare sonora, es. *gatto, sghembo, ghiro*
[f] fricativa labiodentale sorda, es. *farfalla, gonfio*
[v] fricativa labiodentale sonora, es. *viola, cavo*
[s] fricativa alveolare sorda, es. *sasso, costo*
[z] fricativa alveolare sonora, es. *sdegno, casa* (in pronunce settentrionali)
[ʃ] fricativa post-alveolare sorda, es. *sci, cascina, conscio*
[ʒ] fricativa post-alveolare sonora, es. *garage*[21]
[ʦ] affricata alveolare sorda, es. *pazzo, stazione, spazzino*
[ʣ] affricata alveolare sonora, es. *azzardo, gonzo*
[ʧ] affricata post-alveolare sorda, es. *cielo, mancia*
[ʤ] affricata post-alveolare sonora, es. *gesso, mangia*
[m] nasale bilabiale sonora, es. *mamma, campo*
[ɱ] nasale labiodentale sonora, es. *canfora, convento*
[n] nasale alveolare sonora, es. *nano, canto*
[ɲ] nasale palatale sonora, es. *gnomo, pegno*
[ŋ] nasale velare sonora, es. *conca, pongo*
[ʎ] laterale palatale sonora, es. *paglia*
[ɾ] monovibrante alveolare sonora, es. *caro, trama*

---

21 In realtà la /ʒ/ non appartiene al repertorio fonologico dell'italiano, ma si ritrova in prestiti dal francese, tra cui appunto *garage*; una pronuncia [ʒ] si può ritrovare però anche in alcuni italiani regionali (cfr. Sobrero & Miglietta, 2006).

[r] polivibrante alveolare sonora, es. *carro, tardo*
[j] approssimante palatale sonora, es. *paio, più*
[w] approssimante velare sonora, es. *quando*[22], *buono*

2.3.2 Le vocali dell'italiano

Le vocali dell'italiano sono rappresentate nella Tab. 2 nella classica conformazione a triangolo, frequente in letteratura, sebbene si trovi sempre più spesso una configurazione classica a trapezio. Il problema è la classificazione della vocale [a] come centrale, così come solitamente classificata in letteratura e come riprodotto in Tab. 2, oppure come anteriore, come da classificazione IPA.

Tab. 2.2: Le vocali dell'italiano

	Anteriori	Centrali	Posteriori
Alte	i		u
Medio-alte	e		o
Medio-Basse	ɛ		ɔ
Basse		a	

Come abbiamo detto, le vocali sono caratterizzate dall'emissione continua del flusso d'aria, senza ostacoli all'interno del cavo orale. Nella pronuncia delle vocali quello che cambia è la posizione della lingua sia in senso, per così dire, orizzontale sia in senso verticale, a cui si aggiunge l'arrotondamento delle labbra. I parametri per classificare le vocali saranno quindi l'avanzamento o arretramento della lingua, l'innalzamento o abbassamento della lingua e l'arrotondamento o la distensione delle labbra. In base al primo parametro

22 In alcuni manuali più specialistici, il lettore potrebbe ritrovare anche il simbolo [ɥ] per indicare l'approssimante che segue una occlusiva velare e precede un altro dittongo, come la <u> nella parola *quiete* (Marotta, 1987, p. 880). Come [w], anche [ɥ] è caratterizzata da un arrotondamento delle labbra, venendo per questo definita labializzata. Di questo tratto si dovrà tenere conto nel momento in cui andremo a prendere eventualmente delle misurazioni acustiche su questi foni: questo vuol dire che, anche se decidiamo di trascrivere tutte le approssimanti con il simbolo [w], come in molti manuali si continua a fare, dobbiamo tenere conto che il contesto consonantico che precede questa approssimante può determinarne le caratteristiche articolatorie e, quindi, acustiche. Questo principio, che vale comunque per tutti i foni che compaiono all'interno di una catena di parlato, è in questo caso particolarmente evidente.

distinguiamo tra vocali anteriori [i, e, ɛ], centrali [a][23] e posteriori [ɔ, o, u], per il secondo parametro tra vocali alte [i, u], medio-alte [e, o], medio-basse [ɛ, ɔ] e basse [a]. Per quanto riguarda l'arrotondamento delle labbra, nel caso dell'italiano è piuttosto semplice, dal momento che le vocali anteriori e centrali sono articolate con labbra distese, venendo perciò dette non arrotondate o aprocheile, mentre le vocali posteriori presentano il caratteristico arrotondamento delle labbra e sono quindi dette arrotondate o procheile[24].

Anche se l'ortografia dell'italiano ci porterebbe a pensare che vi siano cinque vocali, fonologicamente ne abbiamo in realtà 7, con una importante distinzione tra le medio-alte [e, o] e le medio-basse [ɛ, ɔ]. Questa opposizione è detta fonologica dal momento che oppone significato, come nel caso di [ˈpɛs.ka] 'il frutto della pesca' e [ˈpes.ka] 'l'atto del pescare', oppure di [ˈbɔt.te] 'plurale di botta' e [ˈbot.te] 'recipiente'. Questa opposizione è però presente solo in alcuni italiani regionali, mentre in altri si può rintracciare comunque una alternanza tra vocali medio-alte e vocali medio-basse, ma in relazione al tipo di sillaba o anche alla parola. Ad esempio, nella zona del Biellese è nota e stereotipica la pronuncia con [o] anche molto chiusa delle parole *topo*, *moto* e *foto*, laddove già nel Vercellese queste stesse parole vengono rese, come nella maggior parte d'Italia, con [ɔ]. Una tipica alternanza tra medio-alte e medio-basse è legata al contesto sillabico, in particolare tra sillaba chiusa e sillaba aperta (cfr. 2.3), ma anche qui con grande variabilità regionale e, in misura minore, lessicale: tendenzialmente, nelle pronunce settentrionali si avranno le medio-alte [e, o] in sillaba aperta e le medio-basse [ɛ, ɔ] in sillaba chiusa (es. *bela* [ˈbeː.la] vs. *bella* [ˈbɛl.la])[25]. Si noti, comunque, che l'alternanza tra medio-alte e medio-basse avviene in italiano solo per le sillabe toniche, cioè accentate; le sillabe non-accentate avranno sempre la medio-alta.

---

23 Seguiamo qui la tradizione italiana di classificare la [a] come fono centrale, anche se si tratterebbe "nella denominazione IPA" di una vocale anteriore.

24 Anche in questo caso, una prova empirica immediata consiste nel pronunciare in sequenza, meglio ancora se davanti a uno specchio, le sillabe *ta*, *te*, *ti*, *to*, *tu*, osservando come solo negli ultimi due casi vi sia l'arrotondamento delle labbra.

25 Come detto, sono però frequenti anche i contro-esempi, quale ad esempio la pronuncia di *tono* vs. *tonno*, che anche per un parlante settentrionale presenta [ɔ] nel primo caso e [o] nel secondo, per ragioni etimologiche, anche se non è raro ascoltare anche l'esatto contrario in alcuni parlanti. Un altro esempio peculiare è la pronuncia del nome *Elisabetta*, con [ɛ] nella zona milanese ma con [e] nel torinese, a dimostrazione che anche la nozione di "italiano settentrionale" (così come "meridionale" o "siciliano", ecc.) è in realtà sempre una generalizzazione.

Anche in questo caso, riassumiamo il contenuto di questa parte con l'elenco dei simboli delle vocali italiane, la loro denominazione e alcuni esempi:

[i] anteriore alta non arrotondata, es. *identico*
[e] anteriore medio-alta non-arrotondata, es. *pesca* (atto di pescare)
[ɛ] anteriore medio-bassa non-arrotondata, es. *pesca* (frutto)
[a] centrale bassa non-arrotondata, es. *Anna*
[ɔ] posteriore medio-bassa arrotondata, es. *buono*
[o] posteriore medio-alta arrotondata, es. *ponte*
[u] posteriore alta arrotondata, es. *bullo*

2.4 Qualche nozione di fonologia

Abbiamo qui introdotto il primo dei concetti fonologici fondamentali per i nostri fini, ossia la sillaba. Nonostante sembri (e, per certi versi, sia) un concetto naturale e spontaneo per i parlanti, la nozione teorica di sillaba e della distribuzione dei diversi elementi che la compongono è tutt'altro che pacifica. In questa sede ci limiteremo a evidenziare che ogni sillaba è composta necessariamente di un nucleo, che per l'italiano può essere costituito solo da una vocale; il nucleo può essere preceduto da una o più consonanti in posizione di attacco e seguito da una sola consonante in posizione di coda sillabica, formando la cosiddetta rima sillabica. Si dicono aperte quelle sillabe che non presentano una consonante in coda, mentre sono chiuse quelle consonanti in coda. Ad esempio, la parola *carta* sarà trascritta foneticamente come [ˈkar.ta], con il [.] che indica la divisione sillabica: la prima sillaba [kar] è una sillaba chiusa, con una corda in [r], mentre la seconda sillaba [ta] è una sillaba aperta.

L'italiano è una lingua che ammette attacchi sillabici complessi, ossia più consonanti prima del nucleo (es. *struzzo*), mentre la posizione di coda può essere occupata solo da una consonante. Se vi sono due consonanti contigue, queste si distribuiscono una in chiusura di una sillaba e una in apertura della successiva: nella parola *Batman*, [t] e [m] si trovano in posizione eterosillabica, in quanto appartengono a due sillabe diverse che trascriveremo come [ˈbat.man][26]. Lo stesso si applica anche alle consonanti cosiddette geminate, che sono

[26] Il lettore avrà ormai realizzato che la trascrizione fonetica si realizza tra parentesi quadre. Si noti inoltre che le maiuscole non trovano corrispondenza nella trascrizione fonetica: la nozione di 'lettera maiuscola' si lega infatti, come dice il nome, a una nozione grafica, senza alcun riscontro fonico.

sempre eterosillabiche, per cui tutto sarà trascritto come [ˈtut.to][27]. È opportuno ricordare che l'italiano è una lingua in cui la geminazione consonantica ha valore fonologico, dal momento che vi è opposizione di significato tra, per esempio, *Pina* e *pinna*. La pronuncia scempia di suoni geminati può essere un'indicazione importante per stabilire l'origine geografica del parlante e/o il suo eventualmente non essere madrelingua (cfr. cap. 2.7).

Vi sono poi cinque foni che sono detti intrinsecamente lunghi quando sono in contesto intervocalico, cioè quando sono preceduti e seguiti da vocali o dittonghi: si tratta dei foni palatali laterale [ʎ] e nasale [ɲ], come in *aglio* e *bagno* che saranno trascritti [ˈaʎ.ʎo] e [ˈbaɲ.ɲo], della fricativa post-alveolare [ʃ] come in *fascia* [faʃ.ʃa], e delle due affricate alveolari scritte col grafema <z> ossia [ʦ] e [ʣ], per cui *pizzo* sarà [ˈpits.tso] anche trascritto nei manuali come [ˈpit.tso][28]. Per la <z> è quindi importante ricordare che, sebbene graficamente scritti con uno o due simboli ortografici, la pronuncia sarà sempre lunga, per cui anche la parola *dazio* sarà foneticamente realizzata come [ˈdaʦ.ʦjo].

Un altro tipo di allungamento riguarda invece quello delle vocali, quando si trovano in sillaba libera e tonica, ossia accentata. Questo significa che *pala* sarà trascritta come [ˈpa:.la], mentre *palco* sarà [ˈpal.ko]. Si ricordi inoltre che in italiano l'accento ha valore fonologico, per cui una stessa parola fonica può cambiare significato a seconda della posizione dell'accento: l'esempio più lampante è <capitano> che può essere accentato sulla quartultima sillaba [ˈka:.pi.ta.no] (es. *le disgrazie capitano*), sulla penultima [ka.pi.ˈta:.no] (es. *il capitano della nave*), oppure anche sull'ultima [ka.pi.ta.ˈno][29] (voce del verbo *capitanare*, indicativo passato remoto, terza persona singolare).

---

27 Questa divisione si lega al principio fonologico della ambisillabicità; in certi manuali di altra tradizione (es. americana), tuttavia, questo non è ammesso e le geminate vengono considerate interamente come attacco della sillaba successiva trascrivendo quindi [ˈtu.tto]. Questa trascrizione, però, non è supportata dalle evidenze fonetiche sull'italiano: la diversa lunghezza delle vocali toniche seguite da consonante scempia o geminata conferma infatti l'ambisillabicità (cfr. *infra*).

28 La ragione delle due trascrizioni, equivalenti soprattutto a fini di perizia forense, è legata alla concezione delle affricate: solitamente i manuali assumono un punto di vista più fonologico, per cui ad allungarsi in contesto geminato sarà la parte occlusiva del fono per cui avremo [ˈpit.tso]; al contrario, indagini fonetiche hanno dimostrato che ad allungarsi sono sia l'elemento occlusivo sia l'elemento fricativo, per cui si preferirà una trascrizione [ˈpits.tso] (cfr. Meluzzi 2020).

29 Tradizionalmente, non si segna l'allungamento se l'accento cade sull'ultima sillaba, anche se libera; in generale l'ultima sillaba di una parola o frase, anche se non accentata, viene pronunciata nel parlato con un leggero allungamento, non trascritto.

Tra gli altri fenomeni che si possono trovare nei manuali di fonetica possiamo avere l'indicazione di nasalizzazione delle vocali, indicata con una tilde [˜] sopra al fono di riferimento. Le vocali in una sillaba chiusa da una coda consonantica sono sempre leggermente nasalizzate, per cui la precedente parola *bagno* è stata trascritta come [ˈbãɲ.ɲo]. Bisogna però considerare che in molte lingue (es. il francese, ma anche il lombardo o il piemontese) la presenza di vocali nasalizzate è non solo caratteristica fonetica ma anche fonologica, quindi non semplicemente dipendente dal contesto sillabico come abbiamo indicato qui. Inoltre, proprio in campo forense, può essere opportuno usare con attenzione questi diacritici, magari riservandoli per quei parlanti che presentano una pronuncia particolarmente nasalizzata, al contrario magari di un altro parlante di cui siamo chiamati a fornire una profilazione o un confronto.

In chiusura a questa sezione sulla fonetica articolatoria, occorre infatti citare quali sono i pro e i contro di una trascrizione fonetica. Utilizzare i simboli dell'alfabeto fonetico internazionale rappresenta infatti una scelta non scevra di criticità, in quanto occorrerà preventivamente assicurarsi che chi leggerà la nostra perizia (le cosiddette 'terze parti') sia in grado di comprendere l'apparato simbolico che utilizziamo. D'altro canto, l'uso di uno standard internazionale potrà dare maggiore oggettività al lavoro del perito forense, senza dover ricadere in descrizioni impressionistiche e, spesso, molto soggettive. In caso sia necessario, si potrà sempre premettere una piccola nota interpretativa dei diversi simboli impiegati, come quella riportata in questo capitolo, così come avviene per altri simboli o abbreviazioni utilizzate. Infine, l'uso di uno standard internazionale come l'IPA renderebbe più facile la comprensione del lavoro forense anche a professionisti di diversi paesi, per cui, in casi in cui siano presenti più lingue (ad es. anche italiano e dialetto, cfr. cap. 4), sarebbe auspicabile introdurre una colonna con la trascrizione fonetica almeno delle parole dubbie o centrali ai fini peritali.

2.5 Vedere i suoni

Come anticipato, avere una buona competenza in fonetica articolatoria è una condizione necessaria per sapere come muoversi all'interno della fonetica acustica, che ci dà la possibilità di "vedere" i suoni. Le nozioni necessarie per comprendere come si visualizzino le onde acustiche sullo spettro e sullo spettrogramma sono state già introdotte nel precedente cap. 1.3. Qui menzioniamo solo che il software più utilizzato in fonetica è Praat (Boersma & Weenink,

2024), gratuito e costantemente aggiornato, che consente di segmentare, trascrivere e analizzare l'audio oggetto di analisi. Sebbene sia possibile utilizzarlo anche per filtraggio e 'pulizia' del segnale audio, questa funzione non è ottimale e, per scopi di restauro, è suggerito l'impiego di altri software più tecnici, da cui deriva spesso la necessità di una collaborazione tra periti con diverse competenze riguardo all'audio forense (cfr. cap. 5.10). La visualizzazione di una qualsiasi porzione di parlato su Praat (versione 6.4.04) è quella riportata in Fig. 2.2: in alto troviamo la forma d'onda, che presenta il tempo in ascissa e l'intensità in ordinata[30]; nella parte inferiore troviamo invece lo spettrogramma, che presenta il tempo in ascissa, la frequenza (espressa in Hertz) in ordinata, mentre l'intensità è data dal diverso grado di annerimento dello spettrogramma.

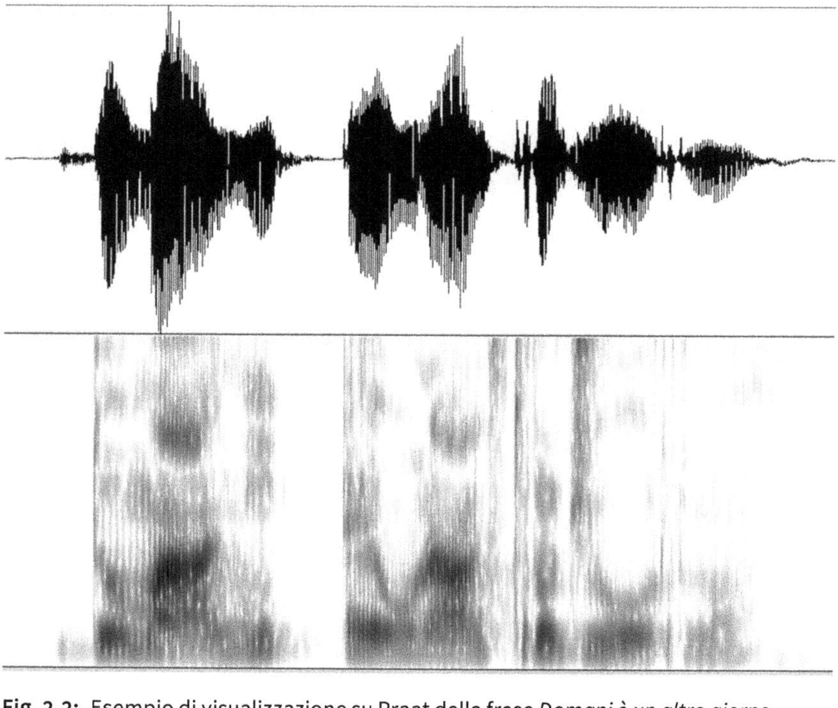

Fig. 2.2: Esempio di visualizzazione su Praat della frase *Domani è un altro giorno.*

[30] Sulla definizione di intensità dal punto di vista fisico e tipi di visualizzazione, cfr. cap. 1.3.

I foni sullo spettrogramma saranno quindi rappresentati da due tipi di onde (cfr. cap. 1.3.2): da una parte avremo le onde complesse periodiche, unione di più onde semplici ma con una periodicità riconoscibile, oppure onde complesse aperiodiche, in cui appunto non c'è questa periodicità e che sono anche definite, con termine certo impressionistico ma non totalmente improprio, come "rumore". Infine, nella rappresentazione del parlato possiamo trovare anche il silenzio, ossia l'assenza di segnale, che è identificabile come assenza di segnale sullo spettrogramma[31].

Una particolarità da tenere a mente è la differenza tra foni sordi e foni sonori. In questi ultimi è possibile identificare, estrarre e analizzare il valore della prima armonica, detta anche frequenza fondamentale o F0. Riprendendo alcuni concetti già introdotti nel precedente cap. 1, si ricordi che tutte le onde semplici che compongono le onde complesse hanno frequenze multiple rispetto alla prima armonica. Dal punto di vista articolatorio, come abbiamo visto, i foni sonori sono caratterizzati dalla messa in vibrazione delle corde vocali: proprio il numero di vibrazioni compiute dalle corde nell'unità di tempo ci restituisce il valore di F0. Essendo una misura di frequenza (in Hertz), la F0, così come le altre formanti delle vocali e di alcune consonanti (cfr. *infra*) varierà anche a seconda delle caratteristiche anatomiche del parlante. In particolare, negli uomini la frequenza fondamentale è mediamente pari a 110 Hz, mentre nelle donne è in media di 205 Hz (Simpson, 2009).

---

[31] Ovviamente, quanto detto vale per il parlato registrato in contesti privi di rumori significativi, ovvero in condizioni in cui le uniche onde rilevanti siano quelle prodotte dal parlante. Tuttavia, è importante sottolineare che nelle registrazioni di qualunque tipologia (non solo forensi) non esiste il silenzio perfetto inteso come assenza di rumore, a meno di non effettuare le registrazioni in una camera completamente insonorizzata; negli altri casi sarà sempre presente una certa quantità di disturbo. In generale, possiamo definire come silenzio le porzioni del segnale in cui tale rumore è sufficientemente basso da risultare irrilevante ai fini dell'analisi del parlato. Gli esempi che forniremo in questa parte del manuale, proprio perché si tratta di una introduzione a concetti complessi, sono stati registrati in laboratorio: il lettore non si stupisca, dunque, di vedere spettrogrammi estremamente "puliti", ben lontani da quello che si può trovare a dover affrontare spesso con l'analisi dell'audio forense. Degli esempi in questo senso verranno presentati in questa sede, ma non esauriscono certo la casistica: è però importante imparare a riconoscere i foni in un contesto ottimale, per poi riuscire a identificarli, pur con le dovute difficoltà, anche su audio non proprio 'puliti' (cfr. cap. 5 di questo manuale).

La F0 è anche l'unità di misura fondamentale per lo studio della qualità della voce (*voice quality*) e per la prosodia, inclusa la sua interfaccia con l'emotività del parlante e le sue intenzioni comunicative (cfr. Gurrado & Sorianello, 2017).

Illustriamo ora le diverse classi di foni, osservando come le caratteristiche articolatorie che abbiamo presentato nella sezione precedente si riflettono nella loro visualizzazione spettrografica. Per ogni gruppo forniremo anche una indicazione dei valori più frequentemente utilizzati nell'analizzare questi foni in chiave quindi comparativa e quantitativa (ma si veda anche il cap. 4). Tutte le immagini presentate derivano da audio registrati dall'autrice, rappresentando una voce femminile settentrionale.

2.5.1 Consonanti allo spettro

Come visto in 2.1, la prima classe di foni consonantici è rappresentata dalle occlusive, che sono articolate con un momento di silenzio, a cui segue il rilascio immediato degli articolatori, con il risultato che si produce un caratteristico rumore simile a uno scoppio. Questo si traduce spettrograficamente con un momento di assenza di segnale, corrispondente alla fase di occlusione, a cui segue un segnale aperiodico di forte intensità, denominato *burst*, che corrisponde appunto allo scoppio. Nelle consonanti occlusive geminate, la fase di silenzio è più lunga rispetto alle rispettive scempie, come si può vedere in Fig. 2.3, dove si riportano gli spettrogrammi delle due parole *fato* e *fatto*), con la segmentazione delle due occlusive alveolari sorde [t] e [t:] nei rispettivi momenti di occlusione e rilascio.

La fase di rilascio, però, non consiste solo nello scoppio o *burst*, ma da un periodo di transizione dallo scoppio stesso all'inizio della vocale successiva: questo periodo temporale è denominato con l'acronimo VOT (*Voice Onset Time*), ed è una misura temporale in millisecondi, ossia msec o ms (in questo manuale useremo la seconda abbreviazione). Questa misura serve a distinguere le diverse occlusive: il VOT sarà tanto maggiore, quanto più arretrata è la pronuncia della consonante, per cui la durata del VOT sarà esemplificabile come [k] > [t] > [p] e ugualmente per le sonore [g] > [d] > [b]. In fig. 2.4 riportiamo un esempio delle tre consonanti sorde nelle parole *lacca*, *latta* e *lappa*, con la divisione tra momento di occlusione e VOT in ogni immagine: se si estraggono le misure di durata del VOT dalle figure in esempio, quello del fono [k] è di 4,2 ms, quello di [t] p di 1,5 ms e quello di [p] di 0,9 ms.

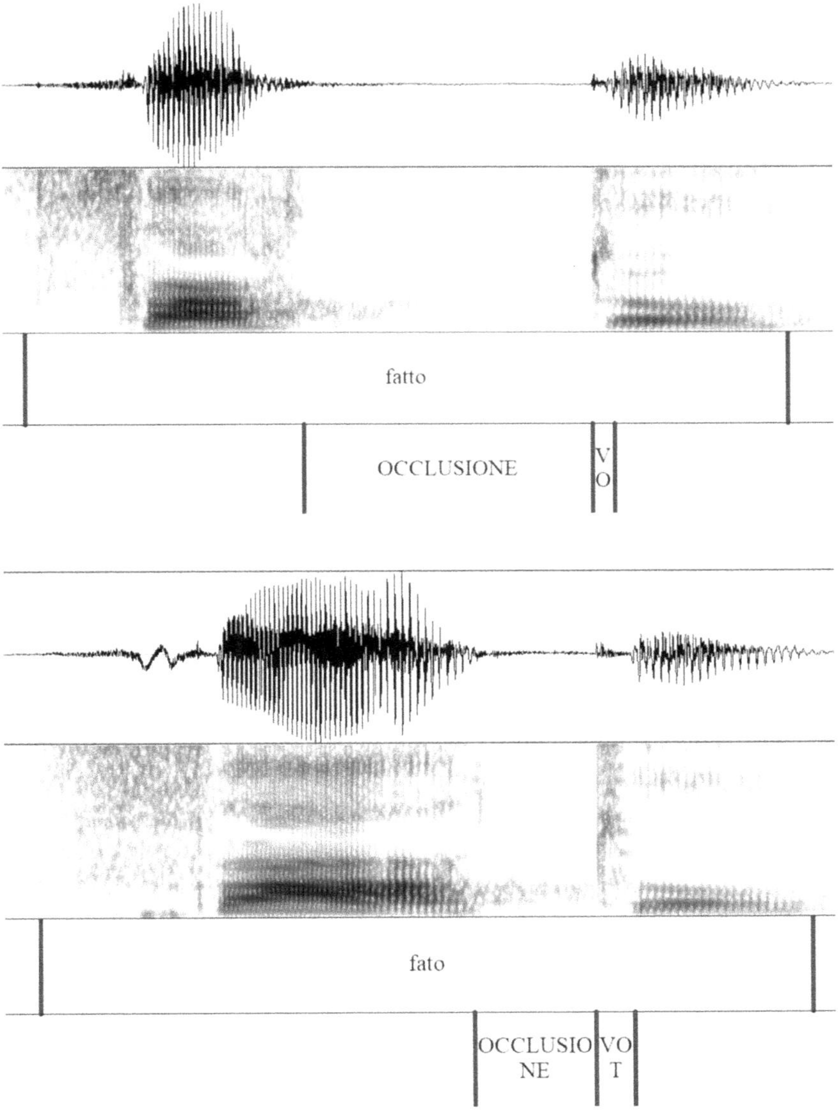

Fig. 2.3: Gli spettrogrammi delle parole *fato* (sotto) e *fatto* (sopra).

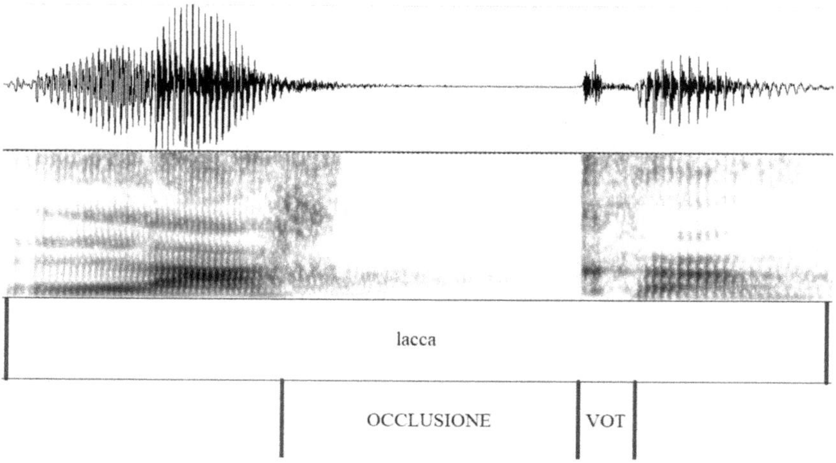
lacca
OCCLUSIONE
VOT

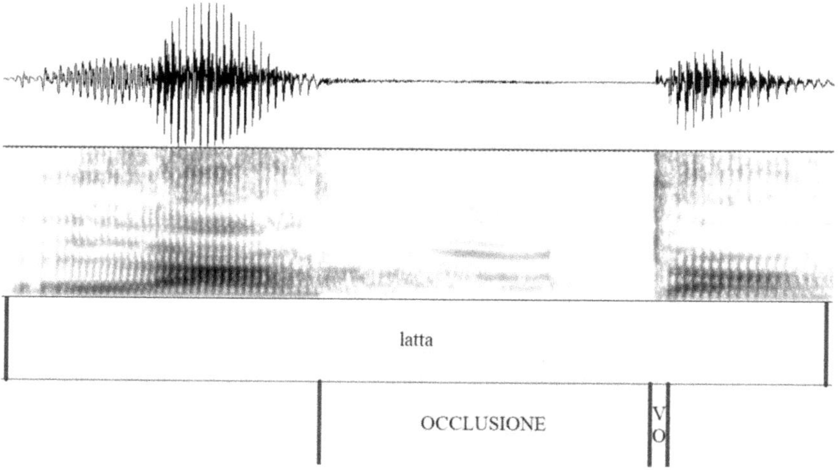
latta
OCCLUSIONE
V
O

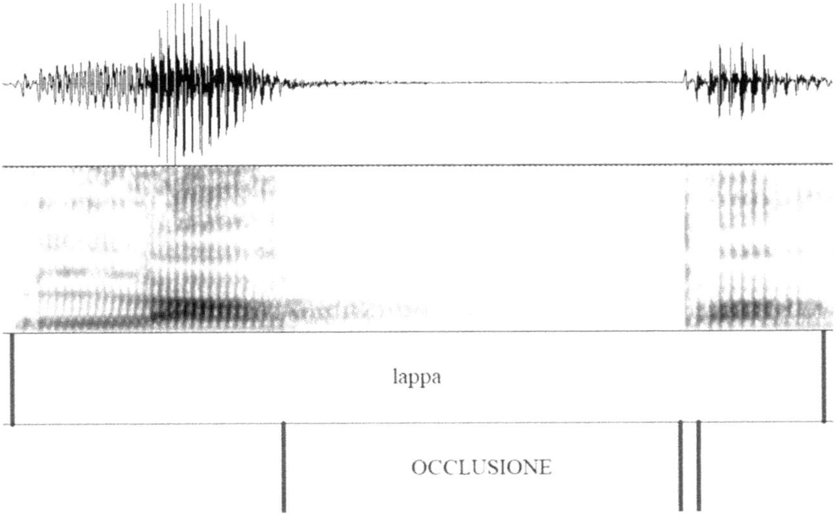

Fig. 2.4: Gli spettrogrammi delle parole, da sinistra, *lacca, latta* e *lappa*, con indicazione della durata del VOT.

Questo fenomeno non è legato a caratteristiche specifiche del parlante o alla lingua di riferimento, ma ha valore generale: con ciò si intende dire che una [t] avrà sempre un VOT inferiore a una [k], in qualsiasi lingua e per qualsiasi parlante, pur se potrà cambiare la differenza relativa di durata tra i due foni. Questo perché la spiegazione è di natura articolatoria: come spiegato nel cap. 2.2, le occlusive velari sono articolate con il dorso della lingua, che ha una massa decisamente più ampia rispetto alla punta della lingua con cui sono articolate le alveolari; di conseguenza, la punta della lingua sarà più veloce nello staccarsi dalla fase di contatto con l'articolatore fisso rispetto al dorso della lingua. Può essere utile figurarsi metaforicamente questo passaggio come la manovra per un parcheggio di un'auto di piccola cilindrata rispetto a un camion a rimorchio.

Inoltre, le durate non solo del VOT, ma anche del silenzio e dell'intera occlusiva sono minori nei foni sonori rispetto ai corrispondenti sordi. Si osservino, in proposito, le immagini in Fig. 2.5 che riportano la differenza tra l'occlusiva geminata in *atta* e *adda*, con le rispettive indicazioni di silenzio e VOT: la durata totale di [t:] è di 27,1 ms contro i 20,6 ms di [d:].

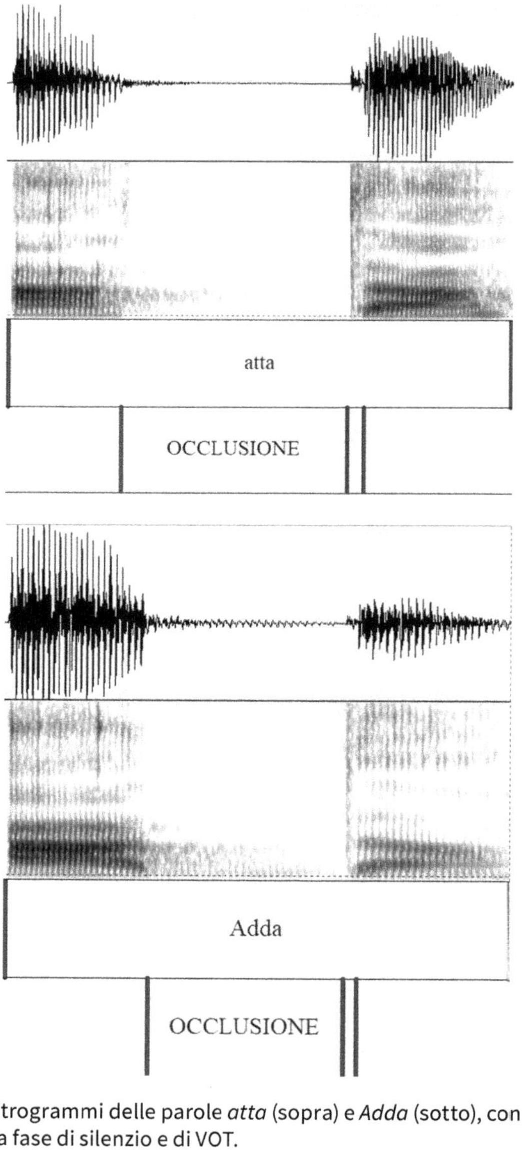

Fig. 2.5: Gli spettrogrammi delle parole *atta* (sopra) e *Adda* (sotto), con indicazione della durata della fase di silenzio e di VOT.

Anche questo fatto è di natura articolatoria: nelle consonanti sonore, l'aria fuoriesce mettendo anche in vibrazione le corde vocali, ragion per cui viene consumata parte dell'energia articolatoria, risultando sempre in foni di durata inferiore rispetto alle corrispondenti sonore, a parità di contesto fonologico.

I valori acustici che si estraggono per l'analisi quantitativa delle occlusive sono, quindi, principalmente di durata del fono stesso e/o delle sue parti. Questo rappresenta un vantaggio specialmente in ambito forense, perché la durata è un fattore che non è influenzato dalla qualità della registrazione audio (cfr. cap. 5.3), al contrario di altri valori come l'intensità e, soprattutto, i valori formantici delle vocali, espressi in Hertz. L'intensità del *burst* può comunque rappresentare un valore quantitativo, ma la sua alta variabilità non lo rende un indice ottimale, soprattutto in ambito forense. Al contrario, il valore della seconda formante della vocale successiva alla consonante occlusiva (la cosiddetta F2) può essere utilizzato come ulteriore indice per il luogo di articolazione dell'occlusiva stessa; anche il valore della terza formante (F3) può servire a discriminare pronunce più o meno labializzate. In ogni caso, il valore fondamentale rimane la durata del VOT che riflette anche la differenza tra pronunce aspirate e non aspirate delle occlusive sorde.

Le consonanti fricative sono caratterizzate da un vero e proprio rumore di frizione: sono quindi delle onde complesse aperiodiche, che sullo spettrogramma sono immediatamente distinguibili, localizzandosi a frequenze anche molto elevate. La differenza di concentrazione del rumore di frizione a determinate frequenze è, anche in questo caso, legato al luogo di articolazione delle fricative stesse, come si nota dal confronto in Fig. 2.6, in cui sono presenti tutte le fricative sorde dell'italiano, pur se in contesti fonologici diversi: la parola *fascista* presenta infatti una fricativa labiodentale [f] a inizio parola, una post-alveolare [ʃ:] in contesto intervocalico, dunque intrinsecamente geminata o lunga, e una fricativa alveolare [s] prima di consonante occlusiva alveolare; lo spettrogramma è visualizzato fino a una frequenza massima di 11 kHz, con una linea tratteggiata intermedia (a 4.804 Hz) che segna il punto in cui inizia il rumore di frizione della fricativa [s].

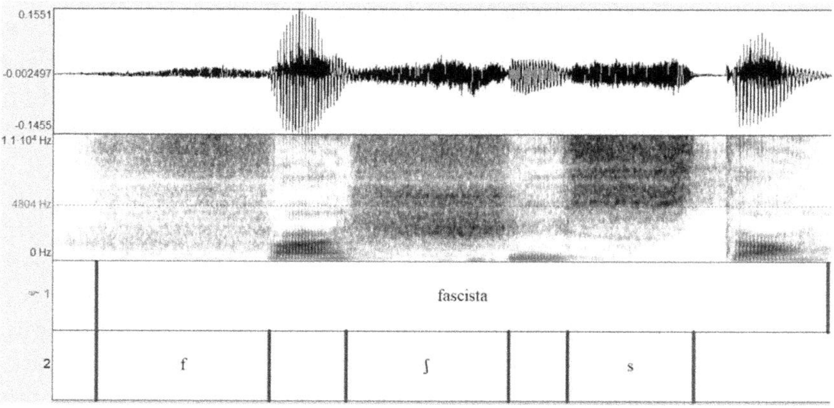

Fig. 2.6: Lo spettrogramma della parola *fascista* con la segmentazione dei foni [f], [ʃ:] e [s].

In italiano mediamente le fricative labiodentali [f] e [v] si presentano con spettri molto diffusi, anche dai 2000 agli 8000 Hz, e poco intensi; le fricative alveolari [s] e [z] si estendono su valori di frequenza molti alti, attorno agli 8000 Hz ma anche sopra ai 10.000 Hz. Infine, le fricative post-alveolari [ʃ] e [ʒ] si concentrano attorno ai 5–6000 Hz, pur se presentano un rumore di frizione molto intenso, come si può notare dall'esempio in Fig. 2.6.

Così come per le occlusive, anche nel caso delle fricative le consonanti sonore sono più brevi ma anche meno intense rispetto alle sorde: la minore intensità è visibile da un minore annerimento dello spettrogramma, come si può osservare dalla Fig. 2.7 in cui si riporta la differenza tra [s] e [z] nelle parole *spalla* e *sballa*.

A livello di analisi di questi foni si può ovviamente tenere conto del parametro di durata, oppure della presenza o meno di sonorità per tutta la durata del fono fricativo o per una sua parte[32], con il relativo valore di F0. Un'altra unità di misurazione molto utilizzata, che aiuta anche a discriminare i diversi

[32] Pronunce parzialmente sonorizzate sono tipiche dei fenomeni di lenizioni che ricorrono in molti dialetti e italiani regionali meridionali e a cui ci si riferisce come foni leniti (cfr. Nocchi & Schmid, 2008). Una parziale sonorizzazione dei segmenti fricativi è stata però identificata nelle pronunce non native di italiano, in particolare da parte di sloveni (Grošelj, 2022).

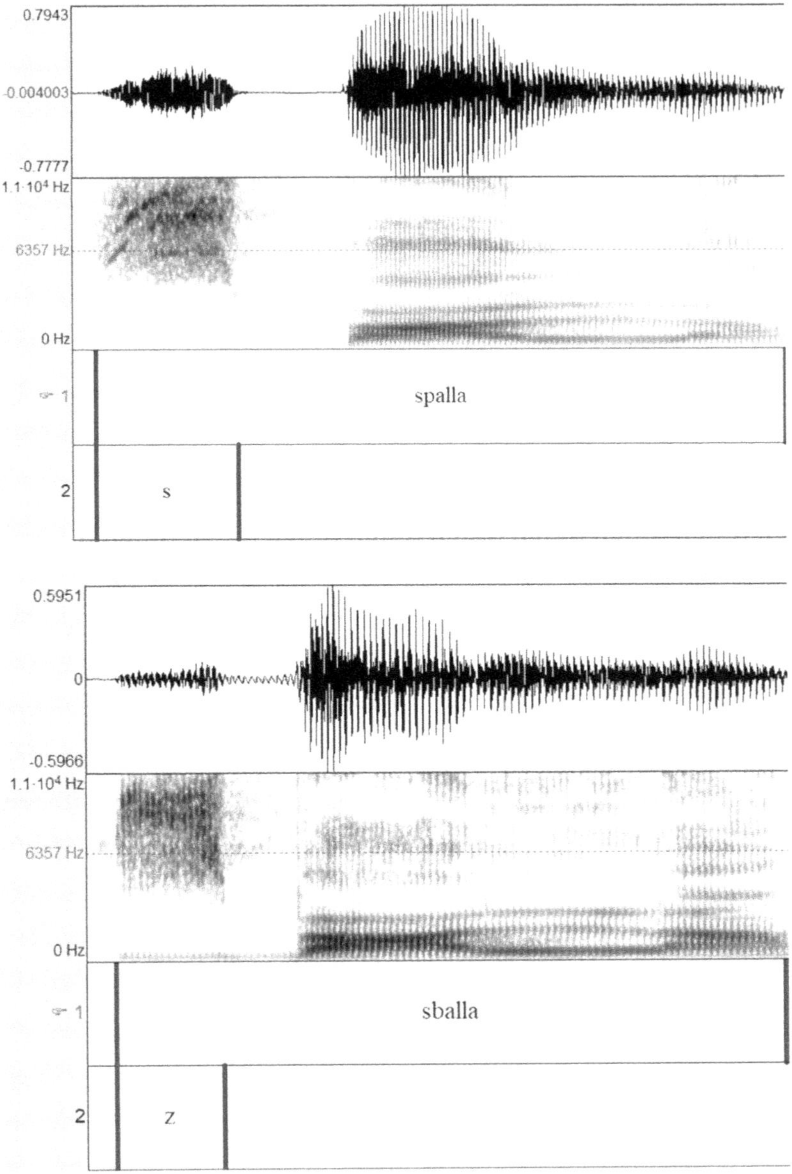

Fig. 2.7: Gli spettrogrammi delle parole *spalla* (sopra) e *sballa* (sotto).

luoghi di articolazione, è rappresentata dai i cosiddetti momenti spettrali (Forrest *et al.*, 1988; Jongman *et al.*, 2000), misurati in Hertz o in Bark. Harrington (2013, p. 107) individua quattro principali momenti spettrali, di cui i primi due, detti m1 e m2, sono centrali per l'analisi delle fricative: m1, chiamato anche centro di gravità o CoG (*Centre of Gravity*), si riferisce alla frequenza in cui si concentra principalmente l'energia articolatoria sullo spettro, che, come abbiamo visto, è collegata al luogo di articolazione della fricativa stessa. Il secondo momento spettrale o m2 si riferisce invece alla deviazione standard dell'energia articolatoria lungo l'asse della frequenza. Questi due momenti spettrali vanno dunque considerati assieme per un'adeguata descrizione acustica dei foni fricativi. Infine, Hughes & Halle (1956) introducono l'analisi dei cosiddetti *power spectra*, ossia il calcolo dello spettro medio della fricativa attraverso l'estrazione in sequenza di finestre di tipo FFT sovrapposte[33]. Da questo spettro medio vengono poi estratti i valori di frequenza e di ampiezza massima, in una procedura denominata da Jongman *et al.* (2000) come *spectral peak location*: il valore è direttamente proporzionale all'anteriorità di articolazione della fricativa, quindi una [s] avrà valori maggiori rispetto a [ʃ]. Essendo comunque misure in Hertz, si ricordi che questi valori sono soggetti alla variabilità non solo dello strumento di registrazione (cfr. cap. 5.2 e 5.3) ma anche delle caratteristiche biologiche del parlante (cfr. cap. 2.7).

Passando ora alle nasali e alle liquide, si è detto in precedenza che questi foni sono sempre sonori, per cui ritroveremo sempre il valore di F0 che è appunto espressione della frequenza di vibrazione delle corde vocali. Essendo entrambi foni continui, in cui l'aria fluisce senza ostruzioni dal canale orale (e, nel primo caso, anche da quello nasale), il risultato è che sullo spettrogramma questi foni si presentano con una struttura molto simile a quella delle vocali che vedremo successivamente, solo più "slavate" ossia con una intensità minore che permette di individuarle in una sequenza tra due vocali. Si prendano gli esempi delle parole *panna* e *palla*, i cui spettrogrammi sono riportati in Fig. 2.8, in cui si evidenzia appunto la porzione dei due foni [n:] e [l:].

---

[33] La trasformata di Fourier è stata introdotta nel precedente cap. 1.3.2.

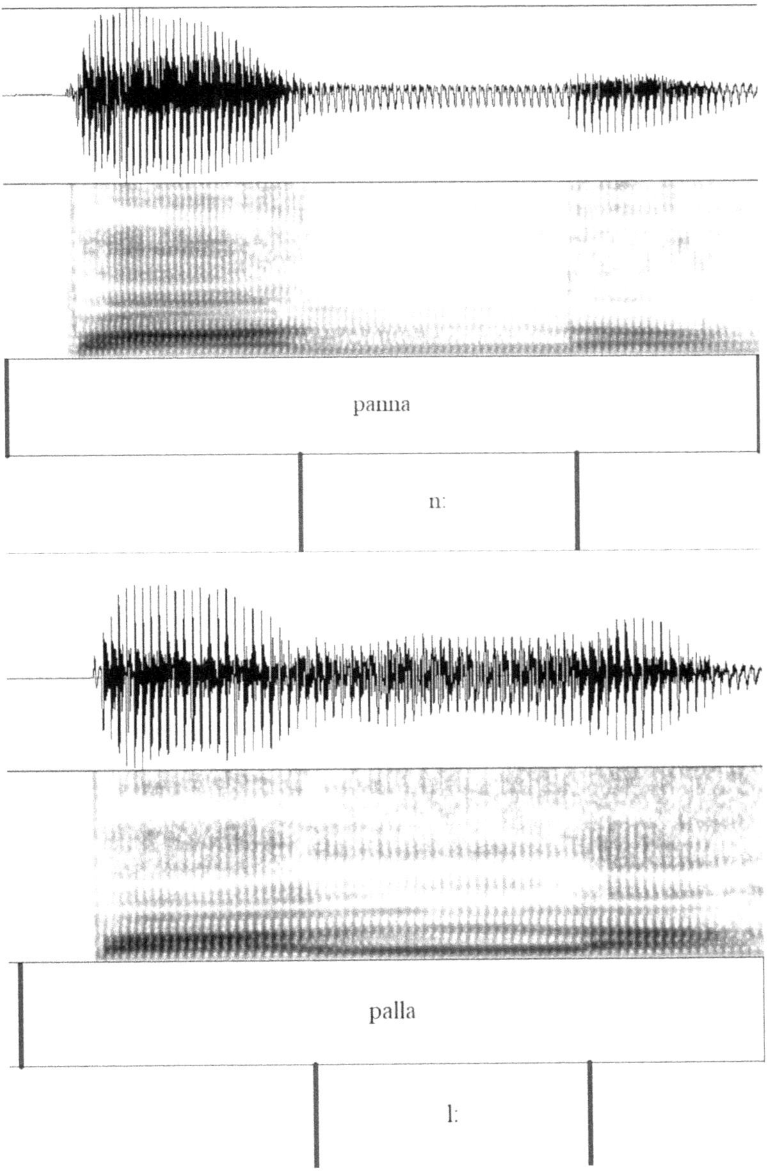

Fig. 2.8: Gli spettrogrammi delle parole *panna* (sopra) e *palla* (sotto).

Dall'immagine si può notare come nasali e laterali abbiano un'intensità minore rispetto alle corrispondenti vocali, resa evidente dal fatto che lo spettrogramma delle seconde è più scuro (dunque, più intenso) rispetto alle consonanti in questione. Inoltre, nel passaggio dalla nasale (e, in misura spesso minore, anche dalla laterale) alla vocale successiva si ha una specie di piccolo *burst* o comunque uno stacco, che tuttavia risulta apprezzabile soprattutto in un parlato molto lento e controllato nonché in un audio molto pulito (come quello degli esempi, ma come si ritrova molto raramente in ambito forense).

Sia per le laterali che per le nasali, le misurazioni solitamente estratte sono valori formantici, espressi in Hertz, di cui parleremo diffusamente in 2.5.2. Si ricordi solo che le laterali sono caratterizzate da alti valori della terza formante o F3, proprio come diretto risultato della loro articolazione linguale con fuoriuscita dell'aria ai lati della bocca (Thomas, 2010, p. 126); anche la seconda formante o F2 è un fattore determinante per distinguere il luogo di articolazione in diverse lingue, compreso l'italiano e le altre lingue romanze (cfr. Colantoni, 2004).

Particolare attenzione deve essere posta sulla laterale palatale /ʎ/, che viene appunto resa con questo luogo di articolazione dai parlanti settentrionali, mentre nel Meridione è (solitamente) realizzata come sequenza [lj], ossia laterale alveolare, seguita da approssimante. In Fig. 2.9 si riporta un esempio della stessa parola *aglio* realizzata prima come ['aʎ.ʎo] e poi come ['a:.ljo]: si osservino in particolare le differenze nell'intensità dello spettro, così come nelle durate relative dei due foni laterali [ʎ] e [l].

Le caratteristiche delle approssimanti saranno meglio esaminate nel cap. 3.2 dal momento che, per la loro analisi, occorre richiamare prima il concetto di formanti, che caratterizzano appunto i foni vocalici. L'ultima classe di consonanti da affrontare qui è dunque quella delle rotiche che, come abbiamo detto in precedenza, possono essere classificate come alveolari mono- o plurivibranti. La Fig. 2.10 ci mostra questa alternanza nella coppia minima *faro* – *farro*: nel primo caso la rotica è realizzata come monovibrante [ɾ], nel secondo caso come polivibrante [r].

La monovibrante, dunque, assomiglia a una piccola occlusiva: in effetti, la sua articolazione prevede un contatto molto breve tra la punta della lingua e gli alveoli, esattamente come in una occlusiva alveolare [t]. A cambiare è la durata e l'intensità di questo contatto, come si potrà osservare confrontando gli spettrogrammi di *faro* in Fig. 2.1 con quello della [t] di *fato* in Fig. 2.3.

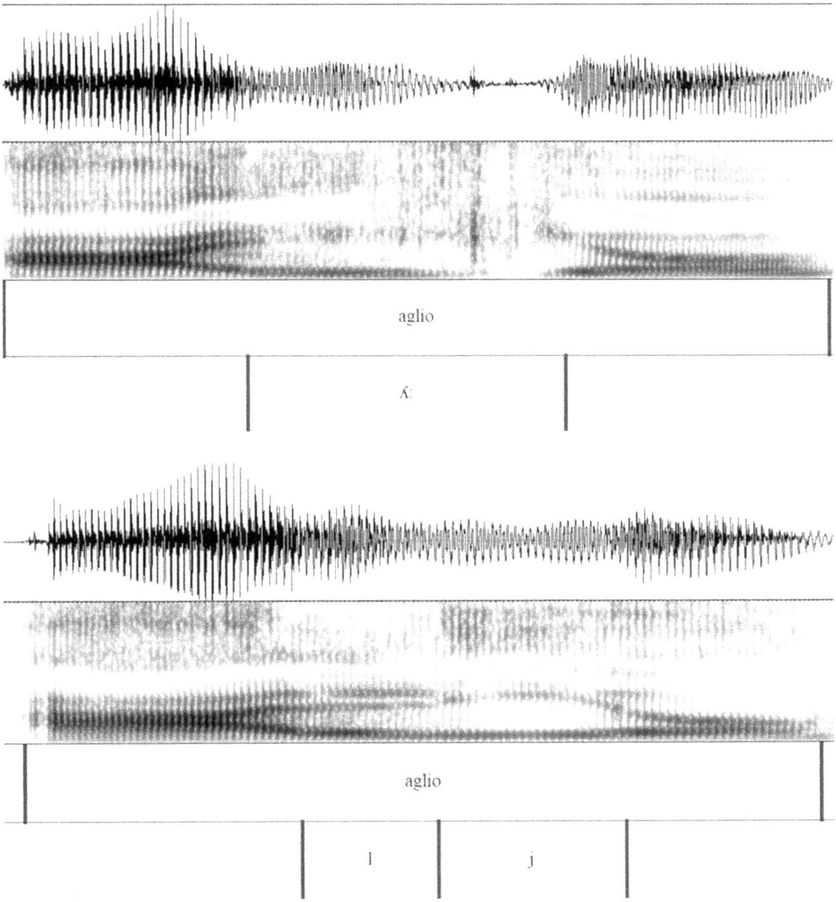

Fig. 2.9: Gli spettrogrammi della parola *aglio* realizzata con [ʎ:] (sopra) e con [lj] (sotto).

La polivibrante geminata in *farro* è invece costituita da una successione di piccole occlusioni a cui segue una sorta di vocoide, detto anche vocale di appoggio, che risulta dalla fuoriuscita dell'aria durante la sequenza di diversi contatti tra la lingua e gli alveoli. Tendenzialmente, il primo di questi contatti e il primo vocoide di appoggio sono più lunghi dei successivi, soprattutto

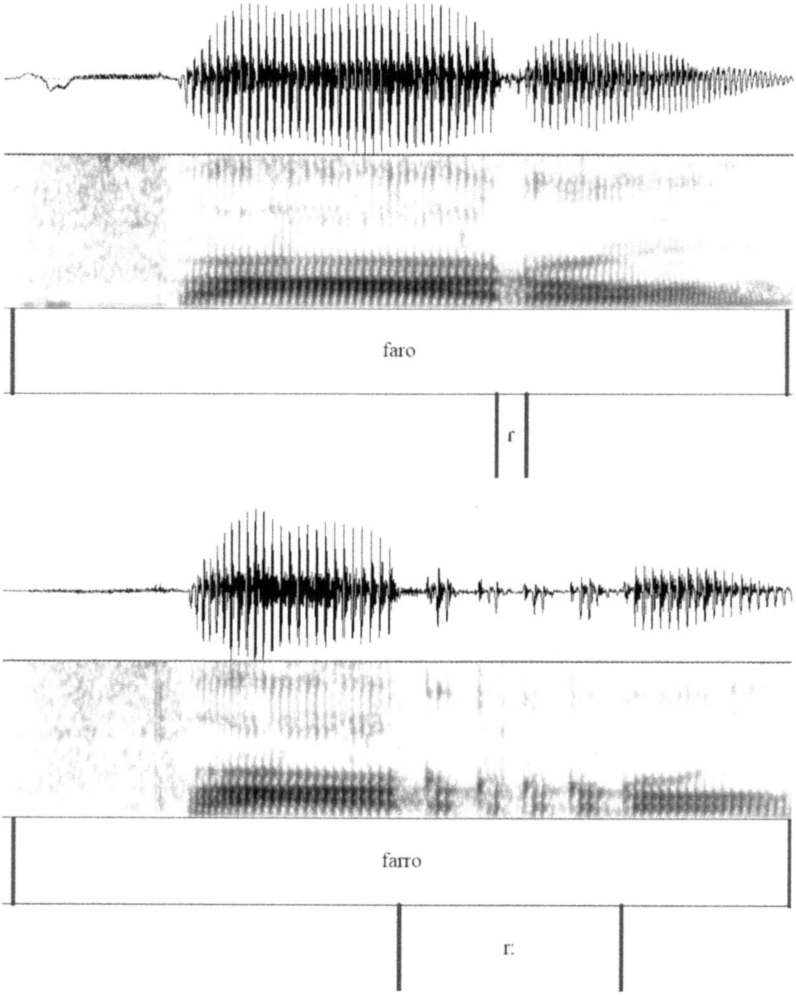

Fig. 2.10: Gli spettrogrammi delle parole *faro* (sopra) e *farro* (sotto).

in un parlato spontaneo (si veda anche Celata *et al.*, 2016; Meluzzi & Celata, 2020). Le misurazioni che si possono prendere sulle rotiche riguardano sia la durata complessiva del fono, sia la durata dei singoli segmenti (nel caso delle polivibranti), ma anche la tipologia di rotica tendenzialmente prodotta dal parlante nello stesso contesto fonologico, oltre ai valori formantici del vocoide di appoggio.

2.5.2 Vocali allo spettro

Come detto in 2.2, le vocali sono suoni continui, in cui è determinante il movimento di innalzamento/abbassamento o avanzamento/arretramento della lingua all'interno del canale orale. La forma assunta dalla lingua durante la produzione di una vocale crea dunque dei restringimenti e degli allargamenti in punti diversi del canale, provocando delle diverse cavità di risonanza, che a loro volta sono responsabili di un aumento (nodi) o di un rallentamento (antinodi) della velocità del flusso d'aria. Uno schema di questa produzione è rappresentato in Giannini & Pettorino (1992, p. 127) per le vocali [a], [i] e [u], e qui riprodotto con adattamenti in Fig. 2.11.

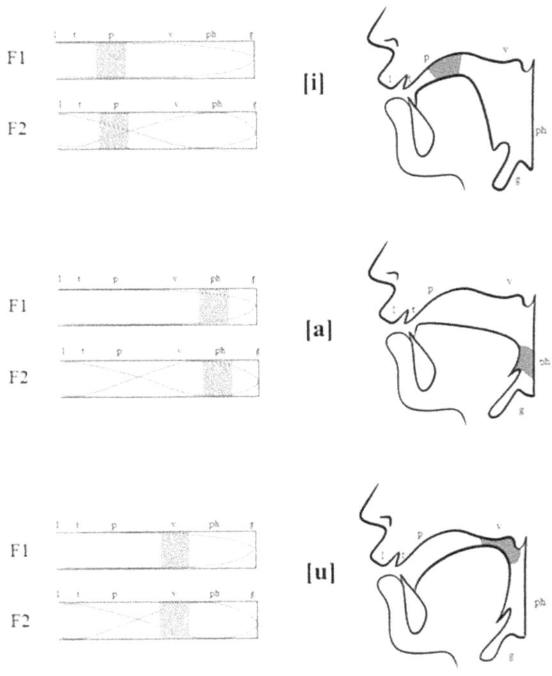

Fig. 2.11: Le diverse restrizioni del canale fonatorio durante la produzione delle vocali [a], [i] [u] e le sue conseguenze sull'andamento dell'onda sonora.

La posizione di nodi e antinodi di velocità correla con le diverse frequenze delle formanti (cfr. cap. 1.3.2), che caratterizzano la produzione delle vocali. In particolare, la prima formante (F1) correla in modo direttamente proporzionale al grado di apertura della vocale: ne consegue che la [a], vocale bassa per eccellenza, avrà valori di F1 più alti rispetto alle vocali alte [i] e [u]. La F2 è invece direttamente proporzionale al grado di anteriorità della vocale, per cui il valore più alto è rappresentato dalla [i] e quello più basso dalla [u]. In Fig. 2.12 è rappresentato l'andamento delle sette vocali dell'italiano, partendo dalla vocale alta anteriore [i] fino alla posteriore alta [u] (quindi con sequenza [i] – [e] – [ɛ] – [a] – [ɔ] – [o] – [u]). Si può osservare l'andamento delle due formanti F1 e F2, così come visualizzate automaticamente su Praat con l'opzione *Show formants*: la prima serie di puntini dal basso si riferisce alla F1, mentre la seconda serie di puntini indica la F2. Come si può notare nella Fig. 2.12, F1 e F2 hanno distanza massima nella [i] e minima nella [u], proprio per le caratteristiche che abbiamo illustrato prima. La F2 della vocale [a] della nostra parlante, ossia l'autrice, si attesta attorno ai 1300 Hz, come indicato sulla sinistra dell'immagine, per fornire un riferimento numerico.

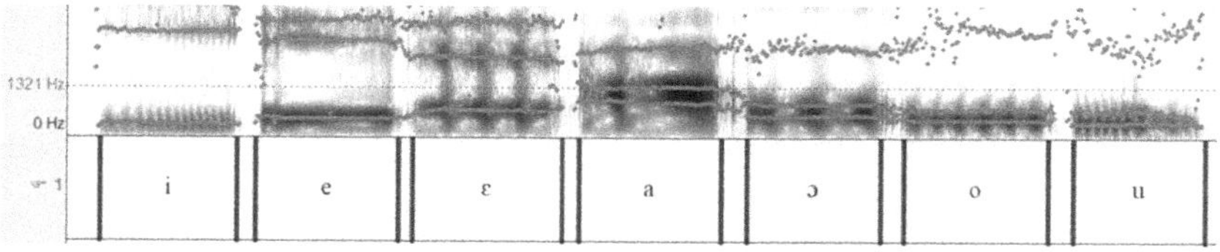

Fig. 2.12: L'andamento delle due formanti F1 e F2, indicate dai puntini rossi nella visualizzazione di Praat, nella sequenza delle vocali dell'italiano [i] – [e] – [ɛ] – [a] – [ɔ] – [o] – [u].

Nel caso dell'italiano non viene solitamente analizzato il valore della terza formante (F3), la cui co-variazione con F2 determina il grado di maggiore o minore arrotondamento delle labbra (o labializzazione) durante la fonazione. Come detto in precedenza, in italiano le vocali anteriori sono non arrotondate, quelle posteriori sono arrotondate[34]. Tuttavia, occorre ricordare

[34] In particolare, nella produzione della /u/ l'arrotondamento delle labbra provoca un allungamento della cavità anteriore che si riflette nei valori di risonanza. Benché pronunciata sempre come arrotondata in italiano, la produzione di /u/ può essere soggetta a variazione idiosincratica proprio in virtù di realizzazioni più o meno arrotondate.

l'importanza di questo valore di F3 nel caso si dovessero affrontare lingue diverse dall'italiano (cfr. per una rassegna Ladefoged & Maddieson, 1990) oppure pronunce non native dell'italiano.

Anche limitandoci a F1 e F2, si ricordi che questi valori formantici, espressi in Hertz, sono sensibili alle caratteristiche biologiche del parlante: come per la F0, infatti, le donne hanno tendenzialmente un risonatore più piccolo rispetto agli uomini e i bambini più piccolo ancora degli adulti in generale, risultando quindi in valori formantici più alti.

È fondamentale ricordare che non si può prendere come riferimento una singola produzione vocalica, ma sarà necessario fare una media tra diverse vocali prodotte dallo stesso parlante, a parità di contesto fonologico e di accento (vocali toniche vs. atone): infatti, come abbiamo visto in 2.5.1 parlando delle occlusive, le vocali sono sensibili al luogo di articolazione della consonante precedente e di quella successiva, perché riflettono il movimento della lingua da un fono all'altro. Se si vogliono misurare le formanti delle vocali, quindi, è opportuno accertarsi che i valori siano presi nel cosiddetto *steady-state*, ossia quel punto di stabilità, in cui non vi è movimento delle formanti perché la lingua ha raggiunto la sua posizione per l'articolazione della vocale e la mantiene prima di passare al fono successivo. Questo punto di stabilità si riscontra di solito nel punto medio della vocale ma, in caso soprattutto di foni molto brevi o in presenza di patologie del parlato che toccano l'articolazione (es. Parkinson), occorre sincerarsi che non vi sia un effettivo movimento delle vocali. Inoltre, le vocali seguite da nasali in sillaba chiusa (es. la prima [a] in *panda*) portano di norma tracce di nasalizzazione, che ha come risultato frequenze più basse soprattutto di F2. I valori medi di riferimento si estraggono quindi di solito nel punto medio[35] delle vocali

[35] Nella ricerca fonetica, in realtà, l'uso dei soli valori estratti nel punto medio della vocale non è più ritenuta sufficiente per una adeguata descrizione delle vocali, data la loro enorme variabilità rispetto ai foni che precedono e seguono; una variabilità che può riflettere anche abitudini articolatorie e una organizzazione gestuale differente tra popolazioni diverse e di fondamentale importanza specie nell'ambito della fonetica clinica (cfr. Ball, 2021 e, per l'italiano, il fondamentale Gagliardi, 2021). A una rappresentazione statica (o del punto medio), dunque, si preferisce una visualizzazione dinamica, con valori formantici estratti a intervalli regolari della vocale. In contesto forense, tuttavia, così come ancora in molti studi di sociofonetica, l'utilizzo dei valori estratti nel punto medio può essere di norma ampiamente sufficiente, anche perché ci si scontra con un altro ostacolo, ossia la scarsità di materiale audio su cui effettuare una vera analisi fonetica quantitativa, di cui parleremo nella sezione 5 di questo capitolo.

toniche e sarebbe preferibile in un pari contesto sillabico o, comunque, verificando l'eventuale influenza della vocale successiva. Questi valori medi sono diversi nelle diverse lingue: per l'italiano, i valori di riferimento sono stati forniti da Giannini & Pettorino (1992) per la pronuncia di un parlante maschio di 30 anni e sono riportati in Tab. 3.

Tab. 2.3: I valori medi delle formanti delle vocali italiane forniti da Giannini & Pettorino (1992) per un parlante maschio di 30 anni

	F1	**F2**
[i]	250 Hz	2250 Hz
[e]	350 Hz	2100 Hz
[ɛ]	550 Hz	1750 Hz
[a]	750 Hz	1500 Hz
[ɔ]	550 Hz	1250 Hz
[o]	450 Hz	1100 Hz
[u]	350 Hz	850 Hz

Nel caso di parlanti femminili, occorrerà innalzare questi valori medi anche di 150–200 Hz, ma è comunque una stima molto generica e volutamente imprecisa, perché fortemente variabile tra i parlanti. Parlanti più anziani potranno mostrare un abbassamento di questi valori formantici dovuto a un ispessimento delle corde vocali, generato dall'età e dall'usura, che ne rallenta la vibrazione (Pettorino & Giannini, 2009; Pettorino & Pellegrino, 2014); lo stesso dicasi delle produzioni di forti fumatori (Awan & Alphonso, 2007).

Se i valori formantici sono così dipendenti dalle caratteristiche biologiche del parlante, come fare a utilizzarli in una comparazione tra una Voce Nota e una Voce Ignota se, appunto, non sappiamo nulla del secondo parlante? Dall'ascolto potremmo ovviamente stabilire, impressionisticamente e poi magari con una analisi qualitativa associata a una percettiva (cfr. cap. 3), alcune possibili caratteristiche del nostro parlante Ignoto, però rimane il problema di comparare in modo scientificamente valido e non tautologico le voci di due soggetti. Il problema non è affatto banale perché da un lato implica l'eliminazione dei maggiori elementi di variabilità, ma dall'altro è necessario preservare una certa variabilità, altrimenti tutte le vocali di tutti i soggetti di tutto il mondo sarebbero identiche. Per fare ciò si possono utilizzare delle formule matematiche di normalizzazione che servono esattamente allo scopo spiegato prima; ad oggi la formula maggiormente utilizzata è ancora quella di Lobanov (1971), nonostante altri preferiscano utilizzare la conversione da Hertz a Bark proposta da Traunmüller (1990)[36]. Quale che sia la formula scelta, vi è una limitazione comune, cioè la necessità di applicare queste normalizzazioni a insiemi di dati di una certa ampiezza, perché se il campione è troppo ridotto si corre il serio rischio di incorrere in generalizzazioni che non solo non riflettono la realtà, ma possono anche riprodurne una completamente diversa. Siccome nell'analisi fonetica forense si ha spesso un numero da limitato a molto limitato di occorrenze per i singoli foni, si suggerisce prudenza nell'applicare formule, tanto di normalizzazione quanto di analisi statistica (cfr. cap. 5) che sono pensate invece per un numero molto elevato di dati oppure che prevedono il confronto con una popolazione di riferimento.

Una possibilità per ovviare alle frequenti limitazioni dei dati è condurre un altro tipo di indagine, che non si basi (solamente) sui valori formantici estratti nel punto medio, ma che prenda in considerazione la distribuzione delle vocali all'interno del cosiddetto spazio vocalico, andando sia a visualizzarlo su un diagramma cartesiano, sia a misurare la distanza tra una vocale e l'altra, a parità però di condizione di eloquio. Infatti, van der Harst (2011) ha ampiamente dimostrato, su dati olandesi e fiamminghi, che un parlato più spontaneo si traduce in una riduzione dello spazio vocalico, pur se si mantiene la piena capacità di discriminare i foni tra di loro. Lo spazio vocalico può essere immaginato come un diagramma cartesiano, in cui si riporta in ascissa la F2 e in ordinata la F1[37], sia con valori in Hertz oppure con valori normalizzati. Una risorsa gratuita e molto utile è rappresentata in questo senso dal *tool* Visible Vowels (Heeringa & Van de Velde, 2018) che permette di creare diversi grafici come quello in

36 In questa sede non si è ritenuto di soffermarsi sui dettagli matematici delle due formule, che si possono tranquillamente trovare nei riferimenti bibliografici forniti. Una rassegna critica sull'uso di queste formule, con i loro pro e contro si trova infine nell'eccellente lavoro di Van der Harst (2011).

37 Alcune rappresentazioni utilizzano invece una combinazione di F2 e F3, ma quella tra F1 e F2 è di gran lunga la più frequente.

Fig. 2.13, che rappresentano delle rappresentazioni originali basate sui dati in precedenza raccolti e analizzati da Albanesi *et al.* (2021) e qui riprodotti normalizzati in Bark.

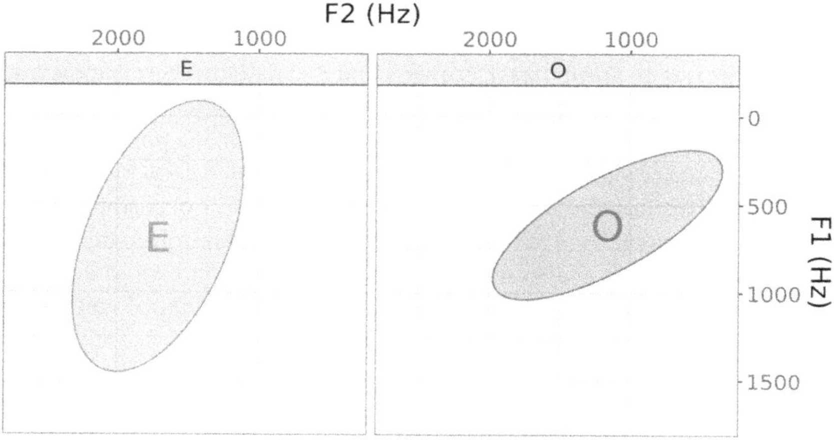

Fig. 2.13: Esempi di rappresentazione dello spazio vocalico (da Albanesi et al., 2021, p. 142).

2.6 Prosodia e intonazione

Uno dei maggiori dibattiti sviluppatisi intorno allo statuto dell'intonazione è relativo alla natura discreta o continua della curva intonativa (cfr. cap. 1) di un enunciato, ossia la possibilità di segmentare in unità discrete qualcosa di continuo come appunto è la curva intonativa. Si può osservare come sia un problema simile a quello accennato inizialmente circa la segmentazione del parlato in foni: qui la situazione è resa ancora più complicata dalla scelta proprio dei parametri fondamentali di analisi. Rimandando a volumi specializzati per la disamina della questione (cfr., ad esempio, Sorianello, 2006 e il recente Marotta & Vanelli, 2021), ricordiamo qui quelle che sono le variabili principali analizzate a livello prosodico, ossia: l'andamento della curva di F0, la durata dei silenzi, ma anche delle vocali e delle sillabe, l'innalzamento del pitch. Come già introdotto nel cap. 1, la F0, che ricordiamo si esprime in Hertz (Hz), è una misura oggettiva legata al numero di vibrazioni delle corde vocali nell'unità di tempo; in quanto tale, la F0, come tutte le misure in Hertz, è soggetta a una forte variabilità legata alle caratteristiche biologiche del parlante, ma anche alla qualità della registrazione (cfr. cap. 5.2). A differenza della F0, il pitch (dB) è una misura di percezione dell'altezza dei suoni: anche se si ottiene dalla F0, basandosi su scale come i semitoni o la scala Mel, non è detto che suoni con la stessa F0 abbiano uguale pitch, perché quest'ultimo dipende da come vengono prodotti o da altri suoni circostanti che possono influenzare la nostra percezione dell'altezza di quel suono.

L'analisi della prosodia rimane comunque molto importante perché si interfaccia direttamente con i livelli più alti del sistema linguistico, ossia con la sintassi e la pragmatica. Rispetto alla sintassi, ossia l'ordine e i legami assunti dalle parole all'interno di un enunciato, si prendano le due immagini in Fig. 2.14, in cui la stessa parlante produce la frase *La finestra è aperta*, prima come enunciato dichiarativo, ossia come se stesse constatando un fatto, poi come enunciato interrogativo, ossia per chiedere se la finestra sia aperta. Nell'immagine si possono osservare la forma d'onda e lo spettrogramma così come visualizzati su Praat; la riga che si può vedere sullo spettrogramma rappresenta appunto il *pitch* tramite l'apposita funzione di Praat *Show Pitch*.

Da un semplice confronto visivo delle due immagini riportate in Fig. 16 si può osservare come, a livello sintattico, le due frasi siano esattamente identiche: questo vuol dire che non c'è nessuna parola o ordine dei costituenti che ci segnali che il secondo enunciato sia di tipo interrogativo. Questo non avviene invece in altre lingue, dove la costruzione interrogativa è solitamente marcata da qualche elemento morfologico o sintattico (es. il *do* inglese, oppure l'inversione tra soggetto e verbo nel tedesco). In italiano, l'unico modo per distinguerlo è, nel parlato, l'andamento del pitch: come si può notare, infatti, nell'enunciato interrogativo vi è un innalzamento del pitch sulla penultima sillaba, mentre invece la frase dichiarativa è caratterizzata da un andamento discendente. Attenzione però che vi sono delle differenze anche prosodiche tra Nord e Sud d'Italia: infatti, se i parlanti settentrionali e centrali tendono a un andamento ascendente dell'enunciato interrogativo, nei parlanti meridionali di area soprattutto campana si osserva invece un andamento discendente delle dichiarative (per una rassegna più ampia, si veda Romano *et al.*, 2014).

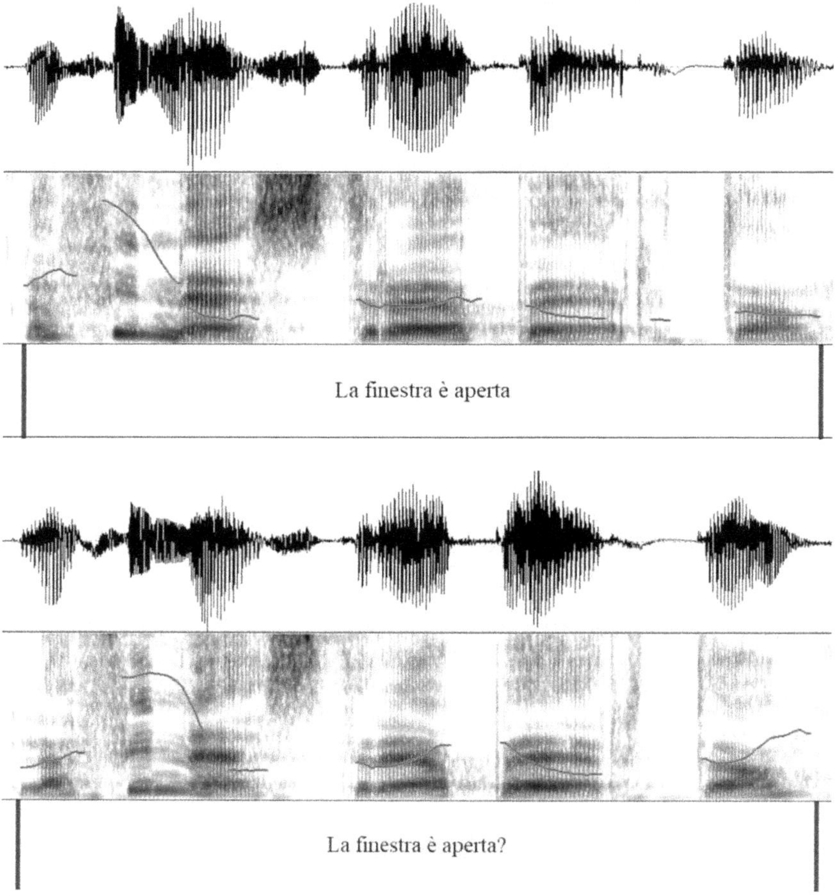

Fig. 2.14: Variazione del pitch in una frase dichiarativa (sopra) e interrogativa (sotto) prodotta dalla stessa parlante.

Sempre legata alla prosodia è la dimensione pragmatica, relativa alle intenzioni comunicative del parlante. Le informazioni prosodiche possono servirci per desumere lo stato emotivo del parlante, ma anche per disambiguarne le intenzioni: come si è visto nell'esempio precedente, la stessa frase può assumere un significato diverso a seconda dell'andamento del pitch e, contemporaneamente, avrà degli influssi diversi sull'ascoltatore. Per fare un altro esempio un po' più estremo, consideriamo la frase *Ti ammazzo*: solo elementi prosodici ci possono aiutare a discriminare tra una battuta scherzosa tra amici e invece una minaccia vera e propria. Alla nostra corretta o errata percezione delle intenzioni comunicative del parlante consegue il diverso andamento della comunicazione in senso lato. In ambito forense, tuttavia, sottovalutare l'importanza della prosodia e di una sua corretta interpretazione (e segnalazione delle possibili ambiguità) può avere effetti palesemente molto più gravi.

2.7 La variabilità fonetica

Esaminiamo ora brevemente i principali elementi di variabilità che possono influenzare le produzioni (ma anche le percezioni) dei parlanti. A livello terminologico, parleremo di variabili sociolinguistiche[38] per indicare tutte quelle variabili linguistiche che assumono anche un significato sociale. Le variabili sono gli elementi soggetti a variazione, che possono essere realizzate in diverse varianti, a seconda di diversi fattori.

Questi fattori sono stati schematizzati in quattro dialivelli, ossia livelli attraverso cui (dal greco *diá-*) si modifica il messaggio linguistico. In sociolinguistica, ogni dialivello è rappresentato da un *continuum*, ossia una dimensione scalare con due estremi o poli, orientati e definiti, a cui si aggiunge una serie di fenomeni intermedi che si dispongono lungo ciascun asse e i suoi due poli.

La *diatopia* riguarda la variazione secondo lo spazio geografico di provenienza del parlante: sono quelle variazioni che ci permettono di riconoscere, spesso proprio dal livello fonetico-fonologico, ossia dalla pronuncia, da dove proviene il nostro interlocutore. A questa complessa dimensione dedichiamo una trattazione a parte in 2.7.1, corredata come sempre dagli opportuni riferimenti bibliografici.

---

[38] La sociolinguistica è quella disciplina che, all'interno delle scienze linguistiche, si occupa della variazione della lingua nel suo contesto sociale (cfr. Berruto & Cerruti, 2015).

La *diastratìa* riguarda le caratteristiche sociali del parlante, quali età, sesso, genere[39], livello di istruzione, nonché lavoro svolto[40].

La *diafasìa* riguarda invece la situazione comunicativa, ossia il contesto in cui avviene la comunicazione, la posizione sociale reciproca e il grado di conoscenza tra parlante e interlocutore, la presenza eventuale di altri soggetti, nonché gli scopi della comunicazione. Vi è una generale opposizione tra contesti formali e contesti informali, con l'idea di fondo che nei primi rispetto ai secondi vi sia una maggiore attenzione non solo al contenuto ma anche alla forma del messaggio linguistico[41].

Infine, la *diamesìa* riguarda l'opposizione tra lingua parlata e lingua scritta, identificata da Nencioni (1976) nei due poli parlato-parlato (o parlato estremamente colloquiale) e scritto-scritto (o scritti estremamente formali): questa dimensione è fondamentale nel momento in cui dobbiamo andare ad analizzare un parlato letto rispetto a una conversazione spontanea. Si pensi

---

39 Sesso e genere sono due variabili distinte all'interno della ricerca sociolinguistica, ma soprattutto sociofonetica: abbiamo visto come ci siano alcuni valori acustici della voce umana che sono inerentemente biologici, quindi legati al sesso dell'individuo; diverse sono invece le scelte o abitudini linguistiche legate a quel complesso sistema di interazioni sociali a cui l'individuo può scegliere o meno di rimarcare la propria appartenenza proprio con le sue scelte linguistiche, anche se queste ultime sono spesso, soprattutto a livello fonetico, sotto la soglia di consapevolezza del singolo. Per esempio, il fatto che le donne abbiano frequenze formantiche maggiori rispetto agli uomini è un fattore inerentemente biologico. Al contrario, la tendenza delle donne a utilizzare varianti fonetiche ritenute come maggiormente prestigiose all'interno di una comunità linguistica, riscontrata in numerosi studi di sociolinguistica (cfr. Hudson, 1980), si configura come una variazione di genere.

40 Il termine diastratìa fa in realtà riferimento allo strato sociale, nozione piuttosto complessa dal punto di vista sociologico e sviluppata principalmente in ambito anglofono, dove trova una sua applicazione piuttosto chiara (ad es. nella definizione di cosa vuol dire appartenere alla *Low Middle Class* o alla *Upper Working Class*, cfr. Block, 2013). Per la situazione linguistica dell'italiano, invece, è più proficuo considerare il livello di istruzione e l'occupazione non solo del parlante ma anche dei suoi genitori, in quanto queste influiscono sulle varietà di lingua con cui il soggetto può essere entrato in contatto, specialmente durante l'infanzia e l'adolescenza.

41 Questa almeno era la posizione del fondatore della sociolinguistica, William Labov (cfr. Labov, 1972), che sosteneva appunto che la distinzione sull'asse diafasico (in inglese *style*) dipendesse dal grado di attenzione posto sul parlato. Questa posizione è stata vista come troppo semplicistica e sono state introdotte altri elementi per l'analisi della variazione stilistica, quali ad esempio il menzionato rapporto tra gli interlocutori (cfr. Coupland, 2007).

al caso in cui occorra determinare se un soggetto rapito stia leggendo un messaggio imposto dai propri rapitori o stia invece parlando più o meno spontaneamente (ossia, senza leggere).

I diversi dialivelli non sono chiaramente isolati l'uno dall'altro ma interagiscono tra loro all'interno di una comunicazione multidimensionale. Per comprendere meglio le dinamiche comunicative e la conseguente possibile variabilità fonetica, risulta poi indispensabile introdurre il concetto di conversazione simmetrica o asimmetrica (cfr. Orletti, 2000), che ha riflessi su tutti i livelli del sistema linguistico, dalla scelta dei temi al cosiddetto accomodamento linguistico. Una conversazione simmetrica è quella che avviene, ad esempio, tra due amici al bar oppure tra due colleghi di pari livello, mentre, al contrario, si tratta di conversazioni asimmetriche qualora uno dei due soggetti abbia un potere conversazionale maggiore dell'altro nel corso della conversazione[42]. Questo potere conversazionale si traduce nella possibilità di fare le cosiddette 'mosse forti', ossia introdurre nuovi argomenti, interrompere il proprio interlocutore senza sollevare obiezioni, iniziare ma soprattutto decidere quando deve terminare la conversazione. Si prenda ad esempio una situazione con risvolti forensi come una telefonata di ricatto, che può ben essere assunta a esempio di conversazione asimmetrica: la conversazione è gestita dal ricattatore, non dal ricattato, a cui resta l'unico potere di interrompere (non terminare) bruscamente la conversazione riagganciando il telefono. Nelle conversazioni asimmetriche, inoltre, è previsto che alcune mosse conversazionali siano fatte dall'una o dall'altra parte: nella situazione fittizia del ricatto, ad esempio, è il ricattato che chiede garanzie, mentre il ricattatore indica la cifra del riscatto e dove portare o versare il denaro.

Simile ma non identico alla distribuzione dei ruoli conversazionali è la nozione di accomodamento linguistico, che si realizza principalmente a livello fonetico e in modo spesso inconsapevole. Studiato per la prima volta da Nikolas Coupland a Cardiff nel parlato di un'impiegata di un'agenzia di viaggi, la teoria dell'accomodamento o CAT (*Communication Accomodation Theory*)

---

[42] Si faccia attenzione al fatto che il potere conversazionale può anche non coincidere con il potere reale di un individuo. Un esempio in questo senso è dato dall'intervista giornalistica, in cui il potere conversazionale è detenuto dal giornalista che conduce l'intervista, in quanto è lui che introduce gli argomenti, può interrompere l'interlocutore e governa l'andamento dell'intera conversazione, a prescindere dal fatto che l'intervistato sia una persona qualsiasi oppure il Presidente del Consiglio (cfr. Orletti, 2000).

è quel fenomeno per cui, nel corso della conversazione, tendiamo ad assumere alcune caratteristiche linguistiche del nostro interlocutore. Questo accomodamento può avvenire sia da parte di entrambi i parlanti (accomodamento simmetrico) o solo di uno dei due (accomodamento asimmetrico), come nel caso originariamente studiato da Coupland (1980) in cui l'impiegata dell'agenzia di viaggi modificava alcuni variabili fonetiche che percepiva come stereotipicamente caratteristiche della (presunta) classe sociale del suo interlocutore. Tuttavia, l'accomodamento non è solo convergente: può capitare che in determinati contesti o con certi interlocutori, il parlante voglia implicitamente rimarcare la propria distanza dall'altra persona, rinforzando quindi le differenze.

2.7.1 Italiano, dialetti e lingue minoritarie

La situazione linguistica della penisola italiana e delle aree italofone della Svizzera è quanto mai complicata, intanto per la storia linguistica dell'italiano[43], ma soprattutto per la particolare ricchezza linguistica che ha sempre messo in contatto lingue e popoli molto diversi. Ne accenniamo brevemente qui, a conclusione di questa sezione sulla variabilità della lingua, perché è importante per il lettore comprendere l'importanza di una solida preparazione linguistica anche su elementi di dialettologia e sociolinguistica (o sapere a quali fonti rivolgersi) per poter svolgere al meglio un lavoro di analisi dell'audio forense.

Dell'italiano si possono distinguere diverse varietà sugli assi diastratici, diafasici e diamesici, come abbiamo illustrato prima, tralasciando però quello che è forse l'elemento più caratterizzante dell'italiano, ossia la variabilità diatopica. Occorre però distinguere quelli che sono gli italiani regionali, da un lato, ossia come la lingua italiana varia nelle diverse aree e regioni in cui è parlata, mentre, d'altro lato, troviamo i dialetti, che sono, a livello linguistico, veri e propri sistemi linguistici autonomi, ossia delle altre lingue che discendono, al pari dell'italiano, dal dialetto. Non bisogna quindi confondere un italiano con tratti regionali, anche a volte fortemente dialettizzato, da quello che è il dialetto vero e proprio, lingua altra rispetto all'italiano, anche se, ovviamente, con alcuni elementi di similarità dovuti non solo all'origine comune ma anche dal contatto prolungato tra i due sistemi linguistici.

[43] Il lettore troverà un utile riassunto della complessa storia linguistica dell'italiano in Marazzini (2004).

Non si fornisce qui un lungo elenco dei diversi tratti fonetico-fonologici caratterizzanti i diversi italiani regionali, rimandando il lettore all'apposita sezione dei suggerimenti bibliografici. Quello che ci preme riportare è invece un elenco di quelle possibili variabili fonetiche che possono aiutarci, in sede forense di profilazione oppure di confronto tra due o più voci, a capire quali potrebbero essere gli elementi su cui concentrare maggiormente la nostra attenzione, le 'spie', per così dire, che potrebbero segnalarci la provenienza geografica del parlante. Si sconsiglia infatti fortemente dall'affidarsi solo alla presenza o meno di espressioni lessicali o frasali fortemente connotate come appartenenti a una determinata area geografica: il lessico è infatti quel livello del sistema che maggiormente subisce influenze dalle altre lingue con cui un parlante viene in contatto, anche attraverso la televisione. Dato il successo di una serie televisiva come Gomorra, molti potrebbero ricorrere all'espressione, diventata famosissima, *Ce ripigliamm' tutt' chell che è 'o nuost*, qui riportato nella trascrizione dei sottotitoli della serie: anche le pronunce più accurate di questa varietà diatopica dell'italiano possono al limite indicarci che il nostro parlante è bravo a riprodurre gli elementi fonetico-prosodici caratteristici dell'italiano regionale napoletano, ma, in assenza di altri elementi, non ci dice nulla sulla napoletanità del nostro parlante.

La fonetica è, dunque, molto più attendibile del lessico perché è tendenzialmente sotto la soglia di consapevolezza del parlante, specialmente in un parlato diafasicamente meno formale e controllato o con interlocutori noti, come è spesso il caso delle intercettazioni telefoniche. Ovviamente in questi casi è necessario che vi siano più tratti fonetici congruenti per aiutarci a determinare la varietà diatopica, allorché presunta, del nostro parlante: infatti, per dirla con una battuta, come una rondine non fa primavera, così un solo tratto non fa sistema!

Elenchiamo dunque di seguito i tratti fonetici maggiormente variabili tra i diversi italiani regionali, precisando che non si tratta di una lista esaustiva, in quanto focalizzata sui fenomeni maggiori:

- la resa delle vocali medie [e] vs. [ɛ], [o] vs [ɔ], in sillaba tonica chiusa e aperta (cfr. *supra*);
- la resa della /s/ intervocalica scempia (es. *casa*), che sarà tendenzialmente sempre sonora negli italiani regionali settentrionali, sorda invece in quelli meridionali.
- la resa delle affricate dentali [ts]-[dz] specialmente dopo liquida, rotica o nasale (es. *alzare*, *marzo*, *manzo*), che non segue una semplice opposizione

tra varietà settentrionali e meridionali, pur se tendenzialmente dopo /l/ le varietà meridionali tendono alla resa sonora [dz] (cfr. Meluzzi 2020 per un quadro su questi foni).
- la resa della laterale palatale /ʎ/ e della nasale palatale /ɲ/, che, come detto in precedenza, nelle varietà centrali e meridionali sono spesso rese come sequenze [lj] o [nj], (pur se la prima è più frequente della seconda), o addirittura, nel caso della liquida, anche come [j:];
- il punto di articolazione della fricativa alveolare /s/, che in certe varietà settentrionali orientali tende a essere quasi interdentale;
- la resa sonorizzata delle occlusive sorde, specialmente /t/, in posizione intervocalica o post-nasale, caratteristica spesso di varietà regionali meridionali;
- la variabile pronuncia della rotica polivibrante [r] specialmente in contesto intervocalico o dopo occlusiva[44].

Non sono invece troppo affidabili tratti quali la presunta pronuncia scempia delle occlusive sorde in posizione intervocalica (es. *attacco*, che presenta sia la [t:] che la [k:]) o la pronuncia sempre sonora dell'affricata dentale in inizio di parola (es. *zucchero* reso con [dz] in luogo di [ts]). Del primo tratto, infatti, solitamente attribuito dalla letteratura alle varietà regionali settentrionali di italiano, è stata recentemente dimostrata la completa inesistenza dal punto di vista fonetico acustico (cfr. Mairano & De Iacovo 2020). Per l'affricata dentale in posizione iniziale, invece, sebbene la resa sonora sovra-estesa fosse certamente tipica delle varietà settentrionali di italiano, questo tratto si è ormai diffuso anche in varietà meridionali e centrali, con forse la sola eccezione della Toscana in cui resistono ancora rese sorde, almeno su alcuni lessemi (cfr. Meluzzi 2020).

---

[44] In alcuni testi di taglio non linguistico, la variabilità nella pronuncia della rotica viene a volte erroneamente definita con il termine "rotacismo". Si consiglia fortemente di evitare l'uso di questo termine con questo significato, dal momento che il rotacismo è un fenomeno ma di taglio diacronico, ossia di una evoluzione fonetico-fonologica nel tempo: si parla infatti di rotacismo in riferimento alla trasformazione delle liquide in rotiche, tratto caratteristico oggi anche di alcune varietà centrali (es. romanesco <ar cane> per <al cane>, cfr. Marotta 2005).

2.8 Applicazioni fonetiche nell'ambito forense

Le successive nozioni teoriche sono fondamentali, anche se non esaustive, all'interno del quadro della cosiddetta fonetica forense, per la quale possiamo riconoscere due principali attività di ricerca non solo laboratoriale ma proprio pratica, ossia la profilazione del parlante (*speaker profiling*) e la comparazione vocale (*forensic voice comparison*). Per quest'ultimo compito vengono delineati due possibili approcci di fonetica forense, uno più acustico-percettivo e uno legato al riconoscimento (semi)-automatico del parlante (Jessen, 2021, p. 383, nonché il cap. 6 in questo volume).

La profilazione sociofonetica del parlante è fondamentale in quei procedimenti in cui si ha una traccia audio di un parlante sconosciuto e di cui bisogna fornire un *identikit* vocale, basandosi quindi su tutte quelle informazioni di natura acustica e linguistica che si possono estrarre dall'audio, ad esempio di un sequestratore o di un terrorista. Fermo restando che l'audio potrebbe essere stato in vario modo modificato e quindi è necessario un intervento tecnico direttamente sulla traccia digitale, l'intervento in un secondo tempo di un linguista forense con conoscenze di fonetica e dialettologia può aiutare ad estrarre nuove informazioni e contribuire a delineare il profilo del parlante. In questo senso, però, è opportuno saper distinguere tra quella che è una variabilità sociale e quella che è invece più probabilmente variazione individuale, magari legata ad alterazioni fisiche (consumo di alcool o droga) o emotive (forte stress o paura). Per l'italiano, Magno Caldognetto *et al.* (1988) dimostrano una variazione dei valori medi di F0 diversa per quelle che chiamano "emozioni a bassa attivazione" come tristezza e disgusto di contro alle emozioni "ad alta attivazione" come paura, gioia e collera.

Jessen (2007) indica questa variabilità insieme individuale e contestuale come caratteristica transitoria del parlato, quindi non particolarmente degna di attenzione in un contesto di profilazione del parlante, in cui occorrerà invece concentrarsi sulle caratteristiche riferibili più in generale a un gruppo di individui. Ad esempio, come detto, sappiamo che certi valori di F0 appartengono a voci femminili e che è possibile quanto meno ipotizzare la fascia d'età del parlante e le sue eventuali abitudini rispetto, quanto meno, al tabagismo, come ben spiegato in Rose (2002) che presenta anche una rassegna critica delle possibili limitazioni.

Si ricordi però che qualsiasi informazione unicamente legata a valori acustici del segnale audio sarà soggetta alle problematiche inerenti al segnale stesso, al formato di registrazione e alla presenza di rumore di sottofondo che condiziona non solo la qualità di registrazione, ma anche lo stesso parlante. Se si prova a registrare una vocale mentre sta arrivando la metropolitana, infatti, il rumore di fondo ci porta automaticamente ad alzare la voce, andando quindi a modificare le caratteristiche spettrali del segnale audio. Si parla propriamente di effetto Lombard (*Lombard effect*) quando il parlante è esposto a rumore e ciò lo porta ad aumentare il volume del proprio eloquio con conseguenze sui valori medi di F0 (Jessen et al. 2005). Informazioni più genuinamente linguistiche come la presenza di determinate realizzazioni di alcuni termini o foni target, se prese non in isolamento ma come insieme coerente di tratti, potranno aiutare a fornire un quadro più completo e specifico del profilo del parlante.

Nella comparazione vocale, invece, bisogna tenere conto di due fattori fondamentali e opposti, ossia la similarità e la particolarità delle due (o più) voci oggetto di comparazione. Bisogna innanzitutto identificare quali caratteristiche linguistiche e in particolare fonetico-acustiche, rendono le due voci simili e quali sono invece i parametri che le differenziano. Per giudicare le particolarità bisogna però sapere qual è il campione di voci di riferimento, che dovrebbe essere costituito da parlanti con le stesse caratteristiche del sospettato. Un esempio aiuterà a chiarire forse meglio la questione. Supponiamo che il signor Rossi sia accusato di essere l'autore di un crimine sulla base di una intercettazione ambientale, in cui però non ricorrono altri identificativi personali o situazionali che aiutino nell'identificazione. L'esperto sarà quindi chiamato a pronunciarsi sull'identità o meno delle voci del signor Rossi (la Voce Nota) e di quella dell'intercettazione (Voce Ignota). Sarà importante quindi stabilire non solo quanto la voce del signor Rossi è simile alla Voce Ignota, ma anche quant'è la probabilità che la Voce Ignota appartenga a una persona con le stesse caratteristiche del signor Rossi, ossia una qualsiasi persona del gruppo di riferimento[45]. Bisogna però tenere in conto che quelli che possiamo identificare come tratti tipici o caratteristici possono dipendere anche dalla variabilità situazionale o emotiva, per cui una sola similarità di

[45] Jessen (2021: 391) si riferisce a queste due situazioni come *same-speaker hypothesis*, in cui la Voce Ignota coincide con quella Nota, e *different-speaker hypothesis*, in cui la Voce Ignota può appartenere a un qualsiasi soggetto del gruppo di parlanti che hanno le stesse caratteristiche della Voce Nota.

tratti peculiari ma non delle caratteristiche generali della voce nel suo insieme non sarà sufficiente a supportare la nostra ipotesi. Come detto prima, è nella concordanza di tratti diversi che si evidenzia la natura strutturale del linguaggio umano, di cui la voce è un'importante espressione, ma che rimane comunque un elemento all'interno di un sistema più complesso.

Letture consigliate

Per chi volesse approfondire le nozioni teoriche di fonetica, in particolare dell'italiano, si consigliano innanzitutto i lavori di Federico Albano Leoni & Pietro Maturi (2009) *Manuale di fonetica* (nuova edizione). Roma: Carocci, già suggerito nel precedente capitolo 1; Pietro Maturi (2006) *I suoni delle lingue, i suoni dell'italiano*, Bologna: il Mulino; Giovanna Marotta & Laura Vanelli (2021) *Fonologia e prosodia dell'italiano*, Roma: Carocci. Tra i manuali introduttivi alla linguistica come scienza del linguaggio si consiglia il recente Giorgio Francesco Arcodia & Alessandro Panunzi (2023, a cura di) *Linguistica. Introduzione alle scienze del linguaggio*, Milano: Pearson, in particolare il capitolo 3 di fonetica e fonologia a cura di Chiara Celata. La lettura anche degli altri capitoli del manuale aiuterà inoltre a meglio comprendere la natura complessa e strutturale del linguaggio umano.

Chi fosse interessato agli aspetti fondamentali della sociolinguistica troverà una agile ma completa introduzione nel testo di Gaetano Berruto (1995) *Prima lezione di sociolinguistica*, Roma: Laterza, mentre per un approfondimento più completo si consiglia senz'altro il testo di Gaetano Berruto & Massimo Cerruti (2015) *Manuale di sociolinguistica*, Torino: UTET.

Per una introduzione alla sociofonetica è invece molto utile l'agile manuale di Silvia Calamai (2011) *Introduzione alla sociofonetica*, Roma: Carocci.

Infine, elementi introduttivi di dialettologia dell'italiano e dei suoi dialetti si possono trovare nel già menzionato lavoro di Alberto A. Sobrero & Annarita Miglietta (2007) *Introduzione alla linguistica italiana*, Roma/Bari: Laterza. Costituisce ancora una base di riferimento per una descrizione più approfondita della variabilità fonetica dei dialetti italiani il volume di Gerhard Rohlfs (1966) *Grammatica storica della lingua italiana e dei suoi dialetti*, Torino: Einaudi, in tre volumi, di cui il primo dedicato alla Fonetica; i volumi sono ora disponibili in una nuova edizione del 2021, sempre in tre volumi, per la collana "Collezione di Testi e di Studi" dell'editore il Mulino.

Percezione, ascolto e interpretazione

3.1 L'importanza della percezione

Nel 1930, il figlio di 2 anni del noto aviatore statunitense Charles Lindbergh fu rapito e, in seguito, ritrovato morto a poca distanza da casa, nonostante fosse già stato versato il riscatto. Proprio durante il pagamento del riscatto, avvenuto di notte in un cimitero, Lindbergh stesso avrebbe avuto modo di sentire, secondo la sua testimonianza, la voce del rapitore che diceva *Here, Doctor! Over here! Over here!* (it. *Qui, dottore! Da questa parte! Da questa parte!*). Solo molti mesi dopo Lindbergh si trovò di fronte al presunto rapitore, un immigrato tedesco di nome Richard Bruno Hauptmann, a cui furono fatte ripetere le stesse parole udite al cimitero: sulla base di questo ascolto, Lindbergh confermò che era la stessa voce che aveva sentito ben 29 mesi prima. La testimonianza oculare (o meglio, uditiva) di Lindbergh fu determinante nel condannare Hauptmann alla pena di morte, che fu eseguita tramite sedia elettrica il 3 aprile 1936 (Kaplan, 2020, p. 70).

Questo è un esempio di come il solo riconoscimento del parlatore basato sulla percezione soggettiva non di un tecnico esperto ma di un testimone (in questo caso, pure parte lesa) non dovrebbe essere accettato, sia in generale sia soprattutto in sede giudiziaria. Infatti, Lindbergh identificò la voce del presunto rapitore sulla base di un ascolto avvenuto una sola volta, in un cimitero di notte, mentre portava i soldi del riscatto del figlio, quindi anche in condizioni psicologiche certamente non ottimali, e ri-ascoltando poi lo stesso messaggio 29 mesi dopo da Hauptmann mentre questi già era agli arresti. Nonostante il contenuto linguistico fosse lo stesso, cambiavano chiaramente le condizioni extra-linguistiche, tra cui soprattutto il contesto e l'emotività sia del parlante sia dell'ascoltatore. Sul parlante e la variabilità diafasica del messaggio e della forma fonica dello stesso ci siamo concentrati nel capitolo precedente, mentre qui prenderemo in esame il ruolo non passivo ma attivo dell'ascoltatore, trattando il complesso problema della percezione in chiave dapprima linguistica e, in seguito, forense.

L'ascolto e la percezione sono infatti parti integranti e fondamentali all'interno di un processo giudiziario: al di là del riconoscimento del parlante o della sua profilazione, che avviene prima o (auspicabilmente) anche su base uditivo-percettiva, sull'ascolto si basa spesso il cardine di un procedimento giudiziario. Il ruolo del trascrittore può rivestire ad esempio un ruolo fondamentale in ogni fase del procedimento giudiziario (cfr. Romito & Frontera, 2017; Benevieri, 2021), un ruolo che troppo spesso è stato derubricato come un semplice meccanismo di trasposizione in forma grafica di quello che viene detto[46].

Già dal cap. 2.5 dovrebbe essere parso evidente che non è così facile segmentare qualcosa di continuo come il parlato in unità discrete, quali sono a tutti gli effetti i grafemi. Nella trascrizione di una conversazione dovremo poi tenere in conto anche di altri fattori, quali ad esempio esitazioni, errori di pronuncia, silenzi, innalzamenti o abbassamenti della voce, nonché di tutto quel vasto apparato comunicativo che rientra sotto l'etichetta di comunicazione multimodale, in cui ritroviamo, ad esempio, i gesti delle mani, di cui la comunicazione soprattutto degli italiani è particolarmente ricca. Inoltre è importante evidenziare come la nostra percezione del parlato sia di natura olistica, dal momento che tutti gli elementi linguistici, multimodali e contestuali contribuiscono alla nostra percezione. Ad esempio, se una registrazione fosse disturbata sulle frequenze alte, inibendo o limitando la percezione dei suoni fricativi dentali, la nostra conoscenza lessicale ci permetterebbe di completare agilmente una sequenza di [b] – [u] in ['bus], specialmente se la parola fosse inserita in una frase come *Sto aspettando il …* oppure *Il … sta arrivando*. A questo però si aggiunga il fatto che i singoli suoni nel parlato vengono co-articolati e la percezione di suoni co-articolati cambia in modo sistematico: si tratta del cosiddetto effetto Ganong, in base al quale un singolo

46 Cfr. Cassazione penale, sez. VI, 28 marzo 2018 n. 24744 e Cassazione penale sez. VI, 15 marzo 2016 rv. 266775: «*La trascrizione della intercettazione costituisce una mera trasposizione grafica del loro contenuto*»; Cassazione penale sez. VI, 20 ottobre 2015, n. 3027, Rv 266497: «*La trascrizione delle registrazioni telefoniche si esaurisce in una serie di operazioni di carattere materiale, per le quali non sarebbe necessaria l'acquisizione di alcun contributo tecnico-scientifico*».

suono viene codificato diversamente a seconda della parola in cui è inserito (cfr. Ganong 1980).

È stato ampiamente dimostrata, inoltre, l'importanza dell'informazione visiva sulla nostra percezione e comprensione del parlato, anche a livello di riconoscimento di singoli suoni. Già nel 1976 due studiosi, McGurk e MacDonald, avevano dimostrato l'influenza esercitata sulla percezione del parlato da parte delle informazioni visive. In altre parole, se l'informazione visiva (ossia il movimento degli articolatori) nella produzione di un singolo fono non coincide con l'informazione uditiva, il suono percepito è una sorta di sintesi delle due percezioni, visiva e uditiva: per esempio, se sento l'audio della sillaba [ba] ma vedo il parlante che produce [ga], la mia percezione sarà di una via di mezzo tra una bilabiale e una velare, ossia una dentale [da]; si osservi che in tutti i casi il grado di sonorità è mantenuto (cfr. McGurk & MacDonald 1976). In ambito forense questo cosiddetto effetto McGurk (o McGurk-MacDonald) può avere un enorme impatto nel momento in cui dobbiamo trascrivere l'audio di un video in cui il volto del parlante non sia perfettamente visibile oppure sia volontariamente coperto. A questo proposito, è interessante menzionare il lavoro di Fecher & Watt (2013), in cui gli studiosi testarono, attraverso una serie di esperimenti con vari gradi di oscuramento del volto del parlante, il livello di accuratezza nel riconoscimento di suoni consonantici da parte degli ascoltatori, dimostrando l'importanza dell'informazione non solo uditiva, ma anche visiva per la percezione del parlato, specialmente in presenza di rumore ambientale[47].

Date queste premesse risulta quindi fondamentale che chiunque operi, a qualsiasi titolo, con l'audio in ambiente forense sia informato sulle possibili interferenze e problematiche percettive, tenendo quindi in debita considerazione, non solo le interferenze date dal rumore ambientale delle intercettazioni, ma anche il ruolo svolto da aspettative e conoscenze pregresse, nonché dai possibili disallineamenti tra informazioni uditive e informazioni visuali.

---

47 In realtà è noto come sia vero anche una specie di effetto contrario, chiamato anche "illusione di Mosè" (Moses illusion, Erickson & Mattson, 1981), ossia un effetto sulla memoria visiva dettato da informazioni verbali dopo lo svolgimento di un evento. In ambito forense, questo è stato molto indagato specialmente per quel che riguarda le narrazioni dei testimoni oculari che ricostruiscono una scena o un evento, enfatizzando le influenze sulla memoria visiva che informazioni verbali fornite da altri possono provocare sui ricordi (cfr. Wright & Wareman 2005).

In questo capitolo vedremo, dunque, pur nell'essenzialità e semplicità che contraddistingue lo spirito di questo manuale, come avviene la percezione dei suoni del linguaggio (e del linguaggio in generale), nonché dei possibili errori che possono generarsi, sperando che questo possa essere utile a identificare (e, potenzialmente, prevenire) i maggiori *bias* che possono inficiare la nostra percezione, soprattutto quando si lavora in ambito forense. Si specifica fin da ora che non è possibile eliminare completamente tutti i possibili *bias* contestuali e cognitivi, ma conoscerne l'esistenza costituisce già un primo passo per limitarne l'impatto.

3.2 Ascolto, decodifica, interpretazione

Nel capitolo 2 abbiamo trattato di fonetica articolatoria e acustica, tralasciando programmaticamente la fonetica percettiva che verrà invece trattata in questo capitolo. Il campo di studio della fonetica percettiva è quindi incentrato sui sistemi di decodifica del segnale uditivo da parte dello stesso, sia in base alle caratteristiche del segnale audio in sé (es. presenza o meno di rumore), che soprattutto delle conoscenze pregresse dello stesso, sia rispetto al parlante sia rispetto al messaggio linguistico e alla situazione in cui è stato prodotto. È infatti ampiamente dimostrato che siamo molto più veloci e accurati nel decodificare un messaggio proveniente da una voce nota, oppure a cui siamo stati esposti per un certo periodo di tempo (cfr. Goggin *et al.*, 1991), rispetto a una voce che sentiamo per la prima volta o per un periodo di tempo limitato. Parafrasando (e semplificando), il nostro cervello "si adatta" a una certa voce e alle sue caratteristiche e questo adattamento si traduce in un minore sforzo necessario per decodificare il segnale audio che proviene da quella voce.

Non casualmente abbiamo nominato il cervello: infatti, pur se innegabilmente la prima fase del processo uditivo-percettivo avviene nell'orecchio, a questa parte più meccanica segue poi la parte di vera e propria decodifica, ossia di assegnazione di significato agli stimoli acustici che hanno raggiunto il nostro apparato uditivo. Di questa fase è responsabile il cervello. Ed è proprio quella la fase in cui l'impatto delle conoscenze pregresse, inclusa la famigliarità con il parlante e le aspettative dell'ascoltatore, giocano un ruolo preponderante, al punto che di questi argomenti non si occupa solo l'indagine linguistica ma anche la psicologia, in una disciplina di interfaccia nota con il nome di psicolinguistica (cfr. per una introduzione Marini, 2021).

Come ricostruiscono Albano Leoni & Maturi (2009, p. 134), la prima fase dell'ascolto è una fase periferica, nella quale cioè le vibrazioni acustiche dell'onda sonora arrivano all'orecchio esterno, dove mettono in movimento le strutture dell'orecchio medio e sono trasformate in impulsi meccanici. Queste vibrazioni meccaniche generano a loro volta la vibrazione del liquido, detto paralinfa, dell'orecchio medio, che sollecita la membrana basilare nella coclea. I movimenti di questa membrana attivano l'organo del Corti, che trasforma queste vibrazioni meccaniche in impulsi elettrici. Inoltre, è importante ricordare che la membrana basilare è più spessa alla base rispetto all'apice: questo fa sì che funga da sorta di filtro spettrografico tonotipico, in cui le diverse parti della membrana sono sensibili a diverse frequenze di vibrazione.

Prima di passare a quello che avviene nel cervello, soffermiamoci un attimo sull'organo del Corti, la cui importanza venne enfatizzata dall'anatomista italiano Alfonso Giacomo Gaspare Corti nella seconda metà dell'Ottocento. Questa parte dell'orecchio interno si trova sopra la membrana basilare e si estende per tutta la lunghezza della coclea, avvolto in una spirale e composto da uno strato di cellule, dette cellule ciliate, divise in una fila interna e in tre file esterne. Queste ultime hanno il ruolo di regolare le oscillazioni troppo ampie o troppo deboli che arrivano alla membrana basilare. Le cellule ciliate interne nella parte inferiore presentano delle terminazioni nervose che costituiscono la parte più periferica dei neuroni del nervo acustico. Queste cellule sono dunque le responsabili della trasformazione del segnale meccanico in impulso elettrico, il quale viene poi trasmesso al cervello, in particolare alla corteccia uditiva del cervello, situata in ciascun lobo temporale, ossia all'incirca sopra l'orecchio. In particolare, a essere coinvolte sono l'area uditiva primaria e l'area uditiva associativa: le lesioni a queste aree, specialmente se coinvolgono entrambi gli emisferi cerebrali, sono caratteristiche della sordità corticale, che non presenta disturbi alle vie uditive ma rende il soggetto incapace di distinguere i suoni (Marini, 2008, p. 267).

A questo punto inizia la fase di decodifica di quello che fino a questo momento è un semplice segnale che da acustico diventa meccanico e poi si trasforma in stimolo elettrico. Già a partire da poco prima di 200 ms dopo la percezione dello stimolo inizia la fase di decodifica fonologica che è lateralizzata nell'emisfero sinistro, precisamente nel giro temporale superiore e nel giro frontale inferiore, quest'ultima particolarmente responsabile di fattori attentivi e molto sensibile ai cambiamenti di tono. Tutti gli elementi acustici che abbiamo visto nel capitolo 2 come caratterizzanti le diverse classi di suoni, così come la percezione di contrasti fonologici o di variabilità individuale, sono dunque centrali in questa fase, detta appunto di decodifica fonologica, in cui il segnale viene per così dire "ri-assemblato" nella sua componente fonetico-fonologica grazie alle informazioni acustiche (tra cui, ad esempio, il VOT delle consonanti occlusive, la presenza di sonorità data dalla vibrazione delle corde vocali, ecc.).

La successiva fase di elaborazione post-fonologica consente di accedere al lessico mentale[48], di cui parleremo meglio fra poco. In questa fase vengono dunque assegnate alla stringa fonologica le informazioni morfologiche e sintattiche, che ci permettono, ad esempio, di riconoscere i nomi dai verbi, di capire quali sono le relazioni semantiche e sintattiche tra le parole e, infine, di integrare tutte queste informazioni fino a capire la totalità dell'enunciato pronunciato dal nostro parlante.

Vi è in realtà una certa scansione temporale e cerebrale di queste operazioni, come è stato dimostrato dall'indagine neurolinguistica, tramite la quale si è potuto osservare quali parti del cervello entrino maggiormente in attivazione e in che momento della fase di decodifica del messaggio. I potenziali elettro-correlati (ERP), appunto variazioni nell'attività elettrica cerebrale, hanno infatti dimostrato la presenza di diverse curve positive o negative, segno di una maggiore attivazione di alcune aree cerebrali, in caso di violazioni sintattico-semantiche dell'enunciato: ad esempio, una curva negativa attorno ai 400 ms (detta per questo N400), in entrambi gli emisferi, si attiva in caso di incongruenze semantiche come nella frase *Stamattina ho bevuto il gatto*, invece di un più atteso e congruente *Stamattina ho bevuto il caffè*[49].

Questa attivazione del nostro cervello in presenza di una incongruenza semantica si lega strettamente con il più complesso discorso della percezione e dei possibili errori della percezione in ambito forense che stiamo affrontando in questa sede. Per comprenderlo meglio, dobbiamo però introdurre

---

48 Il lettore non pensi a queste due fasi come rigidamente temporalmente successive: in realtà, come dimostrano gli studi riportati in Marini (2008, p. 277), le due fasi di decodifica fonologica e di accesso lessicale vanno di pari passo e, anzi si influenzano a vicenda, in un continuo scambio di informazioni che consentono la decodifica del segnale.

49 La letteratura sugli ERP è ovviamente in costante e continua evoluzione. Chi fosse interessato, può trovare un interessante testo di introduzione a questi argomenti e, in generale, alla comprensione del linguaggio in Grimaldi (2019), nonché, dal punto di vista più anatomico e neurolinguistico, il già citato Marini (2008).

la nozione di lessico mentale, cui abbiamo già accennato, e di *priming* semantico-lessicale.

Per dirla semplicemente, il lessico mentale sono tutte quelle parole "salvate" nella nostra memoria a lungo termine. Non si immagini però una sorta di dizionario, con voci di citazione e un elenco di significati: nel lessico mentale sono anche salvate le informazioni fonologiche di quella parola, i dettagli fonetici con cui è pronunciata, le informazioni morfologiche e quelle sintattiche, oltre ai significati propri e ai rapporti di significati con altre parole del sistema. Se prendiamo ad esempio la frase *Il cappotto bianco è in lavanderia*, alla parola *bianco*, nel lessico mentale potremmo associare immediatamente le seguenti informazioni, in un elenco sicuramente non esaustivo:

- è composta dai fonemi /b/-/j/-/a/-/n/-/k/-/o/[50];
- la parola è bisillabica e l'accento cade sulla prima sillaba;
- è un aggettivo maschile singolare;
- è sintatticamente collegata al sostantivo *cappotto*, come ci segnala la concordanza in genere e numero, oltre alla posizione dopo il nome;
- è un nome di colore;
- lo possiamo mettere in relazione con altri termini di colore (es. *nero*) oppure con altri significati traslati della parola (es. *puro*, *immacolato*, ecc.)

Per quanto riguarda l'ultimo punto della lista, è importante considerare che sul piano semantico, ossia del significato, tutte le parole intrattengono tra loro dei rapporti sia intrinseci sia associativi. Tra i primi rientrano tutte quelle connessioni semantiche delle parole che formano un campo semantico comune, per cui, ad esempio, alla parola bianco dell'esempio precedente associamo subito anche *nero* oppure *avorio*, due nomi di colore il primo antonimo (ossia contrario), il secondo quasi-sinonimo[51]. Ma la parola *bianco* può far scattare altri significati legati ad associazioni mentali influenzate dal

---

50 Per alcuni studiosi, potremmo classificare nel lessico mentale anche alcune informazioni fonetiche, legate alla fonotassi, come la resa velare della nasale ([ŋ] e non [n], in quanto posta prima di una velare [k]) e la pronuncia nasalizzata della /a/, resa quindi come [ã].

51 Sul lessico e i rapporti semantici tra parole, con molti esempi sull'italiano, consigliamo il volume di Jezek (2005).

contesto socio-culturale in cui viviamo, dalla nostra conoscenza del mondo in senso lato: per questo motivo, ad esempio, noi occidentali assoceremo il bianco al matrimonio, mentre per un orientale è il colore del lutto.

Questo ci collega al cosiddetto effetto *priming*, ossia alle aspettative che ci creiamo in base all'ordine in cui le parole o, più in generale, le informazioni vengono presentate. La prima parola presentata funge dunque da *prime* o innesco per un *target* o obiettivo successivo: se il target è in qualche modo collegato al *prime* (es. *bianco – nero*, *cappotto – vestito*), la parola *target* viene riconosciuta prima e più velocemente; al contrario, se le due informazioni sono completamente scollegate questo crea un effetto di attenzione maggiore e la necessità di cercare un collegamento tra le due informazioni fornite. Questo tipo di legami è stato molto studiato proprio in psico- e neurolinguistica fornendo ai soggetti una parola *prime* come stimolo (visivo o uditivo) seguita da una parola *target* collegata o non collegata con il *prime*. Questo meccanismo è costantemente in opera nel nostro cervello nella vita di tutti i giorni: per fare un esempio banale, se ci stanno dettando la lista della spesa da recuperare dal fruttivendolo ci aspettiamo termini come *banana*, *mela* o *melanzana*, ma ci suonerebbe strano invece sentire/vedere nell'elenco il *pane* o la *mozzarella*.

Proprio l'arrivo di termini inattesi genera nel nostro cervello un'intensa attività neuronale, alla ricerca del possibile collegamento tra quanto detto prima e dopo, oppure tra elementi incongruenti. Per compiere questo processo ricorriamo spesso a informazioni extra-linguistiche e contestuali (ad esempio, il fruttivendolo a cui mi rivolgo ha anche una sezione di panetteria e formaggi freschi). Per capire meglio, consideriamo la frase nell'esempio precedente *Il cappotto bianco è in lavanderia* e delle possibili frasi successive a questa prima affermazione riportate di seguito:

a) *Puoi prendere la giacca azzurra.*
b) *Bisogna passare a ritirarlo.*
c) *La sorella di Giacomo è di nuovo incinta.*
d) *La torta è nel forno.*

Gli enunciati in (a) e (b) sono quelli più attesi rispetto al primo, a cui rimandano sia per la nostra conoscenza del mondo, sia per i rapporti sintattico-semantici tra le due parti dell'enunciato. Infatti, in (a) il termine *giacca* appartiene allo stesso campo semantico di *cappotto*, mentre in (b) il legame è di tipo sintattico, dato che il pronome enclitico *-lo* si riferisce nuovamente al *cappotto* del primo enunciato. Diversamente, in (c) e in (d) non ci sono legami sintattici che ne giustificano la giustapposizione rispetto al primo enunciato e anche il legame associativo sembra molto debole. Tuttavia, saremo istintivamente portati a cercare un legame di senso tra i due enunciati che ne giustifichi la presentazione in quest'ordine da parte del nostro parlante. Allora, per ipotesi, il rapporto tra la frase di partenza e quella in (c) potrebbe essere di tipo casuale, del tipo *Ho portato il cappotto bianco in lavanderia in previsione del battesimo del figlio della sorella di Giacomo*, mentre in (d) potrebbe fare parte di una sequenza di azioni svolte, magari con tono di lamentela (della serie, *Ho portato il cappotto bianco in lavanderia, la torta è nel forno… cosa vuoi ancora da me?*). Altri elementi linguistici o para-linguistici come l'intonazione, lo sguardo o i gesti potrebbero indirizzare la nostra interpretazione, da cui deriva la necessità, mai troppo enfatizzata specialmente in ambito forense, di considerare gli eventi linguistico-comunicativi in una prospettiva olistica, in cui ogni elemento è legato all'altro e contribuisce a veicolare significato.

Infine, dato che, come abbiamo detto, i legami tra l'enunciato di partenza e i successivi enunciati in (c) e in (d) non sono espliciti, ossia non si basano su elementi sintattici o rapporti semantici intrinseci, questo ipotetico legame si basa sull'interpretazione dell'ascoltatore. Questa fase interpretativa è diversa sia da quella, più meccanica, dell'ascolto, sia da quella della decodifica e della significazione in senso stretto. L'interpretazione va oltre il significato delle singole parole o enunciati e rientra più propriamente nel campo della pragmatica, la disciplina che studia la lingua come agire *sul* e *nel* mondo. Nell'esempio precedente, il nostro ascoltatore cercherà di interpretare perché il parlante gli ha fornito quelle due informazioni una di seguito all'altra, basando le sue considerazioni sulla sua conoscenza del mondo, conoscenza che deve essere condivisa tra parlante e ascoltatore perché l'interpretazione fornita sia possibile.

Il termine tecnico, coniato dalla pragmatica linguistica, è quello di *implicatura*, ossia tutti quei significati che non sono impliciti nel testo ma che noi implichiamo in base alle nostre conoscenze del mondo, del contesto o dell'interlocutore, come negli esempi che abbiamo visto prima. L'uso di espressioni vaghe o ambigue in un enunciato del parlante porta alla necessità, da parte dell'ascoltatore, di dover ricorrere a queste implicature o impliciti conversazionali. Come evidenzia Lombardi Vallauri (2016, 2019), gli impliciti sono molto utilizzati a scopo persuasivo nel linguaggio pubblicitario, ma ne possiamo ritrovare un uso simile anche in tribunale, specialmente nello svolgimento degli interrogatori, come illustrato in alcuni recenti lavori di Santoso & Apriyanto (2020) e Satria *et al.* (2022).

Dato che tutta la nostra comunicazione si basa su un connubio inestricabile dei momenti di ascolto, decodifica, comprensione e interpretazione, ognuno di questi aspetti dovrà essere tenuto in debita considerazione nel momento in cui si andrà ad analizzare, a qualsiasi titolo, un messaggio audio per scopi forensi. Anche a livello di trascrizione, infatti, vi possono essere problemi fisico-meccanici nel segnale audio che possono inficiare la fase iniziale di ascolto e decodifica portandoci a dover contare maggiormente sulle nostre capacità di comprensione e interpretazione, le quali sono strettamente legate, come abbiamo appena visto, alla nostra conoscenza del mondo e alle nostre aspettative. Di questi aspetti parleremo diffusamente nelle sezioni seguenti, prendendo esempi dal mondo forense.

3.3 L'influenza del rumore

Come abbiamo visto, la complessa operazione di decodifica e comprensione del messaggio audio richiede in realtà meno di 800 ms, durante i quali le informazioni si integrano e si influenzano a vicenda, anche in base a quelle che sono le nostre aspettative sul messaggio stesso. Supponiamo infatti di sentire il nostro parlante, sospettato di un reato di estorsione, pronunciare la frase: *Domani passo a ritirare i ...* Il segnale audio dopo l'articolo non è ottimale e potremmo pertanto essere influenzati in maniera eccessiva dalle nostre aspettative a tal punto da giurare (e, in alcuni casi, lo si fa anche davanti al giudice) di aver sentito (e magari trascrivere) la frase precedente come <Domani passo a ritirare i soldi>. Magari invece il nostro parlante andava a ritirare i *sughi* o i *salami*, giusto per menzionare due parole che iniziano entrambe per /s/, percettivamente molto saliente e che quindi, unitamente alle nostre aspettative, hanno ingenerato la falsa percezione e, in definitiva, l'errore di trascrizione.

La psicoacustica ha ripetutamente dimostrato le conseguenze negative della valutazione di audio rumorosi, proprio perché il rumore mistifica le caratteristiche spettrografiche del file audio (cfr. *infra*, cap. 5). Abbiamo visto nel cap. 2.8 il cosiddetto effetto Lombard, per cui siamo portati a innalzare la voce quando parliamo in ambiente rumoroso, risultando in una alterazione della nostra frequenza fondamentale (F0). Un lavoro sperimentale ed esteso condotto da Li *et al.* (2012) ha inoltre dimostrato come il rumore di fondo influisce sui valori della F0, riducendo drasticamente la capacità degli ascoltatori di discriminare tra fricative sorde o sonore, nonché tra i diversi luoghi di articolazione. Esemplificando sull'italiano, quindi, se abbiamo difficoltà a discriminare questi due elementi fondamentali dei suoni fricativi, due parole come *fasci* e *fasi* potrebbero risultare molto simili, al punto da rischiare di venire confusi[52]. In lingue tendenzialmente monosillabiche, come il cinese, annullare o minimizzare la differenza spettro-acustica tra [ʒi] e [zi] potrebbe portarci a indagare la persona sbagliata[53]. Si ricordi in proposito anche quanto detto in apertura di questo capitolo circa l'effetto Ganong, ossia la tendenza a percepire un suono ambiguo o non chiarissimo come un completamento di una parola reale piuttosto che una parola non esistente (Ganong, 1980).

Diversi studi di fonetica forense hanno dimostrato empiricamente come la presenza di rumore di sottofondo inibisca non solo la corretta percezione del messaggio, ma anche una accurata identificazione acustico-uditiva dei parlanti, con evidenti conseguenze sulle figure dei testimoni "uditivi", come nell'esempio portato all'inizio di questo capitolo, pur se, come detto, il caso Lindbergh aveva tutta una serie di problematicità, legate non solo al segnale acustico. Una dimostrazione empirica ci viene però dal lavoro di Smith *et al.* (2019) che, basandosi su una già vasta letteratura pre-esistente, tutta di stampo anglofono, dimostrano come il livello di accuratezza nel riconoscimento di due parlanti in diversi contesti sia influenzato dal rumore del segnale audio, in particolare per quanto riguarda il riconoscimento di una variabilità intra-individuale e di quelle inter-individuali. I soggetti testati in

52 L'esempio italiano è un po' forzato, in quanto, a differenza dell'inglese, vi è anche una differenza di lunghezza tra i due suoni, perché [ʃ] in posizione intervocalica è sempre lungo, come si è detto in 2.3.1. Resta comunque il fatto che, in un parlato spontaneo e veloce, anche la durata relativa dei vari segmenti possa essere discriminata con maggiore difficoltà, anche a fronte della mancanza delle altre informazioni acustiche complementari quali sonorità e luogo di articolazione, dati dai valori formantici dei diversi foni.

53 Anche in questo caso, gli esempi forniti sono unicamente a scopo esemplificativo del concetto, senza nessuna presenza di realismo con cognomi cinesi di maggiore o minore diffusione.

diverse condizioni di rumore degli audio, infatti, tendevano più facilmente ad attribuire la variabilità intra-individuale a una variabilità inter-individuale, ossia, per dirlo più semplicemente, il rumore delle registrazioni li portava più frequentemente a pensare che si trattasse di due parlanti diversi piuttosto che dello stesso parlante in condizioni o stili comunicativi diversi. Il fatto che i soggetti testati da Smith *et al.* (2019) fossero i cosiddetti *lay listeners*, ossia ascoltatori senza alcuna formazione nel trattamento audio o nell'analisi acustico-fonetica del parlato, testimonia ancora una volta la necessità di una formazione specifica in queste discipline da parte di chi se ne occupa attivamente in contesto forense.

Un altro effetto fondamentale è dato dalla conoscenza della voce del parlante e/o di quella particolare varietà linguistica (cfr. Lavan *et al.*, 2019). A parità di rumore della registrazione, infatti, è stato dimostrato come siamo molto più accurati nel discriminare correttamente il contenuto linguistico di voci che già conosciamo, o a cui siamo comunque esposti per un periodo di tempo sufficiente e con un input variabile, rispetto a voci che sentiamo per la prima volta, specialmente, ancora una volta, se le condizioni dell'audio non sono ottimali. Questo perché le informazioni acustico-uditive precedenti sono state immagazzinate nella nostra memoria, contribuendo a creare delle aspettative non solo sul *cosa* viene detto, ma anche sul *come* viene detto qualcosa da una determinata persona, come ha chiaramente dimostrato l'esperimento condotto da Gogging *et al.* (1991). Lo stesso si può dire anche per la maggiore o minore esposizione a una varietà linguistica e la nostra capacità non solo di discriminazione della voce, ma anche di riconoscimento della provenienza del parlante: un recente lavoro di Braber *et al.* (2023), su dati inglesi, ha dimostrato una generale tendenza a fornire descrizioni molto più estese per quelle varietà che non sappiamo identificare. Come concludono gli stessi autori, questo deve essere tenuto in debita considerazione in tribunale, in caso appunto di valutazione dell'accuratezza e dell'affidabilità di una testimonianza uditiva da parte di un testimone non esperto di fatti acustici o linguistici (e anche di cosiddetti esperti, o presunti tali).

3.4 Il ruolo degli stereotipi linguistici

Nel lavoro di Smith *et al.* (2019), che abbiamo citato prima, la conclusione a cui giungono gli autori è in linea con altri loro lavori, ma anche con quanto più volte ampiamente affermato da Helen Fraser. La studiosa si è infatti occupata a più riprese del legame tra il rumore dell'audio e il ricorso a informazioni extra-linguistiche per colmare (o, in alcuni casi, ovviare) alle nostre difficoltà percettive. Una differenza fondamentale è quella tra audio 'sporchi', che possono essere quindi almeno in parte ripuliti con programmi specifici (cfr. cap. 5.10) e audio difficili da percepire nei contenuti: proprio in quest'ultimo caso a guidare la percezione del contenuto è da un lato l'effetto *priming*, ossia le aspettative contestuali rispetto alle mie conoscenze della persona e/o del suo modo di parlare, ma anche rispetto alle mie aspettative sull'argomento della conversazione in base alle informazioni contestuali che mi sono state fornite (Fraser, 2014). Questo discorso può essere anche portato all'estremo, nella celebre formula della stessa Fraser "we hear what we wanted to hear" ("sentiamo quello che vogliamo sentire", Fraser, 2018), per cui se conoscessi il nome di un sospettato potrei essere incline a sentirlo in una intercettazione molto rumorosa[54].

Tra le informazioni extra-linguistiche a cui facciamo ricorso in un processo di riconoscimento del parlante o di descrizione di una voce, vi sono inoltre anche i cosiddetti stereotipi linguistici. A livello di definizione, lo stereotipo rappresenta l'atto di categorizzare la realtà, cercando di semplificarne le sfumature e di assegnare un individuo o un oggetto a una determinata categoria sulla base di uno o due tratti generalizzanti (es. il colore della pelle, la provenienza geografica, ecc. cfr. Brown, 1995). Diversi sono i pregiudizi, soprattutto quelli legati a una particolare pronuncia o accento, che, sulla base della proiezione di un'ideologia linguistica, proiettano aspettative riguardo alla sfera sociale, economica e culturale dell'individuo che fa uso di certi tratti o varietà linguistiche (Drager, 2010)[55]. Nella storia linguistica italiana, non è un mistero che per lungo tempo 'soprattutto nel secondo Dopoguerra' chi

---

[54] Questo caso si è effettivamente verificato in molte circostanze, tra cui quella presentata e analizzata in Cenceschi & Meluzzi (2023), cfr. *infra*.

[55] Questo tipo di stereotipi associati a una ideologia linguistica, cioè all'idea che certe lingue o varietà linguistiche siano in qualche modo superiori alle altre, prende il nome di *linguicismo* ed è uno degli argomenti maggiormente trattati dai cosiddetti *accent studies* che, ancora una volta, hanno avuto terreno fertile soprattutto in ambito anglofono (Clopper, 2017 e 2021). Per l'italiano, si ricordino però gli importanti lavori di De Pascale & Marzo (2016), nonché il recente lavoro percettivo sui bambini condotto da Masullo (2023).

parlava in dialetto o con forte inflessione dialettale venisse considerato come povero e magari anche poco intelligente[56].

Anche in ambito forense la presenza di stereotipi linguistici è pervasiva ed è importante conoscerne e riconoscerne la presenza in modo da poterne minimizzare l'impatto. Nella letteratura linguistica forense, il dibattito sugli stereotipi linguistici ha riguardato in particolare due situazioni: la gestione degli interrogatori e delle deposizioni in tribunale, nonché la profilazione del parlante. Rispetto al primo punto, non si dispone ancora, a nostra conoscenza, di una letteratura adeguata nel contesto svizzero e italiano, mentre numerose sono le ricerche e le statistiche per il contesto americano, soprattutto per quanto riguarda i pregiudizi in ambito forense contro gli Afro-Americani e gli Ispanici, anche ma non solamente per motivi linguistici (cfr. Wood, 2019).

La profilazione sociofonetica consiste nel determinare quali potrebbero essere le caratteristiche socio-demografiche del parlante, in base alle caratteristiche linguistiche che si evincono dal messaggio (Schilling & Marsters, 2015, p. 196)[57]. Come abbiamo visto nei capp. 2.5 e 2.6, le caratteristiche acustiche di alcuni foni e dell'andamento prosodico possono aiutarci a identificare il sesso del parlante, la sua età e anche, in alcuni casi, la sua appartenenza geografica o il suo essere nativo o meno della lingua di riferimento. All'analisi fonetico-fonologica se ne dovrebbe affiancare anche una strettamente linguistica, legata all'uso di espressioni colloquiali dialettali o diastraticamente marcate (ad es. l'uso di *bro* o *raga* può essere un utile discrimine generazionale). Ovviamente bisogna sempre tenere in considerazione la possibilità che il parlante stia imitando, volutamente o meno, un determinato accento regionale o modo di parlare, nonché valutare il ruolo del contesto nel determinare la scelta di determinate varianti, anche fonetiche, in relazione al proprio interlocutore, secondo quella che abbiamo definito teoria dell'accomodamento (Giles *et al.*, 1991; cfr. inoltre cap. 2.7). Ad esempio, Baugh (2005) dimostra ampiamente

---

[56] Il ben noto risultato di questa vera e propria dialettofobia è stato la sensibile riduzione di parlanti dialettofoni, a volte anche all'interno della sfera famigliare, per cui si veda l'imprescindibile De Mauro [1963](2011). Per una lettura diversa, si consiglia inoltre Trifone (2010).

[57] Un caso italiano molto famoso anche al grande pubblico, basato però su materiali scritti, è quello di Unabomber, per il quale si veda R. Melazzo (2002).

come i parlanti dell'African American Vernacular English (AAVE)[58] mostrino un'alta variabilità sociofonetica in dipendenza dal contesto comunicativo (formale vs. informale) e dall'interlocutore. L'autore lamenta come questo non sia stato mai tenuto in debito conto durante i procedimenti giudiziari in contesto americano.

3.5 L'influenza tra scritto e parlato

Il legame tra percezione e audio forense è fondamentale anche per quanto riguarda la trascrizione, che nei procedimenti giudiziari gioca un ruolo sempre più predominante. Quanto detto in precedenza rispetto ai problemi di comprensione di audio rumorosi, all'influenza di informazioni pregresse o contestuali, nonché all'azione di possibili pregiudizi linguistici si ritrova perfettamente esemplificato in tutti quei casi di errate trascrizioni, che hanno spesso portato a errori giudiziari. La letteratura presenta una vasta casistica, come ben testimoniano i lavori di Peter French e Helen Fraser (cfr., tra gli altri, Fraser, 2014; French & Fraser, 2018) e, per l'italiano, Franca Orletti e Luciano Romito (si vedano, a titolo d'esempio, Orletti, 2017 e Romito & Frontera, 2017).

Un altro elemento spesso sottovalutato in contesto giudiziario è l'influenza che lo scritto ha sulla percezione del parlato. Tra i tanti esempi che riporta Fraser (2021), si può menzionare il cosiddetto caso "eroina", dal nome della parola che compariva in ben sei trascrizioni di una intercettazione audio molto problematica, sia per il rumore di fondo sia per la sovrapposizione di molte voci. Dopo aver consegnato la propria trascrizione, in cui si indicava che molte porzioni non erano comprensibili e che, di conseguenza, si era deciso di non trascrivere, alla Fraser fu rimandata la sua trascrizione con la richiesta di confrontarla con una precedente che invece offriva una trascrizione delle porzioni incomprensibili. In queste sei porzioni ricorreva sempre la parola "eroina", che lei invece non aveva minimamente sentito o ipotizzato. Anche tornando ad analizzare l'audio a livello spettrografico, del fantomatico termine riferito alla droga non vi era traccia alcuna. Cercando di ricostruire la genesi di questo

[58] L'AAVE è una varietà di inglese americano parlato dalla comunità afro-americana negli Stati Uniti e in una parte del Canada. Lungi dall'essere unitario, anche l'AAVE mostra una grande variabilità diatopica e diastratica, come analizzato anche dal padre della sociolinguistica William Labov (cfr. Labov, 2013).

evidente errore in ben sei porzioni audio, la Fraser scoprì che la primissima trascrizione fu fatta dal detective che si occupava del caso e che riguardava, per l'appunto, un traffico di eroina. La trascrizione del detective era poi stata passata a un ingegnere audio forense, probabilmente senza indicazioni riguardo il controllo del contenuto, col risultato che era rimasta questa fantomatica presenza di "eroina".

Un caso italiano è invece stato recentemente presentato proprio dalle autrici di questo volume (cfr. Cenceschi & Meluzzi, 2023) riguardo un signore condannato agli arresti domiciliari per possesso di armi, perché il suo cognome sarebbe stato pronunciato da un fornitore e contenuto nella trascrizione di una intercettazione ambientale abbastanza rumorosa. Il signor G, iniziale di fantasia, già noto alle forze dell'ordine per altri piccoli crimini, affermava di non avere mai posseduto un'arma. Anche in questo caso una perizia fonetica condotta dalle autrici è servita a provare che effettivamente, nell'audio originale, anche in questo caso inficiato da parecchio rumore, non veniva assolutamente nominato il signor G, ma vi era un cognome ben diverso sia per numero di sillabe che per foni presenti.

È però opportuno non derubricare semplicemente la questione come errore giudiziario, ma domandarsi il perché della genesi degli errori. In entrambi i casi, così come in molti altri rintracciabili in letteratura, l'origine era una errata percezione di un segnale audio problematico: alle mancate informazioni fisiche, il cervello del primo trascrittore ha supplito, involontariamente, con informazioni contestuali già presenti in memoria (ad es., stare indagando un caso di droga, oppure avere già avuto a che fare in passato con il signor G). Una volta trascritta, la parola grafica ha avuto un effetto di *priming* anche sugli ascoltatori successivi, che si aspettavano di sentire quello che avevano letto o stavano leggendo. Questo effetto è stato particolarmente studiato dalla psicolinguistica, soprattutto rispetto all'acquisizione delle capacità di letto-scrittura nei bambini, ma anche proprio all'influenza reciproca di due canali di informazioni (visivo e uditivo) nella nostra capacità di comprensione del linguaggio[59].

---

[59] L'influenza reciproca tra input scritto, quindi legato al canale visivo, e uditivo è stata molto studiata dalla psicolinguistica, sia nell'acquisizione della L1 sia nell'apprendimento di lingue seconde. Per approfondimenti si rimanda, rispettivamente, a Hulstijn (2017) e a Hardison (2010).

Così come la presenza di alcune parole non presenti nell'audio originale può condizionare profondamente la nostra comprensione dell'audio a un ascolto successivo, anche l'omissione di parole o porzioni di conversazione può influenzare fortemente la nostra comprensione non tanto a livello percettivo quanto proprio a livello di significazione e contestualizzazione. Stiamo parlando del problema dei cosiddetti *omissis*, ossia quelle porzioni di un audio, di intercettazione o di interrogatorio, che si decide di non trascrivere e che non vengono quindi inclusi negli atti successivi. In mancanza del ri-ascolto, quasi mai effettuato, dell'audio originale, una trascrizione senza alcuni "pezzi" può fortemente limitare l'adeguata comprensione dell'andamento intero della conversazione, dei ruoli dei partecipanti e dell'eventuale ricorso a impliciti linguistici tra parlante e interlocutore. Come evidenzia anche l'avvocato Iacopo Benevieri, il ruolo del trascrittore non è affatto passivo, ma contribuisce in modo attivo e partecipativo al passaggio dal codice orale a quello scritto del messaggio linguistico (Benevieri, 2021).

In un recente contributo, Orletti & Benevieri (2023) discutono nel dettaglio come la trascrizione giudiziaria di una intercettazione presenti casi di vera e propria interpretazione operata dal trascrittore sull'audio originale: ad esempio, l'espressione *a' Mo'* viene interpretata come l'apocope del nome Morena, dando quindi una identità alla voce di donna presente nell'intercettazione, senza soffermarsi sul fatto che, nell'italiano regionale romano, *amo'* è apocope di *amore*, un allocutivo piuttosto frequente tra conoscenti in contesti colloquiali e informali. Tuttavia, rilevano gli autori, la presenza dei famigerati *omissis*, ossia di parti non trascritte, impedisce di chiarire la questione: la donna che si sente nella registrazione si chiamava davvero Morena e, quindi, quell'allocutivo presenta una curiosa apocope del nome Morena in *Mo'* e non, come ci si aspetta, in *More'*? E, nel caso, questo cosa ci può dire sull'origine geografica del parlante (uomo) o sul livello di conoscenza dei due soggetti? Infatti, si potrebbe pensare che si tratti di un nomignolo particolare, diverso dall'atteso *More'*, ma usato tra conoscenti di lunga data. Tutto questo impianto interpretativo, però, si basa su un elemento dubbio, la trascrizione di quell'allocutivo, che, in assenza dell'audio originale e dell'integrità del dialogo tra i due soggetti prima e dopo il segmento in questione, rende impossibile dirimere la questione. Insomma, che la voce di donna nella registrazione sia effettivamente di una tale *Morena* e non di un *Amo'* generico rimane tutto da discutere e verificare.

Per tutti i motivi esposti in questo paragrafo, la percezione è un processo delicato dell'ascolto di un audio, in cui rientrano meccanismi sia fisici sia psicologici di cui bisogna sempre tenere conto. La trascrizione, dunque, non può essere derubricata a un semplicistico "scrivi quello che senti", perché le azioni stesse del sentire e poi del comprendere possono essere fortemente inficiate da fattori diversi che un esperto trascrittore dovrebbe sempre considerare. Proprio per questo motivo, French & Fraser (2018) mettono in guardia contro l'uso dei cosiddetti esperti "ad hoc" per i casi giudiziari, ma anche per le trascrizioni, argomentando come solo una migliore collaborazione tra gli enti giudiziari, le forze dell'ordine ed esperti possa portare a una (auspicabile e auspicata) diminuzione degli errori durante la fase della trascrizione dell'audio.

Letture consigliate

Per una introduzione alla psicolinguistica, si consiglia il testo di Andrea Marini (2021) *Che cos'è la psicolinguistica*, Roma: Carocci. Dello stesso autore è anche il manuale di neurolinguistica, più volte citato in questo capitolo e disponibile anche in una nuova edizione del 2018 sempre con l'editore Carocci.

Sugli impliciti linguistici, si consiglia inoltre la lettura dell'agile volume di Edoardo Lombardi Vallauri (2019) *La lingua disonesta*, Bologna: Il Mulino, di interesse per chiunque si occupi (a diversi livelli) di comunicazione.

Alcune linee guida per la trascrizione forense, a cura di Luciano Romito, sono recente apparse in un più generale vademecum per l'uso e la conservazione delle fonti orali, per cui si rimanda a Luciano Romito (2023a) La trascrizione forense, *Quaderni della Rassegna degli Archivi di Stato*, n. 114, numero monografico "Vademecum per il trattamento delle fonti orali" (sez. II *Trascrivere le risorse orali*), pp. 189–200. Per lo specifico delle intercettazioni ambientali, si rimanda inoltre a Luciano Romito & Manuela Frontera (2017). La trascrizione forense di intercettazioni ambientali: una proposta di metodologia procedurale. *Quaderni di linguistica*, 5, 121–139.

Una proposta sulle competenze del perito fonico si ritrova inoltre tra i documenti prodotti dall'Osservatorio sulla Linguistica Forense, gruppo di interesse dell'AISV (Associazione Italiana Scienze della Voce) e disponibile a questo link: <https://olf.aisv.it/risoluzioni/>.

Fatti vs. opinioni: brevissima introduzione alla statistica

4.1 Ma che cos'è la statistica?

Durante una classica perizia di confronto tra Voce Nota e Voce Ignota, si arriva a stabilire che vi è una differenza di circa 150 Hz tra le formanti della vocale /a/ delle due voci e di 85 Hz per quelle della vocale /i/[60]. A questo punto sia l'esperto che redige la perizia, sia chi poi ne usufruirà potrebbe (e, in effetti, dovrebbe) chiedersi se queste differenze hanno la stessa rilevanza, ossia se siano importanti nel determinare la somiglianza o differenza tra le due voci. Uno potrebbe ipotizzare che 150 è più di 85, ma in realtà non è così semplice. Quello che ci serve è un metodo oggettivo che ci dica se queste differenze sono affidabili e, in definitiva, utilizzabili per sostenere la nostra ipotesi, oppure se, al contrario, siano dovute semplicemente al caso, magari al disturbo in una registrazione, alla maggiore o minore enfasi in un certo tipo di parlato o altri casi simili (cfr. capp. 2.7 e 5.10).

Prendiamo un altro esempio, sempre tratto da una casistica reale ancorché generica. Una delle tecniche utilizzabili per aiutarci a stabilire l'identità di due voci può essere quella del test percettivo con più rispondenti non specialisti, specialmente nel caso in cui lo stato di degrado di una registrazione ne impedisca o limiti fortemente una sua analisi acustica. Poniamo di aver utilizzato questa tecnica con due spezzoni di audio, appartenenti rispettivamente a Voce Nota e Voce Ignota, e di aver sottoposto un test di riconoscimento (con i dovuti accorgimenti rispetto all'anonimato e alla sicurezza del caso) a 150 studenti tra i 20 e i 30 anni, provenienti tutti dal Nord-Ovest d'Italia. Dopo aver bilanciato

60 Stiamo ovviamente semplificando e inventando queste differenze al solo fine di introdurre l'argomento di questo capitolo. Per un ripasso dei parametri acustici, cfr. cap. 2.5.

bene gli stimoli, utilizzato i distrattori e cercato di limitare il più possibile bias metodologici o strumentali, abbiamo ottenuto il seguente risultato: per il 68% dei nostri rispondenti, i due audio appartengono alla stessa persona, mentre per il 32% sono due persone diverse. Questo risultato sembra essere molto forte e ci potremmo sentire soddisfatti e sicuri nell'usarlo in una perizia. Tuttavia, anche in questo caso, qualcuno potrebbe sollevare un'obiezione: abbiamo ottenuto questo risultato perché al nostro test hanno risposto solo gli studenti di quel corso di laurea o solo studenti settentrionali? E se, per esempio, avessimo preso un altro gruppo di studenti, avremmo avuto lo stesso risultato?

In entrambi gli esempi (fittizi) proposti in apertura di questo capitolo, le obiezioni che ci vengono rivolte riguardano il *principio di generalizzabilità* dei risultati di qualsiasi ricerca sperimentale. Dobbiamo cioè dimostrare che i risultati che abbiamo ottenuto su un certo campione non sono legati alle specificità di quel campione ma sono allargabili (ossia, generalizzabili) all'intera popolazione. In altre parole, se anche avessimo avuto altri spezzoni audio o un altro gruppo di rispondenti, in entrambi i casi avremmo ottenuto un risultato simile, riuscendo quindi a confermare la solidità della nostra analisi e la validità del risultato stesso.

In questi casi quello che ci serve è un'analisi statistica dei risultati ottenuti per valutare la loro significatività. In questo capitolo vedremo diversi test statistici normalmente applicati all'analisi forense, così come alle discipline a essa collegate, evidenziando i tipi di variabili su cui utilizzare i diversi test e discutendone limitazioni e premesse. Non essendo questo un testo di statistica, non entreremo nei dettagli matematici dei singoli test, limitandoci a fornirne una descrizione e rimandando poi alla letteratura tecnica di settore per eventuali approfondimenti.

Quello che è però fondamentale comprendere fin da subito è lo scopo generale per cui potremmo volere utilizzare o richiedere un'analisi statistica nelle nostre perizie o indagini forensi. Come si diceva prima, il motivo è la possibilità di generalizzare i risultati ottenuti. In poche parole, vogliamo dimostrare che le differenze che abbiamo osservato valgono in generale, non limitatamente a quei particolari dati o soggetti. Quello che ci interessa raggiungere è quindi la cosiddetta significatività statistica, un valore soglia al di sotto del quale i risultati sono detti appunto statisticamente significativi e possono quindi essere generalizzabili al di là del nostro campione in analisi.

Questo valore soglia è detto "valore p" (*p value*) ed è solitamente fissato a 0,05 per le scienze umane, oppure a 0,01 o addirittura 0,001 per le scienze mediche. Il valore p ci dice quanta probabilità c'è che i risultati che io ho ottenuto siano dovuti al caso, ossia allo specifico campione considerato, e non siano quindi generalizzabili. Se vogliamo girare la prospettiva, un valore di p = 0,05 indica che c'è il 5% di probabilità che i risultati che ho ottenuto siano dovuti alle caratteristiche specifiche dei dati che ho analizzato. Il 5% di possibilità è un valore considerato abbastanza basso per poter costituire una soglia, al di sotto della quale i nostri risultati sono considerati statisticamente significativi[61]. In pratica, accettiamo un 5% di casualità (o, in altri casi dell'1%), ma non più di così.

Un chiarimento è immediatamente necessario: il valore di p rappresenta, come si è detto, un valore soglia, per cui quello che conta è essere al di sotto o al limite uguali a quel valore. Non è invece importante quanto si sia al di sotto del valore soglia. In altre parole, se un risultato è statisticamente significativo per p = 0,02 e un altro è statisticamente significativo per p = 0,049, entrambi i risultati sono parimenti significativi indipendentemente dal valore di p. Quindi, a un valore di p più basso non corrisponde una maggiore significatività o, detto in modo ancora più semplice, non esiste la nozione di più o meno significativo. La significatività statistica è dunque da vedere come un valore binario: il mio risultato è statisticamente significativo oppure non lo è, senza vie di mezzo o senza indicazioni del tipo "debolmente significativo", una affermazione che non significa nulla ed è anzi tecnicamente scorretta. È tuttavia possibile, secondo alcuni autori, indicare diversi valori soglia, per cui si considereranno significativi valori di p inferiori 0,05, molto significativi valori di p inferiori a 0,01 o addirittura a 0,001. In realtà, al di là della significatività statistica, per verificare la forza di una correlazione di due variabili bisogna prendere in considerazione altri valori, diversi a seconda del test applicato, come si vedrà nei paragrafi successivi.

Sgombrato il campo da questo primo possibile fraintendimento, presentiamo alcuni dei principali test statistici utilizzati in linguistica forense, cercando di chiarire su quali variabili lavorano, quali sono le premesse teoriche

---

61 Come anticipato, questo valore soglia è solitamente più basso nelle scienze mediche, in cui si prende solitamente come soglia un valore p di 0,01, corrispondente al 1% di probabilità di distribuzione casuale, o addirittura lo 0,001%, corrispondente allo 0,01% di probabilità. Poniamo ad esempio di voler analizzare i potenziali effetti negativi di un nuovo farmaco con un test su alcuni pazienti: naturalmente vogliamo che la percentuale di possibile casualità dei nostri risultati sia la più bassa possibile, da cui un valore soglia tendenzialmente più basso in questa disciplina.

e quali le caratteristiche del *dataset* da controllare prima di applicarli. Nei prossimi paragrafi tratteremo quindi: test del chi quadrato (che si trova anche scritto χ^2, con il grafema greco χ "chi"), test T di Student (o T test), Anova, Likelihood Ratio, test non parametrici. Siamo consapevoli che quanto presentato qui non esaurisce affatto tutta la gamma delle possibilità di analisi statistica, ma, come specificato all'inizio di questo capitolo, il nostro non intende essere un manuale di statistica, bensì una introduzione ai principali metodi utilizzati nelle scienze forensi e, in particolare, nella linguistica forense.

4.2 Variabili e valori: alcune note terminologiche

Prima di affrontare nel dettaglio i singoli test statistici, sempre in riferimento a casi forensi, sarà opportuno chiarire alcune questioni terminologiche importanti per poter comprendere il seguito di questo capitolo. Le informazioni qui presentate sono tratte per la maggior parte dai testi di Giorgetti & Massaro (2007), Di Franco (2011) ed Eddington (2015), cui si rimanda per approfondimenti anche nelle letture consigliate a fine capitolo.

In primo luogo occorre distinguere tra variabili e varianti: le prime sono gli elementi soggetti a variazione, le seconde i diversi elementi in cui la variazione si realizza. Un esempio può essere la variabile "Soggetto" o "Voce" che avrà come varianti "Ignota" e "Nota". Potremmo avere diversi tipi di variabili a seconda della loro natura quantitativa, dell'elemento che rappresentano e del legame che assumiamo abbiano tra loro. Volendo chiarire subito questo secondo punto, il principio basilare della variabilità linguistica (e, quindi, la possibilità che questa variabilità ci riconduca all'identificazione di un parlante, come visto in 2.7) si basa sul fatto che alcune variabili linguistiche siano determinate da fatti extra-linguistici, come il sesso o l'età del parlante, la sua provenienza o la situazione comunicativa. In questo caso le variabili linguistiche si dicono dipendenti rispetto a quelle extra-linguistiche, che sono postulate come indipendenti: per dirla in altro modo, il fatto che il parlante sia maschio o femmina esiste in maniera indipendente da come realizza un certo fono vocalico, ma il fatto di avere certi valori formantici dipende dal suo sesso biologico, come visto in 2.5.2[62].

---

[62] Si faccia però attenzione a non leggere questa correlazione come deterministica: la nostra divisione tra variabili dipendenti e indipendenti si basa su delle ipotesi, scientificamente fondate, legate alla variabilità sociolinguistica della lingua, ma testare l'effettiva presenza di questo legame tra le variabili è proprio il compito dell'analisi statistica.

L'esempio appena discusso è di natura più sociolinguistica e ne presenta la terminologia classica che distingue, appunto, tra variabili e varianti: una variabile, linguistica o sociale, sarà realizzata quindi da almeno due varianti. In statistica, invece, si parla di variabili e di valori che assumono queste variabili. Rispetto alla loro natura, per così dire, numerica, le variabili si dividono in *nominali*, *ordinali* e *cardinali*.

Le prime, dette anche *categoriali non ordinate*, hanno valori espressi da categorie discrete rese come parole, oppure da numeri ma senza che questi abbiano un significato numerico. La variabile "Voce", divisa nelle due varianti "Nota" e "Ignota", è un esempio di variabile nominale: possiamo usare infatti le due etichette appena nominate, oppure una sigla VN e VI, oppure ancora trasformare queste varianti in "0" e "1". In quest'ultimo caso, però, 0 e 1 non avranno il valore davvero di numeri, ma saranno solo una convenzione, un codice diverso per indicare lo stesso tipo di etichetta. La necessità di utilizzare VN-VI oppure 0–1 può però dipendere dal tipo di test statistico che andiamo a utilizzare, come vedremo in seguito. Le variabili ordinali, dette anche *categoriali ordinate*, pur avendo valori privi di realtà numerica, possono però essere ordinate su una scala che ha appunto un polo più basso e un polo più alto. Un esempio in questo senso potrebbe essere il grado di formalità della conversazione, magari in un soggetto intercettato nel corso di varie telefonate con interlocutori diversi: potremmo quindi avere un polo di formalità basso, rappresentante conversazioni altamente informali con parenti o amici intimi, e un polo di formalità alto, ad esempio in un dialogo con un giudice o un avvocato, passando per vari gradi intermedi a seconda dei diversi interlocutori. Anche in questo caso potremmo tradurre ciascuno di questi livelli di formalità/informalità con dei numeri, come se fossero i gradini di una scala, per cui daremo valore "1" alla massima informalità e "5" alla massima formalità. Questi numeri però sono anche in questo caso delle pure etichette, perché non hanno due caratteristiche fondamentali delle variabili numeriche vere: non presentano un valore "0" e non vi sono stadi intermedi tra i due gradini. Quindi o giudichiamo che la situazione comunicativa abbia valore "2" o che abbia valore "3", non qualcosa di intermedio. Al contrario, nelle variabili propriamente quantitative i numeri non sono solo etichette ma hanno vera natura numerica e avremo perciò *variabili cardinali*[63]. Un esempio di variabili

[63] Giorgetti & Massaro (2007, pp. 7–8) distinguono ancora due tipi di variabili cardinali, ossia quelle a intervalli equivalenti e quelle a rapporti equivalenti.

cardinali sono ad esempio i valori delle formanti o le durate dei foni, che sono anche variabili continue, in quanto possono assumere ogni intervallo di numeri reali[64]. Le variabili quantitative discrete possono assumere solo valori interi in un intervallo determinato di numeri reali: ne sono un esempio il numero di dipendenti di un'azienda o il numero di componenti di una famiglia.

4.3 Cosa vuol dire utilizzare la statistica, in pratica

Una volta definite le nostre variabili, dobbiamo capire cosa vogliamo sapere da loro, ricordandoci un fatto essenziale, ossia che questi numeri dipendono da formule matematiche di cui, mediamente, non conosciamo il funzionamento tecnico, perché è un argomento lontano dalla nostra formazione e soprattutto dai nostri interessi di ricerca. È però importante sapere su che tipo di variabili operano le diverse formule e quali sono le loro limitazioni: applicare un test statistico su un gruppo di dati che non sono adatti può essere non solo inutile, ma anche dannoso, in quanto può portare a risultati fallaci.

Perché fare analisi statistica, dunque? A noi interessa stabilire quant'è la probabilità che i risultati che abbiamo ottenuto siano solamente frutto del caso, ovvero legati, ad esempio, solamente a quella particolare registrazione del signor Rossi e non estendibili alla totalità delle comunicazioni del signor Rossi. Detta in altri termini, se la nostra distribuzione è *statisticamente significativa*, questo significa che la differenza osservata è talmente grande rispetto alla variabilità naturale dei dati da risultare difficilmente attribuibile al caso. Ad esempio, se ogni volta che il signor Rossi parla con il signor Carlino la qualità della sua voce cambia, con una oscillazione di circa 45–50 Hz della sua frequenza fondamentale (F0): un test statistico ci può dire se questa fluttuazione tra valore di F0 e interlocutore è statisticamente significativa, quindi non legata allo specifico campione di telefonate che abbiamo analizzato. Questo però non significa che ogni volta che c'è un dialogo tra i signor Rossi e il signor

[64] Chi ha fatto studi classici riconoscerà forse in questa affermazione un noto paradosso filosofico, ossia quello di Achille e la tartaruga proposto da Zenone di Elea. Il principio è simile, anche se ovviamente non ci avventuriamo qui in una spiegazione matematica che non rientra affatto nelle competenze di chi scrive. Questo collegamento può però essere utile per immaginarsi (e ricordarsi) la differenza tra i diversi tipi di variabili, che sarà indispensabile per l'applicazione del test statistico più adatto.

Carlino il primo innalzerà la propria F0 media di circa 45–50 Hz. E questo risultato non ci permette neppure di prevedere con certezza il comportamento futuro delle oscillazione di F0 del signor Rossi. Occorre infatti distinguere tra *statistica inferenziale* (del tipo proposto qui) e *statistica predittiva* che, attraverso modelli statistici come le regressioni o i modelli misti, permettono di fare previsioni sui valori di una variabile in funzione di un'altra.

Quello che stiamo facendo, invece, è una inferenza logica, ossia inferiamo il comportamento del signor Rossi nei suoi dialoghi con il signor Carlino in base a un campione di dati, ossia a un gruppo limitato di conversazioni tra questi due soggetti. Si parla appunto di statistica inferenziale perché dal comportamento di una variabile in un piccolo gruppo di casi noi inferiamo che quella distribuzione sia vera per l'intera popolazione, che, nell'esempio precedente, è rappresentata da tutte le possibili interazioni tra il signor Rossi e il signor Carlino. La statistica inferenziale si basa sul calcolo di un valore di probabilità, il famoso valore p (p *value*), che ci dice se la correlazione tra variabili sia o meno dovuta al caso, oppure se quanto osserviamo in una campione di dati sia estendibile alla totalità dei casi.

Risulta quindi fondamentale enfatizzare che questo tipo di test (chi-quadro, test t, ecc.) ci permette di inferire se esista (e quanto sia forte) una differenza generale basandoci sull'osservazione di un campione, ma non di predire un nuovo valore di una variabile X al co-variare di Y. Quest'ultimo tipo di analisi statistica si dice predittiva ed è legata a metodi specifici come le regressioni (logistica e lineare) e i modelli misti, oggi molto comuni nella ricerca (socio-)fonetica sperimentale, ma non nella fonetica forense e, pertanto, non inclusi in questo manuale[65].

Per aiutare meglio a comprendere i concetti esposti finora, facciamo un altro esempio banale, con ricadute potenzialmente anche nel campo forense: immaginiamo di essere di fronte a un caso possibile di *stalking* e di dover

---

[65] In ambito forense non si impiegano (quasi) mai modelli di statistica predittiva, dal momento che la finalità è quella di valutare la probabilità di un'evidenza osservata, non predirne valori futuri. Come inoltre evidenzia la letteratura (es. il classico Rose 2002 e la più recente sintesi in Morrison & Zhang 2023), i modelli predittivi spesso non soddisfano i requisiti di trasparenza, replicabilità e controllo dell'errore necessari nello svolgimento di procedure forensi e per l'ammissibilità della prova scientifica in tribunale. Diversi sono invece gli approcci statistici detti bayesiani, di cui tratteremo brevementi in 4.8 rispetto al solo Likelihood Ratio.

dire quanto il contenuto di 5 messaggi del presunto *stalker* suoni minaccioso. Sottoponiamo questi 5 messaggi, opportunamente anonimizzati, a un campione casuale di 100 studenti universitari, 50 maschi e 50 femmine, della stessa provenienza geografica dell'autore dei messaggi[66], chiedendo loro di valutare l'aggressività di ogni messaggio in una scala da 1 (per nulla minaccioso) a 7 (estremamente minaccioso)[67]. Oltre ai messaggi dello *stalker* dovremmo anche sottoporre ai nostri rispondenti altri messaggi, possibilmente di una voce simile a quella del presunto stalker, registrati appositamente con diversi livelli di minacciosità: questi messaggi fasulli fungeranno da cosiddetti distrattori, ma ci potranno anche servire per capire il livello di attenzione del singolo rispondente nella compilazione del test. Ad esempio, se uno dei rispondenti seleziona sempre l'opzione 7 "estremamente minaccioso" per tutti i messaggi, distrattori compresi, probabilmente non è molto affidabile e sta solo cercando di ultimare il test il più velocemente possibile, per cui sarà da escludere dalla successiva analisi[68]. Una volta verificato che le risposte offerte dai singoli rispondenti siano accettabili, andremo a escludere i distrattori dall'analisi, focalizzandoci sui 5 messaggi effettivamente oggetto di valutazione. Calcolando la media dei valori di minacciosità (da 1 a 7) dei singoli

---

[66] La scelta della stessa provenienza geografica ha una duplice motivazione: da un lato si evita che si possano ingenerare stereotipi associati a una certa varietà geografica diversa da quella del parlante e, d'altro lato, evitare che certe sfumature pragmatiche possano non venire avvertite o male interpretate in una varietà regionale diversa.

[67] La scala Likert è una tecnica psicometrica molto utilizzata anche negli esperimenti di linguistica percettiva, in cui si chiede ai rispondenti di giudicare ogni item su una scala da 1 a 5 o da 1 a 7. Quella presentata nel testo è chiaramente una situazione ideale e fittizia, perché è estremamente difficile ottenere un estremo bilanciamento nel numero dei rispondenti, soprattutto al netto di altre variabili socio-demografiche.

[68] Nel caso di test sottoposti online o tramite computer, un'altra raccomandazione solitamente contenuta nei manuali è quella di mischiare automaticamente e in ordine casuale non solo gli stimoli ma anche le risposte possibili. Se l'ordine degli stimoli è sicuramente differenziabile tra i diversi rispondenti, risulta poco praticabile se non dannoso mischiare l'ordine delle risposte in una scala Likert, come nell'esempio qui riportato, perché il senso di scalarità dei valori si ottiene solo dalla loro disposizione ordinata, altrimenti si rischia di perdere il senso della domanda, introducendo un fattore di distrazione nel nostro rispondente. Il rischio è dunque quello di introdurre un nuovo *bias* metodologico, decisamente più casuale e incontrollabile, per cercare di toglierne uno che è invece, a tutti gli effetti, controllabile dal confronto con tutte le risposte date dal singolo rispondente.

messaggi, si ottiene una situazione, sempre ipotetica e creata artificialmente per scopi esplicativi, come quella riportata in Tab. 4.1.

Tab. 4.1: Media del livello di minacciosità dei singoli messaggi valutati su una scala Likert da 1 a 7 da 100 rispondenti (50 M, 50 F)

	Mess. 1	Mess. 2	Mess. 3	Mess. 4	Mess. 5
Maschi	4,4	3,52	3,98	3,92	4,5
Femmine	4,34	3,84	4,04	3,96	3,56
Totale	4,37	3,68	4,01	3,94	4,03

Potremmo in generale osservare come, in generale, i messaggi siano percepiti come poco minacciosi, soprattutto nel caso del secondo e quarto messaggio. Non sembra esserci poi una grande differenza tra i rispondenti maschili e quelli femminili nel nostro campione, a eccezione del messaggio 5 che è valutato come maggiormente minaccioso dalle donne rispetto agli uomini.

La domanda che ora dobbiamo porci è: quanto questi risultati sono dovuti al caso? Questa domanda si traduce con la seguente: quanto questi risultati sono legati unicamente allo specifico campione di rispondenti che abbiamo scelto o, al contrario, possono essere generalizzati portandoci a concludere che i messaggi in questione erano davvero poco minacciosi?

Proprio per rispondere a questa domanda ci serve utilizzare un test statistico, che ci permetta di verificare quale ipotesi è vera e quale invece da scartare tra due possibilità, dette rispettivamente ipotesi zero (o nulla) e ipotesi di lavoro (o ipotesi 1). La nostra ipotesi di lavoro è infatti che questi risultati non siano casuali e che, quindi, ci sia effettivamente un legame tra la variabile "Messaggio" e la variabile "Livello di minaccia" e che questo legame, individuato sulla base delle risposte di un campione di 100 persone, sia generalizzabile all'intera popolazione. L'ipotesi nulla afferma il contrario, ossia che non vi sia alcun legame generalizzabile tra le due variabili in questione. Se, applicando il test statistico, otteniamo un valore di p inferiore alla soglia stabilita (solitamente, come detto, 0,05), allora la nostra correlazione è statisticamente significativa: possiamo scartare l'ipotesi nulla e confermare la nostra ipotesi di lavoro. Se invece il valore del p risultasse oltre il valore soglia, allora la correlazione non è statisticamente significativa e dovremo accettare la nostra ipotesi zero[69].

Ovviamente in questi casi siamo chiamati a porci una domanda cui la statistica e i numeri non possono rispondere per noi, ossia chiederci il perché non abbiamo ottenuto un risultato statisticamente significativo. In un caso come quello in esempio potremmo iniziare ricontrollando le risposte dei singoli soggetti e verificando che, presumibilmente, non abbiano risposto a caso mettendo sempre lo stesso valore, procedendo poi a escludere questi casi e ripetendo il test. Potremmo quindi interrogarci su possibili *bias* metodologici, ad esempio, nel modo in cui è stata posta la domanda, oppure nella diversa qualità degli audio da testare oppure sul contenuto linguistico dei diversi messaggi. Nel caso in esame, ad esempio, la prima domanda da porsi sarebbe: cos'hanno davvero valutato i miei rispondenti, il contenuto del messaggio oppure l'intonazione con cui veniva pronunciato? Se la domanda non era chiara su questi aspetti, alcuni soggetti potrebbero aver basato le proprie risposte sul contenuto e altri sulla forma del messaggio, introducendo quindi un elemento di confusione nei dati.

4.4 L'analisi monovariata

In realtà, prima di procedere con l'analisi statistica inferenziale, sarebbe sempre opportuno effettuare una statistica di tipo descrittivo o analisi monovariata sulla variabile dipendente da analizzare. Lo scopo di questo tipo di analisi è quello di descrivere la nostra variabile, osservandone la distribuzione, ma anche la variabilità data dalla concentrazione o dispersione dei valori. L'analisi monovariata ci permette, ad esempio, di capire se compaiono casi anomali che potrebbero influire negativamente sull'applicazione del test statistico.

Prendiamo il caso di una serie di intercettazioni contenenti una Voce Ignota da confrontare con una Voce Nota. Decidiamo di annotare e poi estrarre i valori di tutte le vocali toniche, osservando che abbiamo un

---

[69] Esistono però due tipi di errori nell'analisi statistica inferenziale: l'errore di tipo I o falso positivo si verifica quando si accetta l'ipotesi di lavoro in modo incorretto, quindi non c'è in realtà alcuna correlazione tra le variabili indagate; al contrario, l'errore di tipo II o falso negativo si verifica quando accettiamo come corretta l'ipotesi nulla, quando invece vi è una correlazione tra le variabili.

numero elevato di casi per la vocale [a], ma pochissimi per la [u], per cui escluderemo la vocale [u] dall'analisi. Dobbiamo però anche verificare che tutti i valori estratti per le vocali [a] siano uniformemente distribuiti. Ci serve quindi una misura di tendenza centrale, che ci segnali il valore numerico (o centro) attorno al quale i casi tendono a distribuirsi, e misure di variazione e dispersione, che ci indichino rispettivamente in che misura i valori osservati differiscono tra loro e da un valore di riferimento (Giorgetti & Massaro 2007: 63). Nel caso di variabili categoriali la misura di tendenza è la *moda*, per variabili ordinali si utilizza la *mediana*, mentre per le variabili cardinali si utilizza la *media*. Per queste ultime l'indice di variabilità più utilizzato è la *deviazione standard*: quanto più questo valore è piccolo, tanto più i dati si concentrano attorno alla media, ossia sono meno dispersi.

I dati assumono una distribuzione normale, o gaussiana, quando moda, mediana e media coincidono perfettamente e quindi i dati si dividono in due porzioni simmetriche. Se i dati invece non sono simmetrici, presentano una concentrazione a sinistra o a destra, creando una coda di asimmetria rispettivamente a destra o a sinistra. La presenza di queste 'code' rappresenta l'*indice di asimmetria*, mentre l'*indice di curtosi* ci dice quanto i dati sono raggruppati attorno al valore principali. Questi valori ci possono aiutare a scegliere tra l'applicazione di un test parametrico e uno non parametrico, come spiegheremo più avanti nel cap. 4.7.

4.5 Il test del chi-quadro

Il test del chi-quadro, anche indicato con la corrispondente lettera greca e quindi come χ^2, si applica per testare la correlazione tra variabili nominali od ordinali, ossia quelle variabili che non sono di natura categorica, pur se possono essere espresse da etichette numerali. Il test del chi-quadro ci dice se la distribuzione reciproca di due variabili categoriali è dovuta al caso, oppure se c'è una dipendenza tra le variabili, al di là del campione considerato. Se il test darà valori di probabilità (i famosi valori di p, prima definiti) inferiori o uguali a una certa soglia, di norma 0,05, allora la co-variazione tra le due variabili è estendibile all'intera popolazione e non limitata ai soli casi considerati nel campione analizzato.

Immaginiamo la seguente situazione: sono state predisposte le intercettazioni per il telefono della signora Rossi, che è sospettata di gestire una piazza di spaccio di armi[70]; il sospetto è che la signora Rossi utilizzi delle parole in codice all'apparenza generiche per indicare a Lorenzo, suo presunto uomo di fiducia, quando sta per arrivare il prossimo carico. La domanda potrebbe essere: è vero che quelle sono parole in codice oppure è solo un caso che la signora abbia usato l'espressione "fare la spesa" parlando con Lorenzo? Detto in altri termini, la presenza di questa e altre espressioni simili nelle conversazioni della signora Rossi è legata a uno specifico interlocutore o è invece del tutto casuale?

Per poter funzionare, la nostra situazione ipotetica deve poter disporre di un numero sufficiente di dati, il che vuol dire un buon numero di intercettazioni, con diversi interlocutori. Ascoltando e trascrivendo queste intercettazioni, avendo già un'idea che la frase in codice potrebbe essere "fare la spesa", possiamo contare tutte le volte che la nostra signora Rossi usa l'espressione "fare la spesa" con gli interlocutori con cui parla. Chiaramente non conteremo solo l'espressione pura, ma anche altre espressioni molto frequenti con i diversi interlocutori. I nostri risultati potranno essere riassunti in una tabella in cui a ogni colonna corrisponde un soggetto diverso con cui la signora Rossi parla molto spesso e a ogni riga le espressioni target.

Tab. 4.2: L'uso dell'espressione "fare la spesa" da parte della signora Rossi nelle intercettazioni con diversi individui (situazione e dati sono fittizi)

	Luigi	**Mattia**	**Lorenzo**	**Marisa**	**Roberta**
Fare la spesa	12 (52,2%)	4 (30,8%)	25 (50%)	9 (45%)	12 (37,5%)
Comprare qualcosa	5 (21,7%)	2 (15,4%)	11 (22%)	8 (40%)	2 (6,2%)
Andare al supermercato	6 (26,1%)	7 (53,8%)	14 (28%)	3 (15%)	18 (56,2%)
Totale	23 (100%)	13 (100%)	50 (100%)	20 (100%)	32 (100%)

Dai dati nella Tab. 4.2 possiamo già notare alcune cose, tra cui che la signora Rossi usa spesso l'espressione "fare la spesa" (la più frequente delle tre alternative) tranne che con Mattia. Ma con Mattia, Marisa e Luigi sembra che

[70] Anche in questo caso, come nei precedenti, l'esempio è puramente fittizio e utile sono a fini didattico-espositivi, senza nessun riferimento a fatti o persone reali. Le situazioni immaginate sono però verosimili.

la signora Rossi parli poco frequentemente di supermercati e affini, mentre invece ne discute molto con Lorenzo e Roberta. La domanda che dobbiamo porci è se questa distribuzione sia frutto del caso (ipotesi zero) oppure se davvero vi sia una tendenza maggiore a utilizzare l'espressione "fare la spesa" oppure "andare al supermercato" con certi soggetti e non con altri (ipotesi uno). In altre parole, anche se avessimo più intercettazioni, avremmo la stessa probabilità di avere una distribuzione simile a quella in Tab. 1 oppure la distribuzione sarebbe completamente diversa?

Utilizziamo quindi il test del chi-quadro, che ci dà come valore del p 0,023, quindi sotto la soglia di significatività di 0,05. I risultati del chi-quadrato di questo test fittizio si riportano come segue: $\chi^2(8)=17{,}726$, $p=0{,}023$, in cui il numero tra parentesi indica i gradi di libertà[71], seguito dal valore del chi quadrato di Pearson (o *size*) e il valore del p; solitamente l'unico valore a essere considerato è proprio quello del p, ma bisogna fare attenzione a non ignorare anche il valore del chi quadrato (o di t o F, che vedremo in seguito), che ci dice la forza della correlazione tra due variabili, mentre il valore p ci dice "solo" quanto è probabile che ci sia tale similitudine.

A questi valori possiamo comunque aggiungere un vero quantificatore della forza della correlazione[72] tra due variabili, ossia il valore V di Cramer, che in questo caso è pari a 0,024. Per capire a cosa corrisponde questo numero, si possono prendere come riferimento questi valori (cfr. Eddington 2012: 44):

- da 0,1 a 0,3: bassa correlazione;
- da 0,4 a 0,5: media correlazione;
- da 0,6 a 1: ottima correlazione.

---

[71] I cosiddetti gradi di libertà di una correlazione esprimono il numero minimo di dati sufficienti per determinare la distribuzione della variabile stessa. I gradi di libertà si calcolano moltiplicando il numero di righe meno 1 per il numero di colonne meno 1. Nell'esempio precedente sui dati in Tab. 4.2 avremo grado di libertà 8, in quanto abbiamo 3 righe, corrispondenti ad altrettante espressioni linguistiche, e 5 colonne, corrispondenti ad altrettanti soggetti, per cui avremo la formula seguente: $(3-1) \times (5-1) = 8$.

[72] La correlazione è un caso particolare di dipendenza: se due variabili sono correlate sono sicuramente dipendenti; se sono non-correlate potrebbero comunque essere dipendenti (non è possibile concludere nulla riguardo alla dipendenza).

In pratica più si è vicini al valore 0, meno intensa la correlazione tra le due variabili. Al contrario, più il valore del V di Cramer si avvicina al valore 1, maggiore sarà la correlazione tra i due valori.

Dall'analisi statistica del nostro caso immaginario possiamo dunque giungere alle seguenti conclusioni:

- La signora Rossi utilizza con una certa frequenza l'espressione "fare la spesa" soprattutto se il suo interlocutore è un certo Lorenzo;
- La signora Rossi utilizza anche altre espressioni simili, sia con Lorenzo sia con altri collaboratori;
- La distribuzione delle diverse espressioni non è casuale, ma l'analisi statistica ci indica che c'è una preferenza a utilizzare una certa espressione quando ci si rivolge a una certa persona.

Questo significa dunque che "fare la spesa" è un'espressione in codice che la signora Rossi utilizza con il suo collaboratore Lorenzo, probabile braccio destro di un'attività criminale? Assolutamente no! Questa è una interpretazione del dato legata ad altre conoscenze del caso che non spetta al perito fare, almeno non sulla base dei dati riassunti in Tab. 4.2. Bisogna dunque sempre ricordare che l'analisi dei dati, anche quando si avvale della statistica, rimane diversa dall'interpretazione più generale derivabile dai suoi risultati.

4.6 Il test T di Student

Nell'esempio precedente della signora Rossi avevamo delle variabili categoriali, date dal numero di occorrenze di una certa espressione lessicale. Le stesse variabili e, quindi, lo stesso tipo di test del chi-quadro, si possono applicare anche in caso di confronti di pronuncia, se per esempio vogliamo confrontare una Voce Nota e una Voce Ignota sulla base delle occorrenze di realizzazione di /ɛ/ vs. /e/ nella parola *spesa*, tanto per mantenere il contesto fittizio creato in precedenza. Se invece di utilizzare una classificazione uditiva delle due vocali medie anteriori volessimo invece misurare i valori formantici di F1 e F2 (cfr. capp. 2.1.3, 2.5.2) di queste due vocali e confrontarne i valori, il test del chi-quadro non sarebbe applicabile, perché ci troveremo di fronte a una variabile (i valori formantici) di tipo cardinale e continuo.

Per confrontare una variabile cardinale continua rispetto a una variabile a due valori (es. Voce Nota vs. Voce Ignota), possiamo applicare il test T di Student a cui assoceremo l'indice *d* di Cohen per testare l'ampiezza della correlazione tra le due variabili[73]. In questo caso l'ipotesi nulla del test è che i due valori, in questo caso Voce Nota e Voce Ignota, siano uguali, cioè che le due liste di campioni di frequenze registrate abbiano differenze non statisticamente significative, ossia casuali. Si noti che *d* può assumere valori sia positivi che negativi, per cui valori di ± 0,2 indicano un effetto piccolo o limitato, valori di ± 0,5 un effetto medio e valori di ± 0,8 indicano un effetto forte o molto forte (Eddington, 2012, p. 54).

Riprendendo quindi l'esempio di prima, supponiamo di avere sempre la voce della nostra sospettata, la signora Rossi, da confrontare però con una Voce Ignota proveniente da una intercettazione ambientale di qualità audio adeguata per estrarre dei valori acustici (cfr. cap. 5.7). Viene richiesta una classica perizia di comparazione vocale in mancanza di altri elementi per attribuire o meno la Voce Ignota alla signora Rossi. Tra le altre variabili potenzialmente prese in considerazione, il perito decide anche di analizzare il luogo di articolazione della prima /s/ nella parola *spesa* perché l'impressione uditiva è che una delle due voci abbia una realizzazione più avanzata rispetto all'altra[74]. Si estraggono quindi i valori di centro di gravità (in Hertz) per tutte le /s/ iniziali della parola *spesa* per la Voce Nota, quella della signora Rossi, e per la Voce Ignota. Applicando il test T di Student scopriamo che la correlazione è statisticamente significativa, quindi le due voci sono differenti per $p = 0{,}042$ con un indice d di Cohen di +3,14.

---

73 Per chiarezza, il test t di Student lavora solo su variabili ordinali, quindi non potremmo inserire nel nostro test la variabile "Voce" rappresentata da etichette categoriali rappresentati da stringhe di testo. Occorrerà quindi semplicemente trasformare questa variabile stringa in numeri, per cui a Voce Nota assegniamo valore "0" e a Voce Ignota valore "1" (cfr. cap. 4.2).

74 Ovviamente assumiamo qui che sia già evidente che le due voci appartengono a due donne uditivamente percepibili come di età simile e anche di simile provenienza geografica non essendoci spie lessicali o fonetico-lessicali a indicarci diversamente. Parimenti, come detto, presupponiamo che l'audio intercettato sia di qualità tale da permetterci questo confronto acustico, senza eventuali interventi preliminari su di esso che andrebbero comunque esplicitati in sede di perizia. Come detto, si tratta di un esempio fittizio e, come tale, idealizzato ai fini dell'esposizione dei contenuti teorici qui presentati.

Dobbiamo però capire bene che cosa comunica questo risultato: come prima, non ci sta dicendo che la signora Rossi non è la stessa parlante dell'intercettazione e men che mai se è colpevole o meno dei reati ascrittile. Quello che ci dice il risultato di questa analisi statistica è che c'è una probabilità inferiore alla soglia critica dello 0,05 (ossia del 5%) che quelle realizzazioni di /s/ possano appartenere alla stessa persona. Detta altrimenti, se prendessimo altri valori di /s/ provenienti da altre registrazioni della signora Rossi e della Voce Ignota, otterremmo sempre un risultato simile.

4.7 Anova

Nell'esempio precedente avevamo il classico caso di comparazione tra una Voce Nota e una Voce Ignota, per cui, per le variabili numeriche, cardinali e ordinali avevamo una variabile indipendente a due fattori (VN e VI). Se invece di una sola Voce Nota ne avessimo più di una, non potremmo applicare il test t di Student, perché il confronto è possibile solo con una variabile indipendente a due valori. Per comprendere meglio ipotizziamo anche qui un caso concreto, ispirato a una reale perizia svolta dalle autrici e chiaramente anonimizzata e semplificata in questa sede a scopo illustrativo. Il giudice per le indagini preliminari dispone una serie di intercettazioni ambientali in un ufficio in cui si sospetta che alcuni dipendenti siano dediti ad attività criminali. Le intercettazioni effettivamente rivelano l'emergenza di una rete criminale, ma il problema è identificare a quale tra i dipendenti appartenga la voce registrata nelle intercettazioni. Una prima classificazione uditivo-percettiva, correlata da una profilazione sociofonetica, permette di scartare circa la metà dei dipendenti sulla base di fattori diastratici (età, genere) o diatopici. Restano però quattro potenziali sospetti, che chiameremo fittiziamente Luca, Giorgio, Michele e Lorenzo. Di questi quattro soggetti e della Voce Ignota sono state estratte diverse variabili categoriali (es. pronuncia sorda o sonora di certi foni) ma anche variabili continue (es. durata delle occlusive scempie e geminate, valore di F0, formanti delle vocali, centro di gravità delle fricative ecc., cfr. cap. 2.5.3). Quello che dovremmo fare, se volessimo applicare il test t di Student, sarebbe dunque confrontare ciascuno di questi valori a coppie, ossia Voce Ignota e Luca, Voce Ignota e Giorgio, ecc.

Un'alternativa più rapida è rappresentata dall'analisi della varianza, o Anova, che da alcuni manuali viene definita informalmente anche come "un test t sotto steroidi" (Eddington, 2012, pp. 65–66). A differenza del test t, con l'Anova non c'è bisogno che la variabile indipendente sia a due valori, per cui possiamo confrontare contemporaneamente tutte le voci dei potenziali sospetti e la Voce Ignota tra loro, rispetto alla variabile linguistica scelta, nell'esempio il centro di gravità della fricativa /s/ in inizio di parola. Anche in questo caso, come abbiamo visto per il test t di Student, l'ipotesi nulla è che i valori registrati nelle diverse voci abbiano differenze non statisticamente signifcative ossia casuali. Il test dell'Anova però ci restituirà un valore di p generale, ossia di tutte le voci confrontate con tutte: quindi, non solo il test avrà confrontato la media dei valori della nostra variabile linguistica tra Voce Ignota e Luca, Voce Ignota e Lorenzo, ecc., ma anche tra Luca e Lorenzo, Luca e Michele e così via. A noi questi valori non interessano, o potrebbero interessarci nella misura in cui ci preme evidenziare come due soggetti abbiano voci molto simili e invitare, quindi, alla cautela nell'analisi.

Il punto fondamentale è saper scorporare dal valore generale i confronti singoli. Per farlo, è necessario aggiungere all'analisi dell'Anova anche un cosiddetto *post hoc test*, che ci dice quale gruppo differisce dall'altro o, nel nostro caso, quale soggetto differisce dall'altro. La letteratura in questo senso non è concorde su quale sia il test migliore e molti propendono per l'uno o per l'altro per diverse ragioni, matematicamente motivate. Riprendendo Eddington (2012, p. 66), ci sentiamo qui di suggerire di usare il post hoc test di Tukey se il numero dei dati in ogni gruppo è lo stesso, ossia, nel nostro esempio, se abbiamo circa lo stesso numero di realizzazioni di /s/ con i suoi valori di centro di gravità tra Voce Ignota e i diversi soggetti. Altrimenti, in caso di un disequilibrio tra i diversi valori, come spesso capita in ambito forense, Eddington (2012) consiglia di utilizzare il post-hoc test di Scheffé. Infine, se il confronto avviene tra un gruppo da valutare e un cosiddetto gruppo di controllo, il post hoc test consigliato è quello di Dunnett. Dunque, nel caso della comparazione tra una Voce Ignota e più esempi di Voce Nota potremmo applicare il post hoc test di Dunnett, in modo che il controllo sia fatto tra Voce Ignota e ogni singola Voce Nota, dal momento che non ci interessa comparare le singole voci note tra loro (come invece farebbe il post hoc test di Tukey).

Anche in questo caso, però, facciamo attenzione alla nostra domanda di ricerca e alla sua interpretazione: il test dell'Anova e il relativo post hoc test ci dicono quant'è la somiglianza o la differenza tra i valori acustici di una data variabile linguistica che noi abbiamo selezionato, nonché quant'è la percentuale di probabilità che questa differenza sia dovuta o meno agli specifici dati che abbiamo estratto. La scelta delle variabili e l'interpretazione dell'ampiezza di questa differenza in termini linguistici sono però demandate a noi e la nostra interpretazione non può basarsi unicamente sulla presenza di un valore del p statisticamente significativo. Infatti, una volta verificata la presenza di significatività statistica, sarà opportuno verificare qual è la differenza acustica della variabile scelta tra le due voci. Per esempio, anche se la differenza nella pronuncia di /s/ tra Voce Ignota e la voce di Lorenzo fosse statisticamente significativa, ma tale differenza si attestasse attorno a 5 Hz, dobbiamo essere consapevoli che questa differenza, pur se significativa da un punto di vista matematico-statistico, non significa nulla a livello acustico-linguistico perché troppo limitata per avere un qualche significato articolatorio o percettivo[75].

4.8 Likelihood Ratio

Un ruolo centrale nelle perizie forensi è rivestito in molti casi dal Likelihood Ratio, che si traduce come rapporto di verosimiglianza. In questo caso andiamo direttamente a testare la possibilità che i dati siano più compatibili con la nostra ipotesi di ricerca (ipotesi alternativa o H1) rispetto all'ipotesi nulla (H0), due concetti che abbiamo introdotto all'inizio di questo capitolo.

La formula del Likelihood Ratio è proprio, come dice il termine, un rapporto tra la possibilità di osservare una distribuzione dei dati secondo l'ipotesi alternativa (H1) e quella di osservare una distribuzione rispetto all'ipotesi nulla (H0). Ne consegue che più grande è il valore del Likelihood Ratio più è grande la compatibilità dei dati con l'ipotesi alternativa; viceversa, più piccolo è il valore del Likelihood Ratio, maggiore è la compatibilità dei miei dati con l'ipotesi nulla.

Riprendendo gli esempi precedenti del confronto tra Voce Nota (o Voci Note) e Voce Ignota, i test introdotti in precedenza ci dicono unicamente la probabilità che le diversità tra i singoli valori che andiamo ad analizzare sia dovuta al caso, come già più volte specificato in precedenza. Sarà invece il Likelihood Ratio che ci potrà dare una informazione aggiuntiva, dicendoci

---

[75] Nella ricerca fonetica, in realtà, avviene di norma il contrario: una prima ispezione visiva dei dati è essenziale prima di procedere all'analisi statistica.

quanto sia verosimile che abbiamo ottenuto questa distribuzione perché Voce Nota e Voce Ignota sono diverse, anche rispetto ad altre possibili voci simili, che è appunto solitamente la nostra ipotesi alternativa o H1. Il problema, semmai, è appunto stabilire a priori cosa siano queste altre voci simili: data l'estrema variabilità sociolinguistica dell'italiano (cfr. cap. 2.7), infatti, dobbiamo fare attenzione ai termini della comparazione, ossia ai valori a denominatore[76].

Per tradurre i valori del Likelihood Ratio in etichette comprensibili nelle perizie (cfr. anche cap. 7), Rose (2002, p. 62) suggerisce la seguente scala di valori[77]:

- Likelihood Ratio tra 1 e 10: verosimiglianza limitata;
- Likelihood Ratio tra 10 e 100: verosimiglianza moderata;
- Likelihood Ratio tra 100 e 1.000: verosimiglianza moderatamente forte;
- Likelihood Ratio tra 1.000 e 10.000: verosimiglianza forte;
- Likelihood Ratio tra oltre 10.000: verosimiglianza molto forte.

In sostanza ad oggi, a torto o a ragione, proprio il rapporto di verosimiglianza è quello maggiormente usato per prendere decisioni, anche in ambito clinico, rispetto all'accettazione o al rifiuto di un'ipotesi. Il discorso sarà ripreso nel nel cap. 6, dedicato alla comparazione vocale (cfr. in particolare cap. 6.4)[78].

---

[76] Se sto comparando due voci profilate come settentrionali occidentali, sarà poco utile (e finanche dannoso) calcolare un rapporto di verosimiglianza rispetto a un dataset di voci meridionali o, peggio ancora, di voci di cui non conosco la provenienza.

[77] Coulthard (2021, p. 533) evidenzia come nel 2015 l'European Network of Forensic Sciences abbia a sua volta suggerito l'uso di questa terminologia originariamente proposta da Rose (2002). L'autore evidenzia però come queste etichette siano molto utilizzate in ambito europeo, ma meno nel resto del mondo.

[78] Il Likelihood Ratio appartiene a quel tipo di statistica denominata bayesiana, un approccio inferenziale (basato appunto sul teorema di Bayes), che assume che la probabilità di un'ipotesi dopo aver osservato dei dati (probabilità a posteriori) si ottenga combinando una valutazione iniziale dell'ipotesi (probabilità a priori) con la verosimiglianza dei dati sotto quella ipotesi. Come evidenziano, tra gli altri, Morrison & Zhang (2023), l'applicazione del LR deve avvenire all'interno di un quadro teorico-metodologico interamente bayesiano, non solo con l'applicazione passiva e a-teorica di una formula, come invece avviene (quasi sempre) nel contesto forense italiano.

4.9 I test non parametrici

Chi quadrato, test T e Anova sono detti test parametrici, ossia test che si applicano in presenza di una distribuzione normale dei dati. Nelle sezioni precedenti li abbiamo introdotti specificando su quali variabili lavorano, ma non abbiamo detto nulla sulle condizioni necessarie che i nostri dati, ossia il dataset, devono soddisfare per la corretta applicazione del test stesso. Queste condizioni sono sostanzialmente di due tipi, ossia l'*omoschedasticità* e la *distribuzione normale*[79].

Se queste condizioni non sussistono, non vuol dire automaticamente che non posso applicare l'analisi statistica. In questi casi posso applicare uno dei cosiddetti test non parametrici, ossia dei test che non presuppongono alcun tipo di distribuzione dei dati. Ciascuno dei test parametrici che abbiamo visto prima (chi quadrato, T test, Anova) ha il suo equivalente non parametrico, che si applica sulla stessa tipologia di dati ma senza le limitazioni al dataset che abbiamo discusso in questa sede. Il test non parametrico equivalente al chi quadrato è il test esatto di Fisher (*Fisher's exact test*), quello del T test è il test *Wilcoxon signed-rank*, mentre per l'Anova si può usare il test *Kruskal-Wallis*.

4.10 Considerazioni finali: quando e perché applicare un test statistico

Possiamo senz'altro affermare che la statistica gioca un ruolo fondamentale nel confermare (o, in qualche caso, smentire) che la distribuzione dei nostri dati non sia dovuta al caso e che, quindi, anche con un campione diverso si sarebbe ottenuto un risultato analogo. I risultati della nostra indagine diventano quindi generalizzabili all'intera popolazione, ossia a tutti i casi possibili, nelle stesse condizioni del campione analizzato. Oltre ad aiutarci a stabilire oggettivamente che la distribuzione trovata nei nostri dati non è dovuta al caso, si è visto come la statistica ci aiuti anche a stabilire il grado di

---

[79] Per maggiori dettagli su come calcolarli nel nostro dataset, si rimanda a Eddington (2012, pp. 36–39).

correlazione tra due variabili, nonché, come nel caso del Likelihood Ratio, il rapporto di verosimiglianza tra di esse[80].

Pur se, per la natura di questo manuale, non siamo scesi nel dettaglio tecnico delle singole analisi statistiche, dalle spiegazioni fornite nei punti precedenti dovrebbe risultare chiaro che applicare un test statistico (e la scelta dello stesso) dipende fortemente dal nostro dataset e dalle sue limitazioni. Nel caso dell'analisi forense, queste limitazioni possono essere molteplici, ma sono per lo più legate alla quantità di dati a disposizione. Il caso per eccellenza è la comparazione vocale, per cui la "quantità" di dati relativi a Voce Ignota dipende dalle intercettazioni eseguite, determinando la dimensione del nostro dataset senza possibilità di poter aumentare il numero di occorrenze a disposizione. Chiaramente potremmo avere più occorrenze per la Voce Nota, dato che ci basterà effettuare altre registrazioni della persona sospettata, ma la sproporzione rispetto a Voce Ignota rimarrà e non potrà in alcun modo essere sanata (a meno che, ovviamente, non vengano effettuate altre intercettazioni da chi di dovere).

Che fare in questi casi? Oltre alla possibilità di rifiutare una perizia se non sussistono le condizioni per poter fornire una analisi eticamente, ancorché formalmente, degna di questo nome (cfr. cap. 7), l'alternativa è quella di effettuare il confronto, ma senza pensare di avvalersi a tutti i costi dell'analisi statistica. Sarà nostra cura come periti spiegare, con gli adeguati dettagli e riferimenti bibliografici del caso, perché non è stato effettuato un test statistico, rimarcando l'insufficienza del materiale a disposizione e i rischi, teorici e pratici, di effettuare un test di tale tipo su un campione insufficiente.

In conclusione, l'analisi statistica è un mezzo potente per poter dare solidità alle nostre analisi e alle nostre conclusioni, soprattutto in sede peritale. Tuttavia, come per tutti i mezzi, dobbiamo prima essere sicuri che sia corretto utilizzarla, valutando caso per caso se sussistono le condizioni per l'applicazione e, in seguito, quale test utilizzare, scegliendo con cura tra parametrici e non parametrici.

---

[80] Si ricordi però che ogni formula statistica si basa su premesse teoriche e operative che non possono essere semplicemente ignorate, col rischio di procedere ciecamente tra i numeri come un autista bendato in autostrada.

Letture consigliate

I manuali di statistica sono molteplici ed è fiorita una ricca letteratura dedicata alle applicazioni della statistica nei diversi settori della ricerca. I titoli qui suggeriti, quindi, sono da intendersi come introduzioni a questa vasta e affascinante materia.

Due buone introduzioni in italiano sono rappresentate dai già citati testi di Marisa Giorgetti & Davide Massaro (2007) *Ricerca e percorsi di analisi dati con SPSS*, Milano: Pearson education, nonché Giovanni Di Franco (2011) *Dalla matrice dei dati all'analisi trivariata*, Milano: FrancoAngeli. In inglese, invece, si consiglia il testo introduttivo alla statistica, con esempi di applicazione a dati linguistici tramite il software SPSS, di David Eddington (2012) *Statistics for Linguists. A step-by-step guide for novices*, Cambridge: Cambridge Scholars Publishing. Per il software R, invece, si suggerisce il testo di Federico Stefanini (2007) *Introduzione alla statistica applicata. Con esempi in R*, Milano: Pearson education.

La registrazione nella pratica forense

5.1 Introduzione

Dopo i capitoli riguardanti la fonetica, la percezione e la statistica, ci focalizziamo ora sul materiale audio. Come anticipato largamente nel corso del manuale, il materiale audio forense presenta una variabilità estrema, determinata dal contesto d'uso e da una serie di fattori tecnici e ambientali (Meluzzi, Cenceschi & Trivilini, 2020). Il perito deve essere in grado di valutare la fattibilità ed intervenire su registrazioni molto diverse tra loro in termini di qualità intrinseca e tecnologica, poiché soggette all'influenza di numerosi fattori, tra cui principalmente:

- Formato e compressione della registrazione (fattore legato al mezzo tecnico);
- Tecnologie di registrazione (registratori ambientali in bassa o alta qualità, registratori integrati nei telefoni, miniaturizzati etc.);
- Condizioni ambientali: posizione del mezzo tecnico di registrazione nell'ambiente, rumori ambientali (es. pioggia, voci, televisioni, etc.), presenza di eventi inaspettati (come rumori di clacson o marmitte);
- Qualità della registrazione (quanto il suono registrato è chiaro e gradevole all'ascolto);
- Durata della registrazione;
- Conservazione della catena di custodia;
- Eventuali manipolazioni post-registrazione.

Vale inoltre la pena sottolineare che il perito deve essere cosciente dei propri eventuali limiti tecnici e scientifici e collaborare con esperti di ambiti affini

(Meluzzi & Cenceschi, 2023) se non in possesso di adeguate conoscenze o strumentazioni. È inoltre auspicabile che, nel caso si occupi di comparazioni vocali, sia in grado di realizzare un saggio fonico, ovvero registrare la voce di un soggetto sospettato con le adeguate tecnologie e metodologie (cfr. cap. 6). Una sezione finale di questo capitolo è inoltre dedicata alle tecniche di restauro audio, strettamente legate ai temi della percezione e, pertanto, della comparazione e della trascrizione.

5.2 Tipologie di registrazioni forensi

Nel mondo dell'audio forense esistono diversi tipi di registrazioni a seconda del contesto di utilizzo (Maher, 2020). Le principali tipologie sono elencate di seguito e sono disciplinate da leggi e regolamenti diversi a seconda del paese e della giurisdizione (cfr. cap. 7):

Registrazioni di interviste e interrogatori: dichiarazioni, confessioni o testimonianze (Richardson, Haworth & Deamer, 2022).

Registrazioni di conversazioni telefoniche: conversazioni rilevanti registrate all'insaputa delle persone coinvolte.

Registrazioni ambientale: effettuate dalle Forze dell'Ordine tramite dispositivi occultati per raccogliere prove di attività illegali o sospette.

Registrazioni da captatore informatico (trojan o malware): il captatore è un software progettato per infettare un dispositivo bersaglio, installato tramite diverse tecniche (ad esempio, con il supporto dei fornitori di servizi o attraverso l'installazione diretta sul dispositivo target durante operazioni di controllo o confisca). Questo permette alle Forze dell'Ordine (o, in alcuni casi, ai malintenzionati) di controllare il dispositivo da remoto, monitorare le attività e raccogliere informazioni sensibili, come attivare il microfono o la webcam per effettuare registrazioni all'insaputa del proprietario.

Registrazioni provenienti da sistemi di sicurezza: materiali audio(-video) provenienti da sistemi di sorveglianza utilizzati per collezionare eventuali prove e informazioni relative a eventi specifici.

Registrazioni da Social Media App[81]: registrazioni audio realizzate con applicazioni di messaggistica istantanea (Cenceschi Meluzzi & Nese, 2020).

Registrazioni effettuate da privati: registrazioni digitali o analogiche (ad esempio, da registratori vocali a microcassette) realizzate da cittadini con dispositivi digitali di vario tipo. Possono essere prodotte dalla persona per scopi legali (cfr. cap. 7) od estrapolate da periti di parte o dall'Autorità Giudiziaria per fini investigativi.

Registrazioni audio di saggi fonici: registrazione controllata del parlato di una persona sospettata di un crimine, viene realizzata dal perito. Questa registrazione può comprendere parlato spontaneo, liste di parole o contenuti specifici, utili per il confronto con una o più voci ignote.

5.3 Formato e compressione della registrazione

Le registrazioni forensi raramente sono di alta qualità, poiché raccolte con mezzi variabili e in contesti spesso estremamente rumorosi. Si pensi come esempio estremo (ma non improbabile) a un microregistratore inserito in una saliera, in un ristorante molto frequentato. Al rumore inevitabile dell'ambiente si aggiungeranno i disturbi dovuti alla salatura, ma spesso c'è un motivo pratico ed operativo se è stato scelto tale posizionamento e non resta che sperare che i commensali soffrano di ipertensione (e usino poco il sale…).

Il perito deve pertanto essere pronto a ricevere, aprire e analizzare audio in qualunque formato digitale. Tecnologie di registrazione diverse possono fornire audio in formati differenti per compressione e qualità[82] e la scelta tra le varie tipologie è spesso forzata, poiché dipendente dalle tecnologie di registrazione disponibili, dalle condizioni di registrazione ambientale e dall'equilibrio desiderato tra qualità audio e dimensioni del file in base alle diverse esigenze (Lombardo & Valle, 2014). Per dimensione si intende la quantità di spazio di memoria occupato da quel file su un dispositivo di

---

81 <https://www.altalex.com/documents/news/2021/06/15/messaggi-whatsapp-come-possono-costituire-prova-processo-penale> (ultimo accesso 20 dicembre 2025).

82 <http://www.homerecording.it/articoli/tecnica/41-guida-ai-formati-audio.html> (ultimo accesso 20 dicembre 2025).

archiviazione, come ad esempio una chiavetta USB. Di seguito elenchiamo le principali tipologie di formato audio.

WAV (Waveform Audio File Format): è un formato senza perdita di dati (*lossless*), senza compressione, ovvero che conserva la qualità audio originale. Proprio per questo motivo può avere grandi dimensioni.

FLAC (Free Lossless Audio Codec): è un formato senza perdita di dati (*lossless*), ma che sfrutta una tecnica di compressione che permette di ridurre significativamente le dimensioni (fino al 70% rispetto ai file WAV) senza sacrificare la qualità audio.

MP3 (MPEG-1 Audio Layer III): è un formato con perdita di dati (*lossy*) con compressione. Riduce le dimensioni del file eliminando alcune informazioni audio non percepite dall'orecchio umano. È ampiamente utilizzato anche oltre l'ambito forense a causa delle sue dimensioni più ridotte.

AAC (Advanced Audio Coding): è un formato audio compresso (*lossy*) spesso utilizzato nei dispositivi Apple. Offre una qualità audio elevata con dimensioni del file più ridotte rispetto all'MP3.

OGG (Ogg Vorbis): è un formato audio compresso (*lossy*), ma aperto e libero da royalty. È noto per offrire una qualità audio migliore rispetto al formato MP3 a parità di bitrate.

AIF o AIFF (Audio Interchange File Format): sono formati audio senza perdita di qualità (lossless), spesso utilizzati su computer Apple e in ambienti professionali audio. Questi formati sono generalmente più grandi dei file compressi come l'MP3.

La compressione dei file audio avviene tramite l'utilizzo di *codec*, algoritmi che si occupano della compressione e decompressione dei dati audio.

È importante ricordare che se la registrazione è stata realizzata in un formato compresso, non è possibile "tornare indietro" ad un formato di qualità (e dimensione) maggiore, proprio come non si può ritornare alle uova intere una volta cucinata una frittata.

5.4 Il calcolo delle dimensioni di un file audio

Sapere come si calcola la dimensione di un file audio è utile per acquisire la terminologia tecnica. Prendiamo come esempio un file WAV: la dimensione può essere calcolata con la seguente formula:

$$\textit{Dimensione (bit)} = \textit{Frequenza di Campionamento (hertz)} \times \textit{Bit per Campione} \times \textit{N° Canali} \times \textit{Durata (sec)}$$

Nell'immagine in Fig. 5.1, sono mostrati tre esempi di rappresentazione grafica della frequenza di campionamento e dei bit per campione su un grafico bidimensionale: 96 kHz, 24 bit corrisponde alla rappresentazione più accurata e meno approssimata.

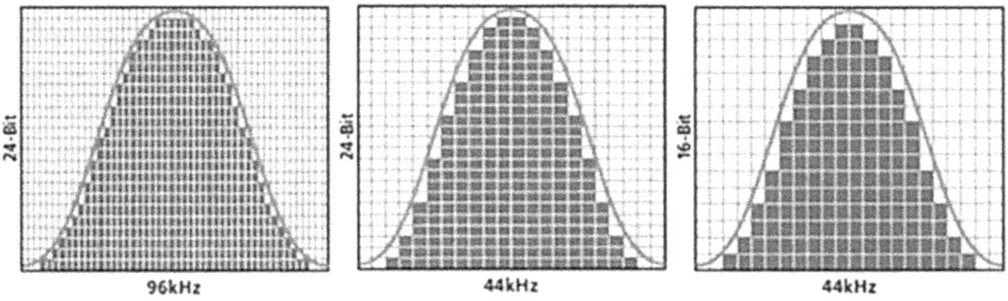

Fig. 5.1: Tre esempi di frequenza di campionamento e risoluzione.

Frequenza di Campionamento: numero di campioni audio rappresentati per ogni secondo di suono. Un valore comunemente utilizzato è 44.1 kHz (44100 campioni al secondo). Più è alta la frequenza di campionamento, maggiore è la capacità del sistema di catturare dettagli e rappresentare fedelmente le variazioni della forma d'onda (visibili in ascissa in Fig. 5.1).[83]

Bit per Campione (risoluzione del campionamento): quantità di informazione (e di memoria utilizzata) che può essere registrata per ogni singolo campione audio. Più alto è il numero del bit (unità di base di informazione binaria: 1 bit può assumere i valori 0/1), più dettagliata sarà la rappresentazione dell'onda sonora e più "sfumature" sonore verranno catturate (visibili in ordinata in

[83] L'impostazione di un registratore a una frequenza di campionamento di 44.1 kHz e a 16 bit è uno standard comunemente utilizzato per la registrazione audio digitale, ed è particolarmente rilevante in vari contesti, tra cui la fonetica acustica.

Fig. 5.1). Ad esempio, 16 bit (ovvero 2 elevato alla 16esima) consentono una scala di 65.536 valori per ogni valore del campione[84]. È come misurare una lunghezza con un metro che include la scala dei millimetri rispetto a utilizzarne uno che si ferma ai decimetri: il valore ottenuto sarà più sensibile. In uno studio di registrazione musicale, ad esempio, i valori più comuni sono 16 bit, 24 bit o 32 bit.

Numero di canali: specifica se il file audio è *mono* (1 canale) o *stereo* (2 canali). Nella registrazione stereo il suono è suddiviso tra due canali audio distinti, rappresentati come canale sinistro (L da Left) e canale destro (R da Right)[85] contenenti informazioni differenti. Il mono è invece una registrazione singola, riproducibile da un solo altoparlante. Si noti che esistono tracce che sono dei falsi stereo, ovvero che contengono due tracce per ogni file, ma identiche.

Durata: si riferisce alla lunghezza temporale della registrazione.

Supponiamo, quindi, di avere un file WAV stereo con una frequenza di campionamento di 44,1 kHz, una risoluzione di 16 bit e una durata di 3 minuti (180 secondi). Utilizzando la formula:

Dimensione del File in bit = 44100 Hz × 16 bit × 2 canali × 180 secondi = 254016000 bit
Dimensione del File in byte (B): 254016000 / 8 = 31752000 B
Dimensione del File in kilobyte (KB) ≈ 31752000 / 1024 = 31.007,81 KB
Dimensione del File in megabyte (MB) ≈ 31.007,8 /1024 ≈ 30,28 MB

La divisione per 1024, quando si converte da bit a kilobyte e da kilobyte a megabyte, è dovuta alla struttura del sistema binario utilizzato nei computer. Un kilobyte è stato definito come 1024 byte, anziché 1000 byte come nella scala decimale, perché 1024 è facilmente esprimibile come potenza di 2, ed

84 Nel formato a 16 bit (wav int16) la gamma di valori possibili va da -32768 a +32767. Un bit è la più piccola unità di informazione digitale e può assumere solo due valori: 0 o 1. Ogni combinazione di bit rappresenta un valore unico. Se la risoluzione è a 16 bit, il numero totale di combinazioni possibili è pertanto 2^{16}, ovvero 65.536.

85 Canale sinistro e destro si riferiscono alla suddivisione del suono in due canali distinti nelle registrazioni stereo, che vengono poi trasmessi su due distinti altoparlanti.

è pari a 2^{10}. Questo semplifica enormemente i calcoli in ambito digitale, dove tutto si basa sul sistema binario[86].

5.5 Tecnologie di registrazione

Nel settore forense vengono utilizzate tecnologie di registrazione estremamente diverse tra loro:

- Smartphone;
- Registratori audio e video digitali (oggi facilmente reperibili anche da privati di dimensioni miniaturizzate);
- Microspie o "cimici" ambientali, capaci di catturare audio e/o video, registrare e trasmettere a distanza;
- Sistemi di Videosorveglianza;
- Captatori informatici (trojan)

Tutti questi metodi prevedono l'utilizzo di un sistema microfonico, anche il captatore informatico, poiché sfrutterà il microfono dell'apparecchio su cui è installato. È pertanto utile fornire una breve panoramica generale sulle tipologie dei microfoni esistenti, senza entrare nel dettaglio delle tipologie sviluppate per ciascuna categoria sopra elencata. Per un approfondimento tecnico dettagliato delle tecnologie per la cattura del suono si veda Nicolao (2011).

5.5.1 I microfoni

I microfoni sono dispositivi che convertono il suono in segnali elettrici, permettendone la registrazione, la manipolazione e la trasmissione. Nel caso applicativo forense è di primario interesse catturare il suono, trasmetterlo e/o registrarlo.

Una categorizzazione per tipo di tecnologia li divide in:

- Microfoni dinamici;
- Microfoni a condensatore;

[86] Nel mondo digitale si ragiona infatti partendo da un segnale elettrico binario che esiste solo per due stati fisici ben definiti: acceso (al passaggio di corrente elettrica) o spento (quando non vi è passaggio di corrente elettrica).

- Microfoni a contatto;
- Microfoni piezoelettrici;
- Microfoni laser;
- Microfoni a nastro.

Il *microfono dinamico* sfrutta dell'induzione elettromagnetica per convertire le onde sonore in segnali elettrici. Una membrana all'interno della capsula microfonica (scocca protettiva) vibra a causa della sollecitazione delle onde sonore; le sue vibrazioni inducono il movimento di una bobina posta all'interno di un campo magnetico generato da un magnete creando una variazione di corrente elettrica che viene successivamente campionata in formato digitale.

Il *microfono a condensatore* sfrutta l'effetto capacitivo, ovvero la capacità di un componente chiamato condensatore di immagazzinare carica elettrica. Il condensatore è alimentato a tensione fissa (e.g., phantom 48Vcc) ed alloggiato all'interno della capsula microfonica: si compone di una membrana mobile e di una piastra di *backplate*, una superficie fissa posta dietro la membrana. La membrana oscilla a causa delle vibrazioni dell'aria, avvicinandosi e allontanandosi dalla piastra di backplate. Questo provoca variazioni nella capacità del condensatore di opporsi ai cambiamenti di tensione, che a sua volta genera cambiamenti nel potenziale elettrico ai suoi capi[87]. La variazione di potenziale applicata al condensatore causa un passaggio di corrente, il cui andamento nel tempo viene poi campionato in formato digitale.

Un tipo particolare di microfono a condensatore è quello a elettrete (electret), che costituisce la base di molti microfoni integrati negli smartphone e nella microelettronica. Questa tipologia può essere descritta come un condensatore elettrostatico in cui l'elettrete svolge un ruolo cruciale nel fornire la carica necessaria per il funzionamento dello stesso. Le capsule electret utilizzano materiale dielettrico per funzionare e, grazie alla loro tecnologia costruttiva, necessitano di tensioni molto più basse (ad esempio, 3.3Vcc) per operare. Sono più compatte e ideali per l'uso in dispositivi portatili.

---

[87] Una differenza di potenziale applicata ai capi di un resistore comporta il passaggio di una corrente secondo la legge di Ohm. Nel caso di reattanza capacitiva (Xc), la corrente passa solo se la frequenza di variazione della tensione è superiore ad una certa soglia detta frequenza di risonanza. Applicando una tensione in serie ad un condensatore, esso si comporterà come un filtro passa-alto, quindi ci sarà corrente solo in caso di variazione di tensione.

Il *microfono a contatto* (noto anche come *piezoelettrico*, o *piezo*) cattura il suono attraverso un elemento detto *piezoelettrico* (costruito con cristalli, polimeri o ceramiche piezoelettriche) che converte la pressione meccanica in segnali elettrici. Quando il materiale su cui è montato il microfono vibra a causa della produzione di un suono, preme sull'elemento piezoelettrico creando piccole deformazioni che producono una differenza di potenziale elettrico. Questo tipo di microfono è interessante per la sua resistenza e capacità di catturare suoni se applicato direttamente a contatto con la sorgente sonora o un elemento risonante.

Il *microfono laser* utilizza un raggio laser per rilevare le vibrazioni sonore in oggetti distanti, come finestre o pareti. Il suono provoca vibrazioni nei materiali colpiti dal laser, il quale subisce piccole variazioni nella lunghezza d'onda. Il microfono è in grado di rilevare queste variazioni attraverso un ricevitore elettronico che le converte in segnali audio. La precisione del sistema è elevata, e può operare efficacemente fino a distanze di mille 1000 metri, a seconda del modello e delle condizioni ambientali.

Il *microfono a nastro* si basa sul principio di induzione elettromagnetica[88], sfruttando un nastro sottile sospeso in un campo magnetico.

I microfoni si distinguono anche a seconda della direzionalità, ovvero secondo la specifica capacità di catturare suoni da determinate direzioni:

- *Cardioide:* cattura il suono principalmente dalla parte anteriore del microfono. Riduce i suoni provenienti dalle parti laterali e posteriori.
- *Subcardioide:* cattura il suono principalmente dalla parte anteriore, ma in maniera leggermente più ampia rispetto al cardioide. Mantiene una certa sensibilità alle direzioni laterali e posteriori.
- *Supercardioide e ipercardioide:* catturano il suono in una zona più direzionale rispetto al cardioide. Sono spesso utilizzati in situazioni in cui è importante isolare la sorgente sonora.
- *Bidirezionale (o a otto):* cattura il suono principalmente dalla parte anteriore e posteriore, mentre riduce i suoni laterali.
- *Omnidirezionale:* cattura il suono da tutte le direzioni.

---

[88] Quando un magnete si muove vicino a un filo o viceversa, il cambiamento nel campo magnetico provoca il movimento degli elettroni nel conduttore, creando così elettricità.

- *Direzionale o shotgun:* cattura il suono da una direzione specifica. È estremamente utile per situazioni in cui è necessario focalizzarsi su una fonte sonora distante o immersa in contesti rumorosi.

5.6 Condizioni ambientali

La propagazione del suono nell'ambiente (introdotta nel capitolo 1) gioca un ruolo cruciale nella qualità della registrazione audio forense. Le variabili ambientali da considerare nel possibile posizionamento di un registratore includono la presenza di rumori di fondo, l'acustica della stanza, la distanza tra la sorgente sonora e il microfono, e la presenza di eventuali riflessioni sonore.

Considerare e gestire attentamente questi fattori è fondamentale per ottenere registrazioni quanto più possibile di qualità. Queste variabili non possono essere controllate dal perito, il quale entra in gioco successivamente, ma conoscere come l'audio è stato raccolto, o riconoscere i fenomeni ambientali in esso presenti è utile per comprendere meglio come procedere nelle analisi.

5.7 Il rapporto segnale-rumore

Il rapporto segnale-rumore (SNR, dall'inglese *Signal-to-Noise Ratio*) è una misura che esprime la differenza tra il livello del segnale portatore di informazioni (segnale di interesse) e il livello del rumore di fondo (Zhang et al. 2023, Harrison et al. 2023). Un SNR elevato indica che il segnale è più forte rispetto al rumore di fondo, ed è indice di qualità. Nel settore forense, la precisione e la chiarezza dell'audio sono particolarmente cruciali (Beritelli et al., 2010). In queste situazioni, è preferibile avere un SNR di almeno 10 dB[89].

Una stima del rapporto segnale-rumore in una registrazione audio forense può essere ottenuta manualmente confrontando l'ampiezza del segnale desiderato (come la voce) con l'ampiezza del solo rumore di fondo presente nella registrazione. Le due ampiezze sono misurate quando possibile direttamente

89 <https://olf.aisv.it/wp-content/uploads/2021/01/2004-Towards-a-protocol-in-speaker-recognition-analysis.pdf> (ultimo accesso 20 dicembre 2025).

sul segnale tramite software e i valori inseriti nella seguente formula per calcolare l'SNR in dB.

$$\text{SNR (dB)} = 20 \times \log_{10} (\text{Ampiezza del Segnale / Ampiezza del Rumore})$$

È consigliabile effettuare più misurazioni su diverse porzioni del file audio per ottenere una valutazione dell'SNR nella registrazione, poiché la variabilità del rumore di fondo e delle condizioni ambientali fanno sì che esso possa variare nel tempo.

Il calcolo semiautomatico dell'SNR, invece, coinvolge l'utilizzo di software di editing audio o specifici algoritmi per identificare automaticamente le regioni di segnale e di rumore. Questo processo include la segmentazione del file, l'analisi automatica per identificare il segnale desiderato e il rumore di fondo, e infine, il calcolo dell'SNR per ciascun segmento. Tuttavia, è essenziale una revisione umana per garantire la precisione e la correzione di eventuali errori.

Il restauro audio nel caso di perizie di trascrizione serve ad aumentare l'SNR, ma si ricordi che l'utilizzo di software per aumentare l'intelligibilità non è sempre garanzia di successo. Il restauro "non fa necessariamente miracoli" (Maher, 2009), ed inoltre ogni passaggio va sempre documentato ed incrociato con analisi percettive. Si ricordi inoltre che ogni modifica del segnale audio modifica gli elementi acustici su cui si basa la nostra percezione, influendo quindi in maniera più o meno invasiva sulla nostra capacità di discriminazione non solo della voce nel suo complesso ma dei singoli suoni (cfr. cap. 3).

5.8 Durata della registrazione

La durata della registrazione riveste un ruolo fondamentale nell'ambito delle indagini, poiché può influenzare significativamente la completezza delle informazioni raccolte e di conseguenza la fattibilità del lavoro o i risultati delle analisi (Maher, 2018). Il perito non ha controllo sul materiale fornitogli, ma spesso neppure chi esegue le registrazioni. Non è raro infatti che il perito riceva registrazioni troppo corte o troppo lunghe; entrambe possono presentare delle difficoltà, sebbene di diverso tipo.

Nel caso di registrazioni troppo corte, potrebbero non essere presenti abbastanza dati per effettuare le analisi. Ad esempio, pochi secondi, anche in alta qualità, non bastano a caratterizzare un parlante poiché la complessità del parlato umano non è adeguatamente rappresentata. Registrazioni eccessivamente lunghe, al contrario, potrebbero invece generare sfide nella gestione e nell'analisi del vasto volume di dati. Il perito potrebbe dover dedicare più tempo ed energie per esaminare l'intero contenuto, aumentando il rischio di omissioni o le difficoltà nell'identificare elementi rilevanti in caso di tempistiche troppo ristrette. Si consideri ad esempio il caso di una registrazione di 120 minuti da trascrivere: il tempo necessario può variare notevolmente a seconda di diversi fattori, ma ogni minuto registrato corrisponde ad un tempo di lavoro estremamente maggiore[90]. Questo tempo aumenta notevolmente in condizioni reali a causa di rumori di fondo, controlli incrociati dei contenuti, restauri puntuali, pause per il riposo dell'udito, redazione della perizia, etc.

Durante un saggio fonico, raccogliere molto materiale è invece consigliato per salvaguardare le modalità di eloquio caratteristiche del parlante come le sfumature linguistiche, i cambiamenti di tono, ecc. Non tutto il materiale registrato in questo caso dovrà per forza essere utilizzato e collezionarne molto risulta comodo a posteriori per effettuare analisi e controlli incrociati.

5.9 La catena di custodia

La catena di custodia è un documento che consente la tracciatura dei dettagli dei reperti materiali ed informatici con l'obiettivo di garantire l'integrità, l'autenticità e la rintracciabilità delle prove durante tutto il processo investigativo e giudiziario (Capone, 2023; Lorusso, 2008). Tutti i passaggi compiuti per gestire una prova digitale devono infatti essere consultabili e ripetibili, proprio come le analisi effettuate in una perizia. Una corretta documentazione della catena di custodia contribuisce ad evitare contestazioni garantendo che i dati originali siano stati conservati e non alterati (Maher, 2009; D'Anna *et al.* 2023).

Le registrazioni digitali vengono conservate, come altri tipi di file, su vari dispositivi di archiviazione (Hard Disk, Memoria Flash, Clouds, telefoni, ecc.). I file possono essere replicati infinite volte, permettendo la creazione

---

[90] Nell'analisi della conversazione, ogni minuto di registrazione audio da trascrivere viene considerato addirittura come un'ora di lavoro. Questo avviene perché la trascrizione include diacritici, ossia segni speciali che rappresentano vari aspetti della comunicazione, come intonazione, pause e sfumature emotive. In questo modo, la trascrizione offre una rappresentazione più completa delle interazioni dialogiche (Orletti, 2017).

di copie apparentemente identiche, ma rendendoli vulnerabili a modifiche non autorizzate. Inoltre, i dispositivi di archiviazione possono danneggiarsi, compromettendo così l'integrità delle informazioni. Il processo di acquisizione e di gestione dei dati digitali nel campo forense è quindi estremamente delicato poiché ogni alterazione degli stessi può compromettere il valore probatorio del materiale acquisito (Maioli, 2004).

Non esistono procedure generalmente accettate per la gestione delle prove digitali. Tuttavia, esistono diversi standard e linee guida tra cui:

- *ISO/IEC 27037 del 2012:* Linee guida per l'identificazione, raccolta, acquisizione e conservazione delle prove digitali. Fornisce una metodologia per preservare l'integrità dei dati al fine di renderli ammissibili come prove in tribunale nonché i principi da seguire per una corretta gestione degli stessi.
- *ISO/IEC 27041 del 2015*: Orientamenti per garantire la idoneità e l'adeguatezza dei metodi investigativi.
- *ISO/IEC 27042 del 2015:* Linee guida per l'analisi e l'interpretazione delle prove digitali.

Il perito audio forense deve essere preparato a ricevere file la cui catena di custodia non è documentata o documentabile. Nel campo audio questa è una situazione molto diffusa, sia per incarichi ricevuti come periti del giudice che come consulente di parte. Nel caso si verifichi è essenziale sottolineare il problema inerente la mancata documentazione dell'origine del file nel proprio elaborato per evitare fraintendimenti riguardo il proprio operato. È inoltre essenziale documentare ogni passo del processo di raccolta, inserendo informazioni dettagliate sull'accesso alle prove e le modalità di conservazione delle registrazioni per i passaggi di propria competenza.

In questo modo il perito può in ogni caso dimostrare di aver agito al meglio delle sue possibilità. Inoltre, il committente deve essere informato che una perizia svolta su materiali di origine non documentata è a rischio di contestazione, poiché è difficile dimostrare che le prove non siano state alterate o manipolate.

5.9.1 Acquisizione, copia forense e verifica dell'integrità

Nella fase di acquisizione del materiale audio, quando possibile, è sempre consigliabile eseguire una *copia forense*, ovvero una copia identica all'originale bit a bit (in modalità *clone* o *immagine*[91]). Essa si differenzia dal classico copia-incolla in quanto preserva l'integrità dei dati originali, garantendo una replica esatta del file al momento dell'acquisizione. La copia forense possiede gli stessi *metadati* dell'originale, preservando la validità delle prove digitali nel contesto legale. I metadati possono essere di diverso tipo, ma in generale rappresentano informazioni contenute nel file, inerenti alle sue caratteristiche, origine, creazione e gestione. In questa sede non entreremo nel dettaglio sulla composizione e gestione dei metadati. Il lettore tenga solo conto che i metadati sono utili per raccogliere informazioni (es. *timestamps*, proprietà, dettagli sul dispositivo di origine, attributi del file, localizzazione etc.) ed esistono *tool* specifici per la loro gestione.

Per verificare l'integrità dei dati copiati rispetto ai dati originali viene utilizzato un algoritmo (come SHA-256 o funzione SHA-1) che crea un codice *hash*, ovvero una stringa di caratteri che rappresenta in modo univoco il file[92]. File originale e copia forense sono completamente identici, quindi hanno lo stesso codice hash: questo certifica l'integrità dei dati per successive analisi. Nel caso del semplice copia-incolla il codice delle due versioni sarebbe diverso. Si riporta un esempio di codice hash in Fig. 5.2.

da39a3ee5e6b4b0d3255bfef95601890afd80709

Fig. 5.2: Esempio di codice hash prodotto dall'algoritmo SHA-1.

Il codice hash è utilizzato anche per controllare l'autenticità di un file a posteriori.

5.9.2 Conservazione

La conservazione di file digitali è cruciale poiché mira a preservare l'integrità del materiale acquisito e proteggerlo da possibili manomissioni o alterazioni. La corretta conservazione dovrebbe essere attuata sin dalla creazione del file, ma è spesso difficile che questo accada a causa delle condizioni di acquisizione

---

[91] Una spiegazione più approfondita è disponibile al link <https://www.bit4law.com/copia-forense/> (ultimo accesso 20 dicembre 2025).

[92] L'hash è come un'impronta digitale per i dati. Quando fornisci un file di input a una funzione hash, essa legge i suoi dati come una serie di 0 e 1 e poi esegue diverse operazioni matematiche e logiche su di essi per calcolare una stringa di caratteri di lunghezza fissa.

e di contesto della presentazione della prova audio. In generale, da quando possibile, è essenziale adottare misure per limitare l'accesso al materiale acquisito e prevenire modifiche accidentali, ad esempio proteggendo i file dalla modifica. È consigliata anche una copia di *backup* su un supporto separato per mitigare rischi di perdita dati dovuti a errori o guasti.

5.9.3 Autenticità della registrazione e del segnale audio

Bisogna innanzitutto distinguere *autenticità* da *integrità*. L'integrità fin qui discussa garantisce che il file sia rimasto inalterato e completo dal momento dell'acquisizione fino all'utilizzo. Tuttavia, l'integrità non è condizione sufficiente per garantire l'autenticità del segnale audio, ovvero stabilire se la registrazione è una rappresentazione acustica fedele degli eventi avvenuti in un esatto momento in un determinato luogo (Koenig & Lacey, 2015).

L'autenticità si può verificare tramite due tipi di analisi:

- *Container Based Analysis*: consiste nell' analisi del contenitore del file (struttura che tiene insieme dati, metadati, formato, attributi dell'audio) per verificare se è conforme agli standard e alle specifiche attese. Si cercano anomalie o incongruenze nella struttura che posso potenzialmente indicare manipolazioni o falsificazioni;
- *Signal Based Analysis (analisi del segnale)*: si concentra sull'analisi del segnale audio effettivo, esaminando le caratteristiche intrinseche del suono.

5.9.4 Verifica dell'autenticità di un file audio tramite analisi del segnale

La *Signal Based Analysis* si esegue tramite diverse tecniche, riprese successivamente nel paragrafo dedicato alla manomissione (cfr. cap. 5.11):

- Ascolto critico;
- Analisi visuale;
- *Electric Network Frequency* (ENF);
- Altre tecniche variabili a seconda della casistica.

Essenziali per l'ascolto critico sono una stanza silenziosa, cuffie di qualità, software di riproduzione ed esperienza. Alterazioni grossolane come "tagli e cuci", possono essere evidenti già ad un primo ascolto.

L'analisi spettrografica (cfr. cap. 1) permette di visualizzare il contenuto audio in termini di frequenza e tempo, ed è utile per identificare caratteristiche come filtraggi particolar, tagli e rumori di fondo. Guardare il segnale può quindi essere molto utile per individuare inconsistenze nel segnale, come discontinuità ambientali o artefatti di acquisizione.

La frequenza della rete elettrica (ENF, *Electric Network Frequency*), invece, offre una potente risorsa forense. L'ENF può essere registrato accidentalmente durante la registrazione audio o video, in particolare quando si utilizzano dispositivi elettronici come computer, telecamere o registratori audio e la sua variazione continua nel tempo unita alla stabilità consentono di verificare l'assenza di tagli nel segnale (Grigoras, 2007; Hua & Zhang, 2019). Nei paesi che utilizzano il sistema di alimentazione a 50 Hz, come gran parte dell'Europa, la frequenza della rete elettrica è di 50 Hz. Per Stati Uniti, Canada, Giappone e alcuni paesi dell'America Latina, la frequenza della rete elettrica è di 60 Hz.

5.10 Il restauro audio e l'incremento dell'intelligibilità del parlato

Comprendere i contenuti di un dialogo in una registrazione di natura forense può essere estremamente complicato ma è possibile, in alcuni casi, aumentarne l'intelligibilità restaurando il segnale tramite software specifici, riducendo le componenti di disturbo o aumentando la potenza di quelle vocali (Godsill, Rayner & Cappé, 2002). Tuttavia, il perito non ha controllo sulla tecnologia utilizzata per registrare e neppure sulla posizione relativa del registratore rispetto ai parlanti. Senza addentrarci in questa sede nei dettagli tecnologici, è interessante analizzarne almeno le modalità esecutive alla luce dei potenziali disturbi audio.

La registrazione telefonica è la migliore dal punto di vista qualitativo e, sebbene possa essere anch'essa soggetta a interruzioni o degrado, cattura la voce solitamente in primo piano rispetto allo sfondo sonoro. Può presentare però altre problematiche, come la sovrapposizione dei parlanti, o disturbi legati all'utilizzo del viva voce, ma tra tutte è solitamente quella qualitativamente migliore.

Le intercettazioni ambientali possono essere ottime come, all'opposto, raggiungere livelli di incomprensibilità totale. Questo perché, dopo aver posizionato un registratore al meglio delle possibilità offerte dal contesto, non si ha il controllo sul comportamento dei parlanti intercettati e neppure sulle condizioni ambientali al contorno. Nessuno, per esempio, può garantire che non venga accesa una radio in un'automobile, o che non entri nel ristorante una scolaresca urlante.

Le intercettazioni realizzate con software spia soffrono di problemi simili poiché webcam o microfono del *device* vengono attivati per registrare all'insaputa del possessore. In questo caso anche la tecnologia che registra è mobile (un computer potrà essere spostato allontanandosi a sua volta dalla fonte sonora) aggiungendo una variabile a quelle già elencate. Quando il software spia intercetta una conversazione digitale (es. Skype) la qualità è invece più accomunabile a quella di una telefonata tradizionale.

È frequente che la richiesta di un restauro audio sia accompagnata dall'aspettativa di ottenere un risultato ottimale se non miracoloso, ma psicoacustica e percezione (cfr. cap. 3) svolgono un ruolo importantissimo nella comprensione dei contenuti. Ad esempio, il restauro di un'intercettazione ambientale estremamente rumorosa, eseguito al meglio delle possibilità tecniche del perito, non sarà mai valutato allo stesso modo da diversi ascoltatori e, al netto di rari casi, non potrà mai portare a una trascrizione identica per tutti. Per comprendere meglio le difficoltà è quindi importante conoscere cosa implica la rimozione dei disturbi e ricordare che restaurare significa sempre perdere materiale vocale e modificare il timbro dei parlanti. Il restauro è pertanto da considerare come un gioco di bilanciamento tra rumore e voce, da interrompere quando "andare oltre" significa perdere frequenze che inficiano la comprensibilità del parlato (cfr. cap. 3).

Il restauro audio avviene con software dedicati, capaci di manipolare le frequenze audio tramite algoritmi. Il software utilizzato per realizzare i grafici di questo volume è iZotope RX, ma ne esistono molti altri in commercio (es. Adobe Audition, Sound Forge Audio Studio, *plugin* di ultima generazione). Esiste un abisso tra gli algoritmi di rimozione del rumore e di manipolazione in dotazione ai software gratuiti e a quelli commerciali, ed è importante conoscerli per scegliere lo strumento migliore nonché più adatto alle tempistiche e allo scopo. Per un primo approccio alla produzione scientifica in questo ambito si suggeriscono Koenig, Lacey & Killion (2007), Fraser (2020) e Canazza (2006a, 2006b).

A seconda della tipologia del disturbo vengono utilizzati metodi di restauro diversi. Li affrontiamo di seguito, senza approfondire i singoli algoritmi e gli aspetti più tecnici, ma per dare una panoramica generale, rimandando poi alla letteratura già citata per approfondimenti.

5.10.1 Rimozione di rumori impulsivi

Lo spettro di un rumore impulsivo è distribuito su tutte le frequenze udibili e si sovrappone a quelle della voce. Il suo effetto potrà essere edulcorato (ma non può essere cancellato) agendo sull'intensità o, a seconda della sua natura, andando ad aumentare il volume delle formanti vocaliche ad esso sovrapposte. Solo suoni armonici, le cui frequenze non si sovrappongono a quelle della voce, possono essere parzialmente eliminati per aumentare la comprensione del parlato. Data la breve durata del disturbo, questi restauri possono essere utili per aumentare l'intelligibilità di parole singole di estremo interesse per l'indagine. Nonostante la durata temporale del frammento audio sia breve, il lavoro del perito non è istantaneo: richiede molta pazienza e soprattutto conoscenze trasversali. Un restauro impreciso potrebbe portare a fraintendimenti o a una distorsione del contenuto originale, con conseguenze potenzialmente gravi per l'indagine in corso.

5.10.2 Rimozione di rumori continui

I rumori continui sono caratterizzati da una distribuzione costante dell'energia sulle varie frequenze (si pensi ad un ventilatore), che percettivamente restituiscono un suono costante nel tempo. Qualunque registrazione forense contiene in realtà un rumore continuo, generalmente definito "di fondo" introdotto ad esempio da rumori ambientali in lontananza (quando non invasivi) e dallo stesso registratore. Il rumore "di fondo" è tendenzialmente di più facile rimozione rispetto ad altri poiché maggiormente stabile nel tempo. Per ridurlo si possono utilizzare dei metodi automatici (e.g. equalizzazione o *denoising*) e combinati con procedure iterative.

5.10.3 Rimozione di rumori discontinui

I disturbi discontinui si sviluppano e cambiano nel tempo e la loro riduzione è più complicata di quella dei rumori continui. Si prenda ad esempio il caso, estremamente complesso, di una intercettazione ambientale o telefonica effettuata in una stanza in cui vi è una televisione accesa. Alle voci dei parlanti da trascrivere saranno sovrapposte musiche o parole provenienti dall'apparecchio, elementi che cambiano molto velocemente e le cui frequenze si sovrappongono in maniera variabile a quelle di interesse. Inoltre, nella vita quotidiana, grazie al fenomeno della "selezione uditiva", possiamo ascoltare e comprendere il discorso di una persona accanto a noi nonostante il rumore circostante. Tuttavia, nelle registrazioni audio, tutte le fonti sonore si trovano su uno stesso piano, rendendo difficile isolare e comprendere una singola voce, poiché le informazioni sonore non sono spazialmente separate come nella realtà.

Il lavoro del perito aumenta in questo caso esponenzialmente, poiché si dovrà elaborare una porzione di registrazione per volta, necessitando talvolta un intervento puntuale su sillabe e parole specifiche. Le condizioni del rumore cambiano rapidamente, con la conseguente necessità di adattare le tecniche di restauro, allungando i tempi di lavoro.

5.10.4 Metodi per il restauro

Gli algoritmi attualmente inclusi nei software di editing e restauro audio sono molto potenti ed in continua evoluzione. Tuttavia, non bisogna dimenticare che restaurare significa "cancellare" e che il perito deve essere in grado di valutare quando conviene fermarsi. Inoltre, il segnale vocale viene alterato, quindi l'audio ottenuto non potrà essere utilizzato per comparazioni vocali, ma solamente per trascrivere il contenuto.

La soluzione migliore nei casi più complicati è realizzare più restauri, utilizzando diverse metodologie e diversi approcci, tutti opportunamente documentati per garantire la ripetibilità delle operazioni. Un restauro ben riuscito in un punto potrebbe non essere il migliore per un'altra porzione di registrazione; lo stesso dicasi nel caso di più voci. Una voce grave ed una acuta necessitano di interventi differenti e non è consigliabile per un buon ascolto, come nel caso di sovrapposizione di più voci, realizzare una versione restaurata "patchwork" con frequenti cambi tra una tipologia di restauro e l'altro. Potrebbe essere quindi preferibile realizzare diversi restauri per permettere un ascolto fluido per ciascuna voce.

5.10.5 Denoising

La rimozione del rumore continuo utilizza principalmente algoritmi che "imparano" il disturbo da una porzione di audio selezionata dall'utente, contenente solo rumore, rimuovendola poi dall'intero estratto. Possono essere regolati diversi parametri tra cui ad esempio, semplificando, "quanto" desideriamo attenuare il rumore, o quanto vogliamo evitare che si creino artefatti.

È importante citare le tecniche di *noise fingerprinting* e di *sottrazione spettrale* delle moderne soluzioni di rimozione del rumore. Le impronte acustiche del rumore (*noise fingerprints*, appunto), ottenute analizzando porzioni di registrazione contenenti solo il rumore stesso, permettono agli algoritmi di apprendere e memorizzare le caratteristiche digitali del rumore da rimuovere. La sottrazione spettrale entra in gioco a seguire, e permette di confrontare lo spettro del segnale originale con quello del rumore per poi rimuovere in maniera mirata le componenti indesiderate.

Gli *artefatti* (chiamati anche *rumore musicale*) sono disturbi (es. suoni striduli) introdotti dagli algoritmi, ovvero suoni non presenti inizialmente, dovuti ad errori o tecniche contenute nel processo digitale. Particolare attenzione va dedicata alla creazione di artefatti poiché il "troppo" *denoising* modifica la registrazione originale arrivando a manipolare e ingannare addirittura la percezione. Il consiglio è sempre quello di ascoltare alternativamente originale e risultato ad ogni passaggio.

È inoltre consigliabile attenuare il rumore poco per volta, seguendo un processo iterativo, ovvero rimuovendo leggermente il disturbo potenziando poi il segnale nelle zone di interesse, per poi ripetere i passaggi selezionando sempre da zone diverse una nuova porzione di rumore da "dare in pasto" all'algoritmo.

Esistono anche tecniche più automatizzate di *denoising*, ovvero algoritmi che, come l'*adaptive mode* di iZotope RX, analizzano e stimano il rumore e i cambiamenti in tempo reale sulla base del segnale in arrivo. Nel forense è tuttavia fortemente sconsigliato, specie per audio estremamente degradati e lunghi, utilizzare esclusivamente automazioni di questo genere perché potrebbero non riuscire a catturare le sfumature e le caratteristiche specifiche del segnale, portando a un'eliminazione inappropriata di informazioni importanti o a una distorsione del contenuto audio.

5.10.6 Equalizzazione

Talvolta per migliorare la comprensione del parlato basta equalizzare, ovvero aumentare o diminuire la potenza di determinate frequenze che potranno quindi essere percepite meglio dall'apparato uditivo. Non è raro che in audio particolarmente degradati l'equalizzazione porti a risultati maggiori che non la rimozione del rumore.

5.11 La manomissione

La manomissione del segnale audio si riferisce a qualsiasi alterazione intenzionale del contenuto sonoro all'interno della registrazione, ovvero nel dato digitale che ascoltiamo. Si noti che la manomissione del file potrebbe coinvolgere la modifica dei dati del file stesso, come metadati o altre informazioni legate al file audio e al suo formato, ma per queste analisi il perito competente non sarà più quello specializzato in audio forense, ma piuttosto un informatico esperto di *digital forensics* (o un perito con entrambe le specializzazioni, ovviamente). Nei successivi paragrafi viene affrontata la manipolazione intenzionale del segnale audio, intesa come alterazione strutturale delle componenti della registrazione. Ad esempio, qualcuno potrebbe alterare una registrazione per eliminare o inserire parole, modificare il tono della voce o manipolare il ritmo di una conversazione.

Entrambe le forme di manomissione possono compromettere l'integrità delle prove vocali, introducendo elementi non autentici o modificando il contesto originale della registrazione, per cui è importante conoscerne i fondamenti per poter sviluppare un orecchio e un occhio critici.

5.12 Ascoltare e vedere

Per individuare potenziali manomissioni all'interno del segnale, il primo passo è ascoltare con attenzione e in condizioni ottimali. In base alle informazioni preliminari sulla natura e l'origine della registrazione, potremo annotare discontinuità o fenomeni particolari riguardo i rumori di fondo, la presenza di artefatti come "click", un contenuto pragmatico non conforme all'evoluzione del discorso, accelerazioni improvvise dell'eloquio o altre caratteristiche inaspettate.

In contemporanea all'ascolto, o successivamente ad esso, è importante osservare con attenzione lo spettrogramma dell'audio in esame, per sviluppare un'impressione generale della registrazione ed annotare l'eventuale presenza di eventi specifici (es. filtraggio passa-banda, rumori di fondo che cambiano repentinamente, tagli, ecc., cfr. cap. 1). Le analisi spettrografiche, infatti, consentono anche di individuare visivamente incongruenze nel segnale su cui concentrarsi, come la discontinuità nel rumore dell'ambiente o artefatti di acquisizione.

Le conoscenze di analisi ed elaborazione audio e un *background* in restauro del suono aiutano poi nell'esplicitare a parole le incongruenze trovate. Esistono inoltre vari *plugin* e algoritmi progettati per rilevare manipolazioni in segnali audio, per evidenziare ad esempio tagli, ritocchi o sovrapposizioni, o analizzare la coerenza temporale ed altri attributi spettrali corrispondenti ad eventuali anomalie. Tuttavia, è importante notare che la continua evoluzione delle tecnologie audio rende la sfida del rilevamento sempre più complessa e nessun metodo è completamente immune da falsi positivi o falsi negativi. In Fig. 5.3 è riportato un esempio visuale di taglio, visibile dalla linea verticale che interrompe le varie formanti e che ci segnala che in quel punto è avvenuto un intervento di cesura.

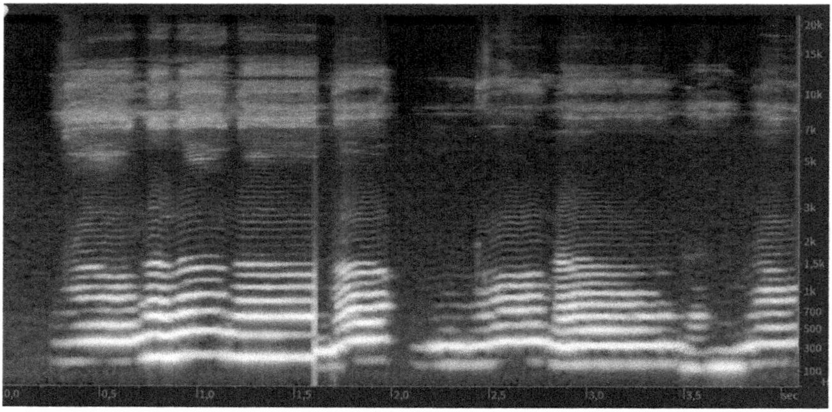

Fig. 5.3: Esempio di taglio (in concomitanza con la linea verticale).

5.13 Electrical network frequency

Il rilevamento della *Electrical network frequency* (ENF o Frequenza di Rete Elettrica) fornisce un elemento di verifica della continuità della registrazione (cfr. Fig. 5.4): se il segnale è originale la ENF deve essere costante nel tempo. Pertanto, l'interruzione o un "salto" repentino della ENF potrebbe indicare manipolazioni o alterazioni nel file audio originale (Hsu, 2023).

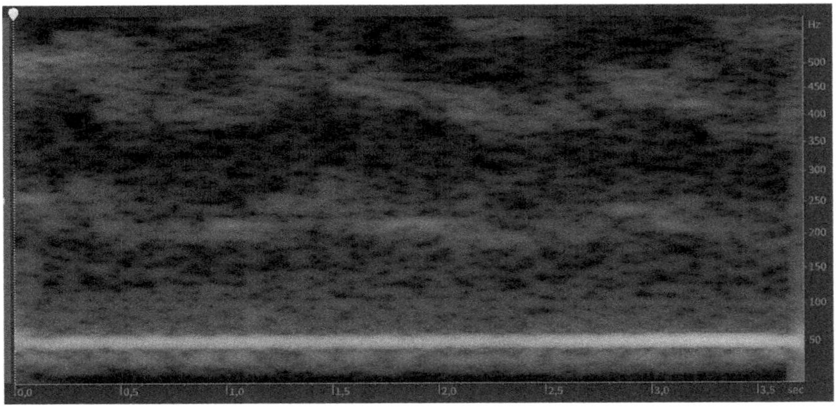

Fig. 5.4: Esempio di visualizzazione della ENF di audio originale.

La ENF è catturata accidentalmente dal dispositivo di registrazione digitale alimentato dalla rete elettrica o a batteria, specialmente se si trova nelle vicinanze di altre apparecchiature o cavi di trasmissione elettrica. Come detto in precedenza, in molti paesi, tra cui gran parte dell'Europa, dell'Asia e dell'Africa, la frequenza standard della rete elettrica è di 50 Hz, mentre negli Stati Uniti, in Canada e in alcune altre regioni è pari a 60 Hz. In un sistema elettrico, la ENF deve rimanere abbastanza stabile o rischia di rovinare le condizioni operative e di comportare significativi rischi di malfunzionamento della rete elettrica. Nel tempo, si verificano inevitabilmente variazioni di frequenza, principalmente a causa delle differenze tra l'energia prodotta e quella consumata, ma affinché siano accettabili devono restare sotto i 50 mHz (millihertz)[93].

5.14 La nuova sfida dei deep-fake audio

Gli sviluppi recenti nelle tecnologie audio e di sintesi vocale hanno reso possibile, sostanzialmente per chiunque abbia competenze informatiche, la falsificazione delle voci esattamente come per immagini e video. Clonazione e creazione (Woolham, 2024) non sono più un lontano futuro, ma una realtà

93 <https://enfsi.eu/wp-content/uploads/2022/12/FSA-BPM-002_BPM-for-Digital-Audio-Authenticity-Analysis.pdf> (ultimo accesso 20 dicembre 2025).

che evolve molto velocemente e in cui, per usare una metafora calcistica, gli attaccanti sono sempre un passo avanti ai difensori.

Un punto problematico per il settore forense è che una manipolazione parziale o l'alterazione di un segmento di discorso sono sufficienti per cambiare l'intero significato del messaggio originale. Rilevare queste manipolazioni è particolarmente impegnativo e rappresenta una sfida costante (Almutairi & Elgibreen, 2022; Dixit, Kaur & Kingra, 2023). Del resto, la qualità dei *deep fake* è sempre maggiore, tanto da ingannare sempre più l'apparato uditivo umano (si veda a titolo di esempio Voicebox di Meta[94]). Sebbene il sistema giuridico stia recentemente diventando più consapevole in merito, è fondamentale intensificare gli sforzi per comprendere appieno le implicazioni legali e sociali di queste nuove tecnologie poiché il loro sviluppo esponenziale e pervasivo (Myhand, 2023) ne sta facilitando l'utilizzo su larga scala (Delfino, 2022 & 2023; Vyas *et al.*, 2024). Stiamo già assistendo a un incremento significativo dei procedimenti legali in ambito artistico, in particolare riguardo alla veridicità delle voci dei doppiatori e ai diritti d'autore ad esse associati[95].

Letture consigliate

Per il problema della trattazione e la natura del dato audio in ambito forense si suggerisce la lettura di Chiara Meluzzi, Sonia Cenceschi & Alessandro Trivilini (2020). Data in Forensic Phonetics: from theory to practice. *Teanga*, 27, 65–78. Consigliamo anche il testo di Peter French & Louisa Stevens (2013). Forensic speech science, in M.J. Jones, & R.-A. Knight (Eds.), *Bloomsbury companion to phonetics* (pp. 183–197). London: Bloomsbury: si tratta di una lettura generale che aiuta a sviluppare una visione d'insieme sul mondo audio forense con particolare riferimento alla situazione inglese. Il lavoro di Vesa Välimäki & Joshua Reiss (2016). All about audio equalization: Solutions and frontiers. *Applied Sciences, 6*(5), 129–175, fornisce una panoramica dettagliata e sistematica sull'area di ricerca dell'equalizzazione audio, tema solo accennato in questo volume.

Una utile lettura discorsiva per conoscere le tecniche e le tecnologie relative a tutte le fasi della catena audio è invece rappresentata da Francesco Mangione, F. (2002). *Costruire il suono. Manuale pratico per musicisti e sound*

---

94 <https://voicebox.metademolab.com/> (ultimo accesso 20 dicembre 2025).

95 <https://iapp.org/news/a/voice-actors-and-generative-ai-legal-challenges-and-emerging-protections?utm_source=chatgpt.com> (last access as others)

engineers. Palermo: Flaccovio Dario editore, mentre per un approfondimento tecnico sui fenomeni sonori e spaziali, si veda Cingolani, S., & Spagnolo, R. (Eds.). (2005). *Acustica musicale e architettonica*, UTET.

Interessante e ricca di spunti è la dispensa *Restauro Materiale Audio* del Centro di Sonologia Computazionale Unipd a cura di Sergio Canazza[96] che affronta il processo di restauro nel contesto della conservazione del patrimonio musicale e dei supporti di registrazione, evidenziando l'importanza della conservazione dei materiali. Per chi possiede conoscenze ingegneristiche, si suggerisce anche la lettura di Sergio Canazza, Giovanni De Poli, & Gian Antonio Mian (2009). Restoration of audio documents by means of extended Kalman filter. *IEEE transactions on audio, speech, and language processing*, *18*(6), 1107–1115, in cui vengono presentati i risultati di restauro ottenuti con un algoritmo che risolve i problemi di filtraggio del rumore a banda larga, rimozione del rumore impulsivo e monitoraggio del segnale vocale utilizzando una tecnica avanzata. Per il tema della conservazione dei documenti sonori e degli archivi si rimanda a Federica Bressan & Sergio Canazza (2013), A systemic approach to the preservation of audio documents: Methodology and software tools. *Journal of Electrical and Computer Engineering*, *2013*(1), 489515. Sebbene il tema non sia prettamente forense, la lettura può essere utile per acquisire una visione trasversale.

Di seguito vengono infine citate alcune delle principali linee guida, standard e buone pratiche esistenti riguardanti l'affidabilità e la validità delle prove audio:

- AES27-1996 (s2012): AES recommended practice for forensic purposes — Managing recorded audio materials intended for examination;
- AES43-2000 (s2012): AES standard for forensic purposes — Criteria for the authentication of analog audio tape recordings;
- Scientific Working Group on Digital Evidence (SWGDE)[97]:
  - Best Practices for Forensic Audio (2017);
  - Best Practices for Digital Audio Authentication (2016);
  - Electric Network Frequency Discussion Paper (2014).

---

96 <https://www.dei.unipd.it/~musica/IM/Restauro.pdf> (ultimo accesso 20 dicembre 2025).

97 La lista complessiva delle pubblicazioni: <https://www.swgde.org/documents/published-complete-listing/> (ultimo accesso 20 dicembre 2025).

6 La comparazione vocale

6.1 Introduzione

Un tema centrale nell'ambito dell'audio forense è la comparazione tra voci registrate, nota come comparazione vocale. Questo capitolo non intende addentrarsi in tecnicismi, ma fornire una sorta di cassetta degli attrezzi per riconoscere e comprendere le richieste, i metodi e le scelte dei periti, nonché mostrare le varie strade possibili per un approfondimento scientifico.

Sebbene la comparazione vocale sia comunemente descritta come l'identificazione o la verifica dell'identità di un parlante, in questo contesto preferiamo presentarla come un'analisi eseguita su due o più voci registrate al fine di fornire una valutazione del loro grado di somiglianza (si veda in proposito anche quanto già esposto nei precedenti capitoli). Questo approccio mira a evitare un *bias* fondamentale causato da termini quali "verifica" o "identificazione" che suggeriscono la possibilità di ottenere risultati certi ed assoluti; saranno quindi da evitare (o da temere) formulazioni del tipo "*la voce del parlante A è sicuramente attribuibile al parlante B*". È cruciale infatti sottolineare che raramente esiste la possibilità di attribuire con totale certezza le voci di due registrazioni alla stessa persona. Ciò è dovuto ai moltissimi fattori che influenzano l'affidabilità dell'analisi dei dati, e all'inevitabile confronto del concetto di incertezza scientifica[98] con le necessità dell'ambito giuridico e investigativo.

Alla luce di quanto descritto nei capitoli precedenti è chiaro come la voce umana sia soggetta, per sua stessa natura, ad estrema variabilità (Romito & Lio, 2009), e sia influenzata da innumerevoli fattori che aumentano esponenzialmente nel momento in cui se ne analizza una sua "cristallizzazione" registrata in formato digitale (Stevens, 1971; Hansen & Bořil, 2018; Tsuge et al., 2006). Sintetizzando, le macro-categorie di fattori che influenzano i risultati di una comparazione vocale sono:

- *Variabilità della voce:* la voce umana può variare in base a fattori come l'età (Torre & Barlow, 2009), lo stato emotivo (Mozziconacci, 1998), la salute (Murdoch, 2009), l'ambiente acustico (Rallapalli & Alexander, 2019) e sociale (Kachkovskaia et al. 2022), la dislocazione geografica, l'intenzione comunicativa (Mello, Panunzi & Raso, 2012) e molti altri (cfr. cap. 2). Una voce registrata è semplicemente un'istantanea del parlato di una persona in un determinato momento e non può essere considerata come una rappresentazione completa delle sue caratteristiche soggettive.
- *Limiti tecnici:* le diverse modalità di registrazione e compressione possono influenzare la caratteristiche del parlato registrato (Van Son, 2005; Cenceschi, Meluzzi & Trivilini, 2021). Inoltre, limitandoci alla fase di acquisizione, si pensi alla qualità del registratore o al rumore di fondo (Parsa, Jamieson & Pretty, 2001; Mandasari, McLaren, & van Leeuwen, 2012; Souza, 2002). È possibile, pertanto, comparare la voce proveniente da una registrazione in alta qualità audio e priva di rumore di fondo con quella ricavata da una registrazione ambientale in un ristorante rumoroso, ma le discrepanze nelle condizioni di acquisizione (es. la differenza nella qualità del registratore o la presenza di rumore di fondo) possono compromettere la coerenza dei dati, portando a risultati potenzialmente distorti (Zhang et al. 2023; Ming et al. 2007).
- *Errore umano:* sebbene il suo ruolo sia centrale e necessario, l'esperto, come qualsiasi essere umano, non è infallibile. Si crede spesso, erroneamente,

[98] L'incertezza scientifica si riferisce alla mancanza di precisione o alla variabilità nei risultati di misurazioni, osservazioni o analisi condotte in ambito scientifico. Ogni misura o stima comporta una certa quantità di errore o imprecisione.

che possa essere sostituito dalle tecnologie, specie per quanto concerne la comparazione vocale[99], dimenticando che il suo apporto è sempre sostanziale e che la "macchina" esegue dei comandi in cui input e output devono essere selezionati e analizzati in maniera critica e rispettosa del contesto specifico. Solo l'esperto può inoltre interpretare in maniera critica i risultati forniti dalla macchina.

In definitiva, la comparazione vocale è di estrema utilità per contribuire a chiarire aspetti rilevanti e fornire un supporto aggiuntivo nella valutazione globale delle prove, ma è necessario eseguirla con attenzione, riconoscendone le limitazioni e valutando criticamente le variabili coinvolte per garantire un'analisi accurata e scientificamente robusta.

6.2 Tipologie di comparazione vocale

Si parla spesso di comparare due voci, ma non è il solo caso possibile. In abito forense ogni indagine o procedimento è differente, non è quindi scontato che si parli di una sola voce ignota, o di una sola voce nota, come non è scontato (e lo vedremo più avanti) che i materiali siano sufficienti a svolgere l'analisi. Elenchiamo di seguito i casi principali di comparazione vocale, di cui si è già brevemente trattato nel cap. 4, per esemplificare le varie tipologie di analisi statistica (Rose, 2002):

- *Comparazione tra una voce conosciuta e una voce ignota (uno a uno):* coinvolge il confronto diretto tra una registrazione vocale di un individuo noto e una registrazione vocale di un parlante sconosciuto

---

[99] Una testimonianza in tal senso è stata data dall'esperto Dr. Robert C. Maher, intervistato dal perito Marco Perino, che in un passaggio dichiara: "*Attualmente, questi tipi di segnali non sono ben elaborati automaticamente dai software esistenti. Sono particolarmente preoccupato che funzionari giudiziari e avvocati possano essere inclini ad attribuire a questi tool un'affidabilità maggiore di quanto sia effettivamente appropriato. Sono necessari studi approfonditi per valutare la coerenza e l'affidabilità del confronto vocale e di altre applicazioni, specialmente quelle che affermano di utilizzare l'intelligenza artificiale. (trad. it.)*". L'intervista è consultabile al seguente link: <https://www.prosuono.com/audio-forensics-intervista-con-dr-robert-c-maher-uno-dei-piu-rinomati-esperti-in-audio-forensics-al-mondo/> (ultimo accesso 20 dicembre 2025).

con l'obiettivo di comprendere se le due voci possano appartenere allo stesso soggetto.
- *Comparazione tra una voce conosciuta e molte voci ignote (uno a molti):* la voce di un individuo noto viene confrontata con più registrazioni vocali appartenenti a soggetti sconosciuti al fine di determinare se possa corrispondere a uno di essi.
- *Comparazione tra molte voci conosciute e una voce ignota (molti a uno):* diverse registrazioni vocali di individui noti vengono confrontate con una singola registrazione vocale di origine sconosciuta per capire se quest'ultima possa appartenere ad una persona specifica del primo gruppo.
- *Comparazione tra molte voci conosciute e molte voci ignote (molti a molti):* coinvolge il confronto tra numerose registrazioni vocali di individui noti e molte registrazioni di ignoti. L'analisi può cercare di stabilire corrispondenze specifiche tra i due gruppi.

Una richiesta peritale può comprendere anche più confronti in contemporanea tra quelli esposti; per questo è sempre consigliabile che il perito chieda immediatamente delucidazioni in merito al quesito, oltre che al numero e alla tipologia di audio a disposizione. Non è infatti raro che al perito venga sottoposta una richiesta generica di confronto vocale "uno a uno" per scoprire in seguito che la comparazione è da svolgere incrociando diverse voci (talvolta addirittura con parlato in più lingue o dialetti![100]) provenienti da materiali estremamente diversi tra loro per qualità e durata. Il lavoro potrebbe essere, dunque, più lungo del previsto se le informazioni non sono complete, ma d'altro canto il richiedente non è sempre in grado di stabilire quale tipologia di confronto si debba effettuare. In tal caso è consigliabile discutere congiuntamente la strada al fine di poter quantificare tempi e modalità del lavoro in maniera trasparente ed efficace.

---

[100] Si noti che la comparazione automatica delle voci tra parlanti diventa significativamente più complessa quando le lingue utilizzate sono diverse. È infatti necessario considerare attentamente le differenze linguistiche, fonetiche ma anche culturali, e tenere conto di come queste possano influire sulla comparazione delle voci.

6.3 Metodologie di analisi

In questo paragrafo tenteremo di riassumere quanto esposto finora, ordinando i possibili metodi di comparazione che in precedenza sono stati citati od introdotti come esempio. Introduciamo pertanto le categorie di analisi che possono essere attuate, raccomandando, quando possibile, di utilizzare più metodi in contemporanea, a fronte del fatto che non esiste un unico metodo scientifico universalmente valido in tutti i contesti e tutte le circostanze. Si tenga parallelamente conto che l'estrema variabilità dei dati e delle condizioni peritali porta spesso a limitazioni nell'utilizzo di alcune metodologie: non dovremo, ad esempio, impiegare a tutti i costi un software automatico se il materiale a disposizione ha una durata troppo breve o un bassissimo rapporto segnale-rumore.

Non prenderemo in considerazione i metodi basati sull'impronta vocale (*voiceprint*), ormai abbandonati in quanto considerati inaffidabili (Romito, 2023b). L'analisi dell'impronta vocale si basava sull'identificazione di pattern distintivi nelle caratteristiche acustiche della voce, come i picchi e le traiettorie delle frequenze vocali nel dominio temporale. Tuttavia, la validità scientifica di questo approccio è stata ripetutamente smentita e, ad oggi, non è dunque considerabile scientificamente attendibile o valido.

- *Comparazione uditiva:* si basa sull'ascolto da parte del perito e sull'analisi qualitativa delle voci. L'esperto (o gli esperti) ascoltano le registrazioni e ne valutano la somiglianza osservandone le principali caratteristiche. Il tema è stato approfondito nel capitolo 3, il quale fornisce i fondamentali per non cadere nella trappola del "sento quindi riconosco". Sarà bene inoltre associare alla propria valutazione, quando possibile, dei test effettuati su terzi, al fine di valutare la presenza di eventuali *bias* percettivi e capire se le valutazioni di ascoltatori esperti (o non) hanno lo stesso orientamento.
- *Comparazione acustico-fonetica:* combina l'elaborazione strumentale dei dati e la statistica con l'intervento umano. Si utilizzano software come Praat per analizzare ed estrapolare le caratteristiche del parlato, ma è indispensabile che un tecnico selezioni manualmente i parametri da confrontare e svolga osservazioni, calcoli e valutazioni. Il perito include anche osservazioni ulteriori di carattere acustico, fonetico, sociolinguistico, prosodico, lessicale, ecc.

- *Comparazione parametrica semi-automatica*[101]*:* coinvolge l'uso di software che assistono gli esperti nell'estrazione e nella comparazione tramite modelli matematici intra- e inter-parlante. Richiedo ancora una significativa supervisione umana, ma tentano di combinare l'efficienza della tecnologia con la sensibilità e la competenza del perito. Questo metodo si fonda sull'esistenza di un database di riferimento per la lingua o varietà da analizzare (si veda in proposito la sezione successiva, cap. 6.4).
- *Comparazione automatica:* coinvolge l'uso di software che non necessitano di pre-elaborazione dei dati, ovvero che sono progettati per gestire autonomamente l'intero processo di confronto. L'operatore deve solo, tendenzialmente, inserire i file nel sistema e scegliere il database di riferimento per effettuare il confronto. Anche questo metodo prevede che esista un database di riferimento per la lingua o varietà da analizzare.
- *Comparazione stilistica:* considera aspetti come l'uso di un certo vocabolario o la particolare struttura delle frasi. È utilizzata raramente perché solitamente il materiale a disposizione è poco o appartiene a contesti specifici per i quali è difficile caratterizzare un parlato spontaneo, colloquiale o riconoscibile chiaramente come tipico del parlante. È più utilizzata nelle analisi dei testi (un esempio in Manna, Pascucci & Monti, 2023), ma è importante conoscerne l'esistenza perché un particolare termine potrebbe essere indizio, ad esempio, di una particolare area geografica o di una peculiare figura professionale.

---

[101] Spesso la classificazione colloquiale definisce tutti i software "automatici", che qui invece sono suddivisi, per scelta didattica, in due categorie. È necessaria altresì una precisazione terminologica: riteniamo che l'uso del termine *automatico* per definire un software di comparazione vocale non sia completamente appropriato, così come il termine *intelligente* sia fuorviante per definire le nuove tecnologie di Intelligenza Artificiale (IA). L'eccessiva antropomorfizzazione della tecnologia può portare a *bias* importanti che non possiamo permetterci in questo delicato contesto applicativo. Il termine *automatico*, se pur meno impegnativo di *intelligente*, suggerisce inoltre un'azione completamente priva di intervento umano il quale, in realtà, non è mai assente.

6.4 Il riconoscimento semi-automatico ed automatico

Ci concentriamo ora nello specifico sui software e i metodi di analisi automatica e semi-automatica. In quest'ottica, IDEM, SMART, IMPAVIDO[102] (Sigona & Grimaldi, 2017), sono esempi di software semiautomatici, mentre Nuance Forensics[103], i prodotti Phonexia[104] e Vocalise (Oxfordwave research)[105] sono comunemente definiti automatici e sfruttano reti neurali, anche in combinazione con tecniche di analisi multidimensionale come la Probabilistic Linear Discriminant Analysis (PLDA)[106]. Per una panoramica sintetica ma completa riguardo queste tecnologie si consiglia il lavoro di Romito (2023b).

Esistono diversi metodi e tecniche che vengono utilizzati per analizzare e confrontare le caratteristiche vocali. Di seguito sono elencate alcune delle principali metodologie impiegate nella valutazione:

- Likelihood Ratio (LR): metodo che confronta la probabilità di osservare i dati sotto l'ipotesi che i campioni provengano dallo stesso parlante rispetto a quella che provengano da parlanti diversi (cfr. cap. 4.8);
- Gaussian Mixture Models (GMM): tecniche che modellano la distribuzione delle caratteristiche vocali e calcolano le probabilità per il riconoscimento del parlante;
- i-Vectors e x-Vectors: metodi per rappresentare le caratteristiche vocali in spazi a bassa dimensione, facilitando il riconoscimento e la verifica dell'identità;

---

102 <http://www.biometriaforense.it/2018/07/22/impavido-un-nuovo-software-per-la-comparazione-forense-della-voce/> (ultimo accesso 20 dicembre 2025).

103 <https://www.nuance.com/content/dam/nuance/en_us/collateral/enterprise/data-sheet/ds-nuance-forensics-en-us.pdf> (ultimo accesso 20 dicembre 2025).

104 <https://www.phonexia.com/> (ultimo accesso 20 dicembre 2025).

105 <https://oxfordwaveresearch.com/products/vocalise/> (ultimo accesso 20 dicembre 2025).

106 Semplificando, la PLDA è una tecnica statistica utilizzata da diversi software per estrarre informazioni rilevanti e discriminanti da insiemi complessi. Nel caso della comparazione vocale aiuta a trovare relazioni tra le caratteristiche vocali per massimizzare o minimizzare le differenze tra categorie o gruppi di parlanti.

- Analisi Bayesiana: approccio che utilizza teoremi bayesiani[107] per aggiornare la probabilità delle ipotesi in base alle evidenze osservate;
- Classificazione Statistica: utilizzo di modelli come Support Vector Machines (SVM) e reti neurali per apprendere le caratteristiche vocali e classificare le voci;
- Probabilistic Linear Discriminant Analysis (PLDA): tecnica che analizza le differenze tra campioni vocali in uno spazio multidimensionale per migliorare la separazione delle classi vocali;
- Metriche di Similarità: metodi come la distanza euclidea e la *cosine similarity*, utilizzati per calcolare la somiglianza tra vettori di caratteristiche vocali.

È particolarmente importante comprendere il meccanismo generale del Likelihood Ratio, poiché rappresenta uno dei metodi più utilizzati nel riconoscimento del parlatore[108]. Per ottenere un valore del LR si parte da ipotesi iniziali (proposizioni) come, ad esempio, *"La registrazione di voce ignota e la registrazione del sospettato provengono dalla stessa persona"* (H1) e *"La registrazione di voce ignota e la registrazione del sospettato provengono da persone diverse"* (H2). Dal LR si deriva una conseguente traduzione a parole comprensibile in un contesto giuridico (cfr. linee guida ENFSI)[109]. Per esempio, con un LR vicino a 1, si può affermare: *"I risultati non forniscono un sostegno significativo a una delle due proposizioni rispetto all'altra"*, ovvero non vi è una chiara indicazione a favore di coincidenza o diversità. Un LR elevato, d'altro canto, fornisce un forte supporto a H1 rispetto a H2, indicando che è più probabile

---

[107] Sinteticamente: la statistica tradizionale si basa esclusivamente sui dati raccolti e sulle frequenze, utilizzando metodi fissi che non considerano informazioni aggiuntive. Al contrario, l'analisi bayesiana combina dati con conoscenze preesistenti per aggiornare le probabilità, risultando così più flessibile e capace di adattarsi a nuove informazioni. In questo modo, la statistica bayesiana offre un approccio più dinamico e reattivo all'analisi dei dati rispetto alla statistica tradizionale.

[108] Il *riconoscimento del parlante (Speaker Recognition)* identifica *chi* parla e si distingue dal *riconoscimento del parlato (Speech Recognition)*, che trascrive *cosa* viene detto. Lo Speaker Recognition comprende: *Speaker Verification* (confronto 1:1) e *Speaker Identification* (confronto 1:N). L'analisi forense del parlato rientra in questo ambito.

[109] Best Practice Manual for the Methodology of 19 Forensic Speaker Comparison 20 21 22 ENFSI-BPM-FSC-01: <https://enfsi.eu/wp-content/uploads/2016/09/guidelines_fasr_and_fsasr_0.pdf> (ultimo accesso 20 dicembre 2025).

che la registrazione in questione e quella del sospettato provengano dalla stessa persona, ovvero un forte supporto a H1.

Per il calcolo del LR è inoltre importante considerare le caratteristiche di un campione di voci molto consistente con cui eseguire confronti statistici delle voci da comparare (Morrison, Ochoa & Thiruvaran, 2012). Questo dataset, che chiameremo popolazione di riferimento, dovrà essere rappresentativo della lingua interessata e della varietà specifica per ottenere risultati affidabili o sensati (Sztahó, Fejes, 2023). La rappresentatività assicura che le caratteristiche linguistiche e vocali della popolazione di riferimento riflettano la varietà di voci presenti in quella popolazione. In linea di principio, l'uso di un dataset di riferimento che non comprende la varietà linguistica specifica dei parlanti coinvolti nella comparazione potrebbe compromettere la validità dell'analisi, specialmente se ci sono differenze significative tra la varietà linguistica del dataset e quella dei parlanti in questione.

Si ricorda ancora una volta che l'utilizzo dei soli *software*[110] (semiautomatici o automatici) è fortemente sconsigliato. Anche i tool più avanzati possono avere difficoltà a gestire registrazioni brevi, di bassa qualità, con rumori di fondo o con parlato dialettale etc., compromettendo l'accuratezza dei risultati. Ad esempio, IDEM e SMART, tuttora utilizzati da Forze dell'Ordine italiane, non sono aggiornati e sono state evidenziate numerose problematiche (Sigona & Grimaldi, 2015). Inoltre, l'esperienza peritale dimostra che l'uso esclusivo di software continua a generare polemiche e comprensibili dubbi[111] ed è fondamentale che le conclusioni siano comprensibili, documentabili e giustificate, mentre questi strumenti sono percepiti come "scatole nere" dai non esperti[112].

6.5 Il saggio fonico

Nel contesto forense, il termine *saggio fonico* si riferisce a un campione vocale di una voce nota che viene registrato dal perito ed utilizzato per effettuare la comparazione vocale con una voce ignota. Il perito deve svolgere

---

110 <https://www.carabinieri.it/media---comunicazione/rassegna-dell-arma/la-rassegna/anno-2006/n-3-4---luglio-dicembre/studi/report-sui-metodi-di-riconoscimento-del-parlatore> (ultimo accesso 20 dicembre 2025).

111 <https://www.prosuono.com/quando-la-giustizia-da-i-numeri/> (ultimo accesso 20 dicembre 2025).

112 <https://www.ai4business.it/intelligenza-artificiale/machine-learning/digital-forensics-anche-lai-a-disposizione-degli-investigatori/> (ultimo accesso 20 dicembre 2025).

la registrazione della voce di un sospettato in maniera coerente con il materiale di voce ignota a sua disposizione, e le analisi previste.

Ci limitiamo in questa sede a ricordare che quanto esposto nel capitolo 5 riguardo le condizioni ambientali e tecniche è estremamente importante per effettuare il saggio fonico. Ad esempio, registrare in ambienti estremamente riverberanti o rumorosi è da evitare, come pure limitarsi a chiedere al soggetto la mera ripetizione di una lista di numeri. Il campione da raccogliere deve essere in linea di massima quanto più ampio possibile e comprendere sia parlato spontaneo che controllato, dove per parlato controllato in ambito forense si intende, ad esempio, la ripetizione di frasi chiave, già pronunciate dalla Voce Ignota, per il confronto. Inoltre, bisogna porre attenzione al fine di evitare, ad esempio, che il parlante cerchi di alterare la propria voce, o si emozioni alterando le proprie qualità vocali. Alcuni esempi di suggerimento per ridurre i rischi sono:

- *Porre domande aperte:* evitare di dare suggerimenti;
- *Proporre scenari reali:* nelle simulazioni di dialoghi o richiesta di descrizioni, creare scenari reali che possano generare risposte autentiche e spontanee;
- *Proporre compiti che arricchiscano la variabilità dell'eloquio:* ad esempio, richiedere al parlante di leggere un brano, esprimere emozioni o partecipare a una conversazione informale;
- *Verifica della Coerenza:* porre attenzione a segnali di incoerenza o di manipolazione (ad esempio la verifica di pause anomale o di modelli vocali innaturali).

La raccolta del saggio fonico non è spesso ripetibile perché può dipendere da fattori contingenti come la disponibilità della persona interessata: bisogna dunque sfruttare l'occasione per raccogliere quanto più materiale possibile, che potrà sempre essere selezionato in fase di elaborazione e analisi a seconda delle necessità, ovviamente motivando e documentando ogni scelta.

6.6 Casi particolari

Ricordiamo ancora che ogni perizia è un caso unico. Per la comparazione vocale questo concetto deve essere estremamente chiaro, esattamente come la nozione di incertezza scientifica: le informazioni fornite rappresentano una traccia generale utile per comprendere la complessità delle analisi, ma non hanno la presunzione di costituire una guida definitiva.

Ricordiamo quindi, in questa breve sezione finale, di dedicare estrema attenzione nel richiedere o effettuare perizie riguardanti casi particolari, che coinvolgano, ad esempio, i seguenti tipi di dato:

- Sussurri: le caratteristiche del sussurro possono differire notevolmente da quelle del parlato normale, addirittura arrivando all'assenza di vibrazione delle corde vocali;
- Urla: oltre a essere tendenzialmente di breve durata, comportano variazioni significative nelle caratteristiche vocali;
- Audio di durata estremamente breve;
- Audio estremamente rumorosi;
- Parlati di voce nota e/o ignota che si esprimono in lingue (o dialetti) specifici o differenti: la comparazione tra parlanti che si esprimono in lingue diverse dall'italiano o dialetti richiede una competenza linguistica e fonetica specifica e approfondita oltre al fatto che i modelli di riferimento saranno diversi (usando una similitudine, sarebbe come comparare una pera con un pomodoro).

In conclusione, la consapevolezza delle limitazioni e delle sfide specifiche di ogni casistica è essenziale per una valutazione professionale, accurata e affidabile.

Letture consigliate

Letture immancabili sono i lavori di Andrea Paoloni, tra cui segnaliamo in particolare: Andrea Paoloni (2014). Identificazione Personale in Ambito Forense. *Mondo Digitale*, 2, 1–10, e Andrea Paoloni (2002). La voce come elemento di identificazione della persona. In A. De Dominicis (a cura di) *La voce come bene culturale* (pp. 125–139). Roma: Carocci.

Un'accurata visione della situazione internazionale tramite un'indagine condotta su 39 laboratori e professionisti in 23 paesi si trova invece in Erica Gold & Peter French (2019). International practices in forensic speaker comparisons: second survey. *International Journal of Speech, Language and the Law*, 26(1), 1–20. L'articolo di Di Stefano & Lo Presti del settembre 2023 per

Cybersecitalia fornisce inoltre una buona sintesi di quanto esposto in questo capitolo e altri temi affini[113].

Si suggerisce inoltre la lettura del saggio di Luciano Romito & Vincenzo Galatà (2007). Speaker recognition: stato dell'arte in Italia valutazione dei corpora, dei metodi e delle professionalità coinvolte. *Scienze Vocali e del Linguaggio-Metodologie di Valutazione e Risorse Linguistiche*, *3*, 223–242. Pur essendo datato, il lavoro rappresenta sempre una lettura fondamentale per sviluppare un senso critico e un approccio costruttivo. Stesso discorso vale per il lavoro di Milko Grimaldi, Sonia D'Apolito, Barbara Gili Fivela & Francesco Sigona (2014). Illusione e scienza nella fonetica forense: una sintesi. *Mondo digitale*, *53*, 1–9, che rappresenta una valida sintesi di tanti concetti qui espressi e mai abbastanza ripetuti dalla comunità scientifica.

In ultimo, anche se non relative alla comparazione, ma indicative di una situazione reale bisognosa di dialogo e attività di divulgazione, si segnalano i testi di Riccardo Radi (2023) Intercettazioni telefoniche, contenuto e interlocutori: per la Cassazione le trascrizioni e la perizia fonica sono inutili, basta la deposizione testimoniale della p.g.. *blog Terzultimafermata*[114], nonché un precedente lavoro dello stesso autore del 2022, Intercettazioni telefoniche, trascrizioni e comparazioni fonetiche: le cause principali degli errori giudiziari. *Filodiritto*[115].

---

[113] <https://www.cybersecitalia.it/lintelligenza-artificiale-nello-speaker-recognition-come-funziona-e-quali-sono-le-tecniche-principali/26672/> (ultimo accesso 20 dicembre 2025).

[114] <https://terzultimafermata.blog/2023/04/25/intercettazioni-telefoniche-contenuto-e-interlocutori-per-la-cassazione-le-trascrizioni-e-la-perizia-fonica-sono-inutili-basta-la-deposizione-testimoniale-della-p-g-di-riccardo-radi/> (ultimo accesso 20 dicembre 2025).

[115] <https://www.filodiritto.com/intercettazioni-telefoniche-trascrizioni-e-comparazioni-fonetiche-le-cause-principali-degli-errori-giudiziari> (ultimo accesso 20 dicembre 2025).

Ruoli, legislazione e buone pratiche nell'ambito dell'Audio Forense

7.1 Introduzione

Lo scopo di questa sezione non è quello di criticare né i committenti né i periti, ma piuttosto di indicare delle buone pratiche che possano contribuire a un'evoluzione positiva della situazione attuale, tanto in Svizzera quanto in Italia. Quando una disciplina scientifica è complicata, in continuo sviluppo, e si interseca con una realtà delicata come quella forense, è fisiologico che si presentino situazioni-limite dettate da incomprensione, mancanza d'informazione, pressioni sociali o lavorative di diversa natura. L'esperto audio forense può entrare in gioco in diverse fasi delle indagini e dei procedimenti in qualità di consulente tecnico. Può anche essere interpellato privatamente per rispondere ad un quesito, esattamente come ogni altro professionista, ma ci occuperemo in questa sede solamente del suo ruolo nelle indagini e nell'insieme di azioni legali che si verificano dal momento dell'accusa fino alla risoluzione finale del caso. Pur citando in questa sede alcune normative, si rimanda alla relativa legislazione per tutte le casistiche e gli approfondimenti del caso.

7.2 I ruoli nel panorama italiano

Elenchiamo di seguito i principali attori che possono essere coinvolti nel trattamento dell'audio forense all'interno del panorama giudiziario italiano.

CT PM (Consulente Tecnico del Pubblico Ministero, art. 359 c.p.p.): viene nominato dal Pubblico Ministero (PM) o dall'autorità giudiziaria tra esperti o professionisti con competenze specifiche relative al caso. Deve essere imparziale e obiettivo, ma lavora a favore dell'accusa. Può essere autorizzato dal Pubblico Ministero ad assistere a singoli atti di indagine.

Ausiliario di Polizia Giudiziaria (Ausiliario di PG, art. 348 comma 4 c.p.p.): collabora con le autorità di Polizia Giudiziaria durante le attività di indagine, solitamente in situazioni d'urgenza e viene scelto tra esperti o professionisti con competenze specifiche relative al caso. Il Pubblico Ministero può nominare direttamente ausiliari ed affidare personalmente il relativo incarico, ma può anche delegare tale attività alla Polizia Giudiziaria, soprattutto nei casi in cui sia necessario procedere speditamente (ex artt. 359 ss., 370, 348, IV comma c.p.p.).

Consulente Tecnico d'Ufficio (CTU, art. 61 del Codice di Procedura Civile): viene nominato dal Giudice in ambito civile (ma può essere richiesto dalle parti coinvolte) e deve essere neutrale, indipendente e obiettivo. Le parti hanno solo potere di mero impulso potendone richiedere la nomina, ma tale potere rimane esclusivamente una prerogativa del Giudice.

Perito del Giudice (art. 228 c.p.p.): viene nominato dal Giudice in ambito penale, per fornire consulenza tecnica in merito a questioni tecniche, scientifiche o di altra natura che richiedano competenze specialistiche. deve essere neutrale, indipendente e obiettivo. Il Giudice formula interrogativi mirati a chiarire le posizioni delle parti coinvolte e il perito audio forense risponderà in modo preciso e dettagliato formalizzando il proprio operato attraverso la redazione di un documento noto come Consulenza Tecnica d'Ufficio (CTU).

Consulente Tecnico di Parte (CTP, Art. 201 c.p.c., art. 225 c.p.p.): viene nominato e incaricato da una delle parti coinvolte in un procedimento legale. A differenza del Consulente Tecnico d'Ufficio (CTU), che è nominato dal Giudice, il Consulente Tecnico di Parte (CTP) agisce a favore di una delle parti coinvolte nel processo, sia essa il querelante o l'imputato. Il suo ruolo è fornire al proprio assistito un'analisi tecnica e specialistica su questioni in campo scientifico, tecnico o di altra natura rilevante per il caso. Il CTP può essere scelto liberamente dalla parte interessata tra professionisti qualificati, esperti nel settore pertinente alle questioni oggetto del procedimento legale. La differenza della figura tra ambito penale e civile è sostanziale: in ambito penale la nomina può avvenire liberamente e rappresenta uno strumento attraverso cui la difesa intende provare determinati fatti; in ambito civile la nomina può avvenire soltanto in determinate circostanze e sempre nell'ambito di una consulenza tecnica d'ufficio disposta dal Giudice.

Si noti che lo sfruttamento della prova audio è diffuso in ambito penale più che in quello civile, come mezzo di prova disciplinato dagli artt. 187–243 del codice di procedura penale. L'iscrizione all'albo dei Periti del Giudice non preclude la possibilità di essere chiamati ad operare anche in ambito civile, nel caso se ne verifichi la necessità.

Inoltre, se il magistrato giudicante ritiene opportuno designare un individuo che non sia iscritto in alcun albo, specie qualora l'albo della disciplina non esista (come nel caso, attualmente, dei linguisti forensi), ma sia dotato di specifiche competenze tecniche, può comunque farlo rivolgendosi al Presidente del tribunale. In aggiunta, è ammissibile procedere alla designazione di un esperto legalmente qualificato ma non iscritto in alcun ordine professionale, a condizione che le parti coinvolte non presentino obiezioni.

Si noti che il consulente esterno designato dal Giudice ha la facoltà di rifiutare l'incarico senza dover fornire alcuna motivazione. In contrasto, il perito scelto tra gli esperti iscritti all'Albo del Tribunale è tenuto a eseguire l'incarico e può rinunciarvi soltanto in presenza di circostanze eccezionali. Ad esempio, potrebbe decidere di declinare l'incarico se avesse vincoli di parentela con una delle parti coinvolte o se avesse precedentemente svolto compiti di consulenza nella stessa causa, ma in un precedente grado di giudizio. Inoltre, i dipendenti pubblici (ossia di Pubblica Amministrazione) nominati come CTU sono obbligati ad accettare l'incarico a meno che non presentino motivazioni valide e documentate per astenersi.

7.2.1 La figura per perito audio forense e l'iscrizione agli albi

Gli albi vengono suddivisi per categorie, ma mentre esiste la categoria dei Periti Trascrittori (come CTU), non esistono quelle relative alle specializzazioni audio (tecnici, ingegneri e linguisti che operano sul parlato e sul segnale audio). Secondo la legge n.4/2013 queste specializzazioni fanno parte delle professioni non organizzate.

Nella UNI 11822:2021 è presente una generica e incompleta descrizione dell'Esperto in analisi foniche che lascia ampio spazio alle interpretazioni. L'unico documento di riferimento ufficiale in Italia è, ad oggi "*Le competenze del Perito Fonico - Proposta di Linee Guida dell'Associazione Italiana di Scienze della Voce*"[116], già più volte citato in questo manuale, compilato da AISV e sottoscritto da varie associazioni quali Società di Linguistica Italiana (SLI), Associazione Italiana di Linguistica Applicata (AItLA), Società Italiana di Didattica delle Lingue e Linguistica Educativa (DILLE).

Il nuovo Albo dei Consulenti Tecnici d'Ufficio (CTU) e dei periti in Italia è stato introdotto attraverso un portale telematico, attivo dal 4 gennaio 2024: <https://alboctuelenchi.giustizia.it/gestione-albi/home>[117]. Lo scopo era modernizzare e unificare le procedure di iscrizione e gestione degli albi professionali, che precedentemente erano (ancora) più complesse. Tuttavia, per l'esperto audio forense permane la difficoltà di inquadramento e la scelta di una posizione definita all'interno del portale[118].

Precedentemente era possibile registrarsi come consulenti tecnici seguendo le seguenti "linee guida":

> *L'iscrizione nell'Albo dei consulenti tecnici del Giudice può essere richiesta mediante domanda al Presidente del Tribunale, nella cui circoscrizione l'aspirante risiede o ha il domicilio professionale. La domanda deve contenere la dichiarazione di iscrizione all'ordine professionale o alla Camera di Commercio, l'indicazione della Categoria e della (o delle) specialità prescelte. Per le categorie non previste dagli albi professionali è necessaria la previa iscrizione nell'albo dei Periti e degli Esperti, tenuto dalla Camera di Commercio (Artt. 13 e ss. disp. att. c.p.c.; artt. 66 e ss. disp. att. c.p.p.)*

L'iscrizione all'albo dei Periti e degli Esperti alla camera di commercio presentava qualche difficoltà perché non esisteva una categoria specifica per il perito audio, ma classificazioni generiche come "altre attività digitali". Le tempistiche per questo processo non erano solitamente veloci; la commissione valutatrice del Tribunale impiegava da uno a due anni per valutare l'idoneità e inserire il perito nell'apposito albo. A tal proposito, risultava e risulta ancora

---

116 <https://olf.aisv.it/wp-content/uploads/2022/10/OLF_Le-competenze-del-perito-fonico.pdf> (ultimo accesso 20 dicembre 2025).

117 in conformità con l'art. 16 novies del Decreto-legge 18 ottobre 2012, n. 179, convertito dalla L. 17 dicembre 2012, n. 221. Il 2 marzo 2024 è stata pubblicata nella Gazzetta Ufficiale l'introduzione di nuove categorie per i periti, con una scadenza prorogata fino al 2 giugno 2024 per i già iscritti.

118 A titolo di esempio, al momento della redazione del presente volume, nella scelta multipla delle specialità era presente "esperto di linguaggio circense" ma non "esperto di restauro audio" o "linguista forense".

oggi interessante per l'esperto audio forense l'asseverazione della perizia (perizia giurata), illustrata nel seguente paragrafo.

7.2.2 La perizia giurata

In mancanza o nell'attesa dell'iscrizione negli albi citati, è sempre possibile giurare i propri elaborati per quanto riguarda le Consulenze Tecniche di Parte[119]. Questa possibilità è interessante per il perito audio, il cui operato è spesso ancora sconosciuto o poco compreso in ambito giuridico. La perizia giurata si distingue per un particolare atto formale: il giuramento sottoscritto dal perito, che si assume la responsabilità civile e penale della veridicità delle sue affermazioni. Il perito ha l'obbligo di rispondere penalmente in caso di falsità, configurando il reato di falso ideologico, punibile con la reclusione fino a due anni. L'effetto di tale giuramento è attribuire un valore significativamente maggiore alla perizia agli occhi di coloro che devono valutarla, come ad esempio un Giudice, il quale tuttavia non è vincolato automaticamente a darle piena fiducia.

Qualsiasi professionista può prestare giuramento sulla propria perizia presso le cancellerie dei tribunali, rivolgendosi all'Ufficio asseverazioni perizie e traduzioni. Non esistono restrizioni relative al luogo di residenza del perito o all'iscrizione all'albo professionale. È sufficiente che il professionista abbia le competenze necessarie per redigere la perizia e si presenti di persona al tribunale con un documento d'identità valido e la perizia da giurare, con le opportune marche da bollo. Infatti, vale quanto sancito dal Tribunale di Bologna, quando si legge:

> *Chiunque ne abbia la competenza e sia maggiorenne può giurare una perizia/traduzione stragiudiziale davanti a un cancelliere o a un notaio, senza che sussistano preclusioni in riferimento al luogo di residenza del perito/traduttore, né all'eventuale luogo di iscrizione all'albo professionale.* [97]

Il cancelliere assiste alla firma del verbale di giuramento (posto nell'ultima pagina dell'elaborato) e conserverà una copia della prima pagina della perizia e del verbale di giuramento presso la cancelleria del tribunale. L'asseverazione

[119] <https://www.tribunale.bologna.giustizia.it/asseverazioni-perizie-e-traduzioni> (ultimo accesso 20 dicembre 2025).

ha un costo, specificato nei documenti forniti dall'Ufficio asseverazioni perizie e traduzioni di qualunque tribunale.

7.2.3 Testimonianza in Tribunale

Ci limiteremo in questo paragrafo al contesto penale, di maggiore rilevanza per l'ambito audio forense. L'esperto può essere chiamato a testimoniare in tribunale sul proprio operato, dove il suo ruolo consiste nel tradurre in un linguaggio chiaro, preciso ed esplicativo il proprio lavoro e i risultati ottenuti. Quando si presenta per testimoniare, il perito ha la facoltà di consultare gli atti di indagine e altre consulenze tecniche rilevanti per il processo in corso, (art. 501 c.p.p.). In aula deve fornire le proprie generalità (art. 497 c.p.p.) e recitare la seguente formula di impegno:

> *«Consapevole della responsabilità morale e giuridica che assumo nello svolgimento dell'incarico, mi impegno ad adempiere al mio ufficio senza altro scopo che quello di far conoscere la verità e a mantenere il segreto su tutte le operazione peritali.»*

La testimonianza consiste in due fasi principali: l'esame, in cui l'avvocato della parte che ha nominato il perito interroga l'esperto, ed il contro-esame, svolto a dall'avvocato della parte avversa, il quale ha l'opportunità di interrogare il consulente per porre le proprie domande (articoli 498 e 499 c.p.p). Inoltre, il Giudice può sempre intervenire rivolgendo domande a testimoni, periti e consulenti tecnici.

In alcuni casi, durante il processo, potrebbe verificarsi un confronto diretto tra gli esperti di parti diverse, se entrambi sono presenti come testimoni. Questo può essere richiesto dal Giudice o dalle parti coinvolte per chiarire punti di disaccordo e differenze nelle valutazioni tecniche. Il confronto avviene talvolta anche tra CTP e CTU a causa di una prassi non codificata. Il CTU, infatti, non potrebbe testimoniare per via della particolare posizione che assume all'interno del procedimento, essendo un collaboratore diretto del Giudice, ma può capitare che, per chiarire alcuni aspetti tecnici, sia necessario un dibattito diretto con il (o i) CTP.

7.3 I ruoli nel panorama nazionale svizzero

In Svizzera, i consulenti tecnici del giudice sono noti come Periti Giudiziari. La loro nomina e il loro ruolo sono regolati per tutta la Svizzera dagli artt. 182 e seguenti del Codice di procedura penale svizzero (CPP)[120]. Le prassi di nomina e l'effettivo utilizzo possono variare leggermente a seconda del Cantone o della giurisdizione specifica. I consulenti svolgono una funzione simile ai Consulenti Tecnici d'Ufficio (CTU) in altri sistemi giuridici. La figura italiana del CTP è invece generalmente nota in Svizzera come Esperto (o perito) di Parte.

Anche in Canton Ticino, oltre al Giudice, responsabile di prendere decisioni giuridiche, valutare le prove presentate dalle parti coinvolte ed emettere sentenze basate sulle leggi e i fatti, è presente la figura del Procuratore Pubblico (PP), che si occupa di perseguire penalmente i reati raccogliendo prove, formulando le accuse e rappresentando l'accusa in Tribunale durante il processo penale. PP e Giudice possono rivolgersi a uno o più periti qualora non dispongano delle conoscenze e capacità speciali necessarie per accertare o giudicare un fatto. Inoltre, come in Italia, gli esperti di materie specifiche possono essere incaricati anche in fase di indagine preliminare.

È possibile designare come perito un individuo che, in un determinato settore, possiede le competenze e le abilità speciali necessarie per affrontare i quesiti peritali anche sulla base del *curriculum vitae*, se la specializzazione riguarda, come nel caso dell'audio, conoscenze estremamente specifiche e settoriali. Presso i tribunali possono essere presenti liste di periti ufficiali qualificati e in determinati campi la Confederazione e i Cantoni possono prevedere periti permanenti o ufficiali, ma solitamente queste liste non rappresentano un ostacolo alla scelta di periti esterni quando vi è necessità di professionalità estremamente particolari.

La procedura di nomina del perito è descritta all'art. 184 CPP[121]. In sintesi, la scelta del perito è una prerogativa di chi dirige il procedimento, il quale deve conferire un mandato scritto che specifichi chiaramente tutti i termini dell'incarico. Prima però di conferire l'incarico, chi dirige il procedimento è tenuto a dare alle parti la possibilità di esprimere il proprio parere sul professionista scelto e sui quesiti proposti, oltre a consentire loro di presentare eventuali suggerimenti. Chi dirige il procedimento ha anche la facoltà di revocare il mandato e sostituire il perito, qualora ciò sia opportuno per l'interesse

---

120 <https://www.fedlex.admin.ch/filestore/fedlex.data.admin.ch/eli/cc/2010/267/20161001/it/pdf-a/fedlex-data-admin-ch-eli-cc-2010-267-20161001-it-pdf-a.pdf> (ultimo accesso 20 dicembre 2025).

121 <https://www.fedlex.admin.ch/eli/cc/2010/267/it> (ultimo accesso 20 dicembre 2025).

della causa. Prima di assegnare l'incarico, può inoltre chiedere all'esperto un preventivo, o subordinare il conferimento del mandato al versamento di un anticipo nel caso in cui la richiesta di perizia provenga da una delle parti.

Il panorama svizzero non differisce nei suoi punti essenziali da quello italiano: se emerge la necessità di una perizia tecnica, viene designato un esperto per la specifica materia. Non esistendo obblighi relativi a scelta da albi specifici, quindi il responsabile del procedimento ha un margine maggiore di scelta nel caso di figure professionali inconsuete come quella del perito audio forense.

In Svizzera è presente la "*Camera svizzera degli esperti giudiziari tecnici e scientifici*" una sorta di albo generale (al quale non è tuttavia necessario essere iscritti) che riunisce specialisti provenienti da diverse discipline professionali sul territorio nazionale, i cui associati vengono chiamati come consulenti per i tribunali, le amministrazioni e altri contesti interessati. Una ricerca nel database suggerisce l'assenza di professionisti esperti nelle varie sotto-discipline dell'audio forense sull'intero territorio nazionale. In Svizzera le perizie audio e gli esperti di settore sono estremamente rari rispetto al panorama italico, ma la tendenza suggerisce un futuro aumento della domanda a seguito della crescente espansione delle tecnologie (es. utilizzo di audio nei social media e nelle *app* di messaggistica istantanea e *deep fake*) e all'imminente digitalizzazione della giustizia, perseguita dal progetto nazionale Justitia 4.0[122].

7.4 Prima di accettare un incarico

Nel momento in cui si riceve un incarico peritale è importante considerare l'importanza e la variabilità estrema del materiale audio forense. Ogni registrazione è a sé stante e rappresenta un caso nuovo e unico che andrà affrontato singolarmente e non per analogie o parallelismi. Il perito non può approcciarsi ad un quesito pensando di poter replicare le azioni svolte su casi precedenti, poiché ogni perizia rappresenta un *unicum* irripetibile. L'analogia della richiesta con esperienze pregresse può indurre a pensare che sia possibile, ad esempio, portare a termine un nuovo incarico in poco tempo senza effettuare analisi preliminari, ma è bene considerare che questi sono casi rari che, comunque, non possono essere definiti prima di accedere al materiale.

122 <https://www.justitia40.ch/it> (ultimo accesso 20 dicembre 2025).

Con una richiesta di perizia incompleta, per esempio senza informazioni sufficienti a formulare una stima della mole di lavoro, non si può e non si deve procedere. Infatti, accettare un incarico senza un quadro chiaro delle possibilità e della qualità dell'audio può causare ripercussioni economiche (ad esempio, a causa di una sottostima del tempo necessario), di mutua incomprensione (es. il richiedente potrebbe pensare che il lavoro è molto facile e saltare a conclusioni affrettate riguardo la fattibilità) con conseguente influenza sui risultati del lavoro (ad esempio a seguito della necessità di svolgerlo in meno tempo o in condizioni di stress). La soluzione migliore è richiedere "ove possibile" di ascoltare e visionare il materiale per effettuare un'analisi preliminare, in modo da valutare la fattibilità della perizia e quantificare in maniera consona le tempistiche e il conseguente preventivo (secondo i propri canoni commerciali). Non è raro invece che si verifichino situazioni come quelle descritte in precedenza, che possono causare incomprensioni, stress e finanche perizie di qualità non adeguata. Si torna quindi a sottolineare l'importanza di una comunicazione efficace da parte dell'esperto con i richiedenti (e viceversa).

Rifiutare un incarico come CTP non è reato. È molto più professionale rifiutare un incarico, eventualmente consigliando al committente un collega più adatto per esperienza o conoscenze, o spiegando le ragioni della propria decisione (siano esse tecniche, personali, o di tempistica), che non accettare il lavoro e svolgerlo male. Il committente serio comprenderà (e apprezzerà) ed eviterete di causare possibili danni alla parte. È inoltre sconsigliato accettare perizie da privati cittadini se ledono le leggi sulla *privacy*, le regole di ammissibilità delle prove in tribunale ecc. al fine di evitare conseguenze legali.

Un altro punto cruciale è trasmettere sempre il concetto di incertezza. Contrariamente a quanto comunemente concepito, enfatizzare l'incertezza intrinseca della perizia audio forense può essere considerata un valore aggiunto. Ogni registrazione, per la sua unicità, porta con sé una serie di variabili e sfumature che rendono impossibile una predizione precisa dei risultati, delle tempistiche e delle risorse necessarie. L'esperto deve sempre comunicare chiaramente al committente che l'incertezza fa parte integrante del processo investigativo e scientifico, ma che può essere gestita in modo professionale attraverso una continua comunicazione e valutazione delle nuove informazioni che emergono durante l'analisi. L'incertezza non è un segno di debolezza: gestirla e comprenderla può contribuire a fornire un quadro più completo e accurato anche a livello giuridico, oltre a offrire meno il fianco a critiche e contestazioni da parte delle contro-parti.

7.5 Prima di affidare un incarico

Nel momento in cui il committente affida un incarico peritale è importante che conosca i limiti e le potenzialità della perizia audio, come si è cercato di spiegare in questo volume. In questo modo il committente potrà non solo fornire al perito le informazioni necessarie per la valutazione di fattibilità, ma anche comprendere se la scelta del professionista sia adeguata alla richiesta (valutandone il curriculum o la specializzazione) ed esigere eventuali delucidazioni tecniche in un linguaggio comprensibile ma adeguato alla disciplina (Jackson, 2009). Ad esempio, se voglio incaricare un perito di un confronto su base acustico-percettiva di due voci è preferibile diffidare di chi parla di confronto tra "lettere" invece che di "foni" o "suoni". L'utilizzo di un vocabolario meno tecnico può naturalmente essere accettabile, ma dietro esplicita richiesta del committente e sempre affiancato, magari in nota, dalla terminologia tecnico-scientifica della disciplina.

Il committente deve comunicare chiaramente gli obiettivi della perizia e le aspettative riguardo ai risultati attesi, ma si ricorda che non essendo esperto del settore, come per ogni altra materia specialistica, una comunicazione trasparente e chiara è il punto di partenza fondamentale per un successivo lavoro svolto a regola d'arte. Inoltre, l'estrema variabilità del dato forense causa per natura una frammentazione estrema delle casistiche: pertanto, un linguaggio e una comunicazione condivisa tra committente e perito possono chiarire meglio scopi e possibilità, portando a una riformulazione del quesito sulla base delle possibilità tecniche evidenziate.

È inoltre fondamentale che il committente comprenda che il lavoro dell'esperto audio forense non è semplice, veloce e automatico come spesso descritto dai media e noto come il cosiddetto "effetto CSI" (Roane & Morrison, 2005). La realtà è che l'analisi forense audio richiede tempo, attenzione ai dettagli, conoscenze e metodo scientifico. È inoltre fondamentale non sviluppare aspettative irrealistiche sulle prestazioni del perito, sopravvalutandone ad esempio le possibilità e capacità tecniche (Alemanno, 2009). Una comunicazione aperta e realistica tra le parti è essenziale per evitare malintesi e garantire una valutazione accurata e affidabile.

Se il perito rifiuta l'incarico, è necessario ascoltarne le motivazioni ed eventualmente riformulare il quesito peritale o l'intera richiesta. Si consiglia di evitare di rivolgersi a un altro professionista forzando l'intervento se le motivazioni sono di tipo tecnico o di tempistica. Ad esempio, si consideri la richiesta di una comparazione vocale da eseguire in 24 ore (un miracolo!): anche trovando un secondo esperto disposto a farlo, sarà estremamente probabile che il lavoro non sia scientificamente accurato, con la conseguenza che i risultati sarebbero facilmente criticabili da una controparte.

7.6 Quando l'incarico è stato accettato o affidato

Una collaborazione aperta e rispettosa tra perito audio forense e committente è essenziale per ottenere risultati accurati e affidabili nell'ambito dell'analisi. Analizziamo le buone norme per entrambe le parti al fine di garantire una collaborazione efficace e risultati affidabili.

Il perito dovrebbe:

- *Comunicare chiaramente:* esprimere in modo chiaro e comprensibile i dettagli tecnici, le procedure adottate e le conclusioni raggiunte, evidenziando le basi scientifiche delle valutazioni;
- *Richiedere informazioni pertinenti:* chiedere al committente informazioni dettagliate e rilevanti per garantire un'analisi accurata è un diritto. Non lo è, invece, chiedere dettagli circa le persone coinvolte o opinioni personali del committente. L'indipendenza della valutazione va salvaguardata in prima persona senza adottare comportamenti nocivi per lo svolgimento del lavoro;
- *Definire aspettative realistiche:* comunicare chiaramente le eventuali limitazioni dell'analisi al committente per fissare aspettative realistiche riguardo ai risultati attesi;
- *Chiedere autorizzazioni adeguate:* assicurarsi di avere tutte le autorizzazioni necessarie per accedere al materiale audio e svolgere l'analisi, ad esempio nel caso della raccolta di campioni audio per una comparazione vocale;
- *Collaborare attivamente:* collaborare per rispondere a domande e fornire chiarimenti al committente e ad eventuali terze parti (ad esempio durante la testimonianza in Tribunale);

- *Rispettare le scadenze:* pianificare e rispettare i tempi concordati con il committente. Comunicare con il dovuto anticipo eventuali necessità di proroga;
- *Mantenere obiettività e indipendenza:* mantenere un approccio obiettivo e professionale, evitando influenze esterne che potrebbero compromettere l'analisi;
- *Essere disponibile per chiarimenti:* essere disponibile per fornire ulteriori chiarimenti o informazioni in seguito alla presentazione dei risultati. Consegnare una perizia non significa, nei limiti che ogni professionista può auto imporsi, cessare ogni comunicazione costruttiva con il committente.

Il committente dovrebbe:

- *Fornire informazioni dettagliate:* fornire al perito tutte le informazioni oggettive e tecniche relative all'incarico peritale (nel rispetto delle leggi sulla privacy e altre normative pertinenti). Non fanno parte di queste informazioni ad esempio le valutazioni personali inerenti il caso, i dettagli degli eventi se non espressamente finalizzati al mero svolgimento dell'analisi tecnica, ed eventuali bozze di valutazione svolte da terze parti o in prima persona dal committente (non è raro ad esempio che al perito venga proposto di velocizzare il lavoro utilizzando trascrizioni svolte da terzi, prassi non corretta per le ragioni espresse nel cap. 3.5);
- *Collaborare Attivamente:* rispondere prontamente alle richieste di ulteriori informazioni tecniche (ad esempio circa la documentazione di una catena di custodia) e facilitare l'accesso al materiale;
- *Esercitare il diritto all'informazione:* chiedere delucidazioni quando un procedimento tecnico o un risultato non sono chiari, o se si hanno dubbi e curiosità circa l'operato del perito. Aspettative realistiche aiutano a evitare fraintendimenti e problemi pratici di sfruttamento della perizia;
- *Rispettare e fornire i tempi necessari:* comprendere che l'analisi forense audio può richiedere tempo. Dare al perito il tempo necessario per eseguire un'analisi accurata contribuisce alla qualità del lavoro. Spesso le perizie vengono richieste con urgenza per motivi contingenti: in tal caso va considerato il carico di lavoro aggiuntivo, la possibile perdita di qualità e l'effettiva fattibilità;
- *Considerare il Parere Tecnico:* rispettare e considerare il parere tecnico del perito;

- *Pagare Adeguatamente:* riconoscere il valore del lavoro del perito e pagare in modo adeguato in base alla complessità del caso e alla professionalità richiesta.

7.7 La remunerazione del perito

In Svizzera non esiste un ordine specifico per gli esperti di audio forense, tuttavia non esistendo un sistema a vacazioni la situazione è attualmente migliore rispetto al panorama italiano. Prima di assegnare un mandato, chi dirige il procedimento può chiedere un preventivo di spesa ed il perito ha diritto a una congrua indennità (Art. 190 Codice di procedura penale, CPP), esattamente come per le perizie di parte e private.

In Italia, il compenso del perito è regolamentato dal Testo Unico delle disposizioni legislative in materia di spese di giustizia D.P.R 115/2002 (titolo VII, articoli dal 49 al 72). Oltre al DPR 115/2002, oggi in vigore, rimane valida la tariffa a tempo, prevista dell'art. 4 della legge 319/1980. Dopo vari interventi normativi la legge 319/1980 introdusse infatti la liquidazione a tempo attraverso il sistema delle vacazioni come criterio per il calcolo del compenso. In Italia l'esperto audio forense fa parte come già esposto delle professioni non organizzate, ed opera solitamente in ambito penale in veste di Perito del Giudice. È remunerato pertanto come segue.

Una vacazione equivale a due ore di lavoro (art. 1 del d.P.R. n. 352/1988), le vacazioni massime in un giorno lavorativo sono 4 (per un totale di otto ore, art.4 comma 5, legge 8 luglio 1980, nr. 319). La parcella prevede euro 14,68 per ogni vacazione[123] considerando come giorno di inizio quello corrispondente o seguente all'assegnazione dell'incarico e come data finale massima quella di consegna dell'elaborato.

Si può inoltre:

- applicare un carico di urgenza del 20% se il lavoro è stato dichiarato urgente con apposito decreto;
- raddoppiare le vacazioni quando è fissato un termine non superiore a 5 giorni e se la prestazione riveste carattere di particolare complessità o importanza;
- aumentare del 50% le vacazioni quando è fissato un termine non superiore a 15 giorni.

---

[123] La sentenza n. 16/2025 della Corte Costituzionale ha eliminato la differenza tra la prima e le successive vacazioni, che fino ad allora valevano 8,15 euro.

Se ne deduce facilmente che la remunerazione del CTU non è generalmente particolarmente conveniente e che per incarichi di breve durata le cifre diventino ancora più irrisorie, nonostante "poco tempo" nel mondo forense significhi spesso lavorare a pieno regime per soddisfare un'emergenza. Considerando, per esempio, che un perito sia nominato ausiliario di Polizia Giudiziaria per un caso particolarmente urgente di comparazione vocale con consegna entro sette giorni (dal 7 gennaio al 14 gennaio), la parcella sarebbe la seguente:

Giorni lavorativi: 6
Prima vacazione: € 14,68
Vacazioni successive (23 × € 8,15): € 187,45
Totale vacazioni: € 202,13
Aumento incarico urgente +20% (Art. 51): € 40,43
Spese documentate (es. spese di spostamento): € 50,00
TOTALE ONORARI E SPESE: € 292,56

Le vacazioni possono essere percepite in forma lorda o netta, a seconda di come viene stabilito tra il perito e l'ente che richiede la consulenza tecnica. In ogni caso si consideri che un netto di 292,56 euro per sette giorni di lavoro (solitamente in urgenza si superano le tradizionali 8 ore al giorno) è nettamente sproporzionato a quanto il perito chiederebbe in media per una perizia come CTP.

Lo stesso incarico svolto nell'ambito di una perizia di parte potrebbe tranquillamente partire da 2500 euro netti, cifra variabile a seconda della quantità di materiale a disposizione, della qualità dell'audio, e di tutta una serie di condizioni tecniche che nel ruolo di CTU o Perito del Giudice non vengono contemplate.

L'adeguamento delle tariffe (rimaste inalterate dal 2002[124]) è un tema ampiamente discusso da esperti e addetti ai lavori. La situazione è comunque estremamente variegata sul territorio nazionale e può capitare che i periti ottengano di essere liquidati a parcella (come per il ruolo di CTP) dietro esplicita richiesta al responsabile del procedimento. A tal proposito la Corte costituzionale ha affrontato la questione della legittimità costituzionale dell'art.

---

124 Un aumento medio del 61% dei compensi dei CTU è stato annunciato a maggio 2025, ma non è ancora entrato ufficialmente in vigore.

4 della legge n. 319/1980 e degli artt. 50 e 54 del d.P.R. n. 115/2002, relativi agli onorari degli ausiliari. La questione affrontata riguardava la mancanza di una normativa che permettesse al giudice di adeguare autonomamente gli onorari in caso di omesso adeguamento periodico tramite decreto. La Corte Costituzionale ha stabilito che la competenza per gli adeguamenti spetta all'amministrazione, affermando che la valutazione di adeguamenti minimi o modifiche significative è una scelta legittima dell'amministrazione committente. La sentenza è stata emessa in risposta a un'ordinanza del Tribunale di Torino, relativa a un caso in cui un consulente tecnico del pubblico ministero contestava il decreto di liquidazione dei compensi per il suo lavoro.

Una seconda conseguenza del sistema di liquidazione a vacazioni è che vengono sollevate questioni di equità e giustizia sociale. Il CTU potrebbe, ad esempio, chiedere un termine di consegna molto dilatato nel tempo per poter essere pagato in maniera adeguata, con conseguenti ritardi sulla catena del procedimento. Inoltre, molti esperti rinunciano al ruolo di CTU o Perito del Giudice, preferendo le consulenze private e gli incarichi come CTP: non tutti i privati cittadini possono assumersi gli oneri di una perizia svolta a regola d'arte, ma soprattutto il rischio maggiore è che il ruolo dei consulenti di ufficio venga abbandonato da chi desidera svolgere perizie come unico lavoro.

7.8 Le registrazioni private nella giurisdizione svizzera e italiana

In Svizzera, chiunque, senza l'assenso degli altri interlocutori, ascolti con un apparecchio di intercettazione, o registri su un supporto del suono una conversazione non pubblica (a cui partecipa o meno), viola il Codice penale (art. 179bis e art. 179ter CP)[125] rendendosi punibile, salvo specifiche eccezioni.

Per garantire l'impunità, è fondamentale che via sia un consenso, ottenuto in modo chiaro e trasparente. Chi registra deve informare in modo preciso sull'intenzione di registrare e sullo scopo di tale registrazione. Inoltre, il

125 <https://www.edoeb.admin.ch/edoeb/it/home/datenschutz/arbeit_wirtschaft/audioueberwachung.html#:~:text=10.05.2023)%22-,Registrazioni%20di%20conversazioni%20non%20telefoniche,CP)%20e%20pu%C3%B2%20rendersi%20punibile> (ultimo accesso 20 dicembre 2025).

consenso deve essere ottenuto prima della registrazione, in modo che l'interessato possa eventualmente opporsi.

In Italia, invece, si può registrare all'insaputa di terzi, purché chi registra sia presente al momento della conversazione e non si stia registrando in luoghi privati appartenenti agli altri partecipanti alla conversazione. Inoltre, l'audio realizzato non può essere dato ad altri, diffuso su internet o sulla stampa, ma può essere solo consegnato alle forze di polizia o a un giudice per far valere le nostre ragioni in giudizio. Rispetto alla Svizzera, l'Italia adotta un approccio meno restrittivo e punitivo, permettendo tale pratica in determinate circostanze.

Nel contesto italiano, la registrazione di conversazioni è disciplinata principalmente dal Codice Penale, dal D.Lgs. 196/2003 (noto come Codice Privacy). Esistono poi ulteriori numerose norme che regolano la questione ma che concorrono a delineare un quadro differente da quello svizzero. Le Sezioni Unite della Corte di Cassazione hanno affermato che *"la riservatezza è garantita costituzionalmente nei limiti in cui essa incide su alcuni diritti di libertà"*. L'articolo 2712 del Codice Civile precisa che *"le registrazioni fonografiche e, in genere, ogni altra rappresentazione meccanica di fatti e di cose formano piena prova dei fatti e delle cose rappresentate"*. Dal Codice della Privacy, inoltre, si desume che il consenso non è richiesto quando il trattamento è *"necessario ai fini dello svolgimento delle investigazioni difensive"* o, comunque, per far valere o difendere un diritto in sede giudiziaria, sempre che *"i dati siano trattati esclusivamente per tali finalità e per il periodo strettamente necessario al loro perseguimento"*. Inoltre, l'articolo 6 del GDPR stabilisce che il trattamento è lecito se necessario al perseguimento del legittimo interesse del titolare, e l'articolo 9 del medesimo regolamento riporta che il trattamento di categorie particolari di dati personali è possibile se necessario per accertare, esercitare o difendere un diritto in sede giudiziaria. Ancora, l'articolo 160 bis del Codice della Privacy (modificato dal decreto legislativo 10 agosto 2018, n. 101), afferma che *"la validità, l'efficacia e l'utilizzabilità nel procedimento giudiziario di atti, documenti e provvedimenti basati sul trattamento di dati personali non conforme a disposizioni di legge o di Regolamento restano disciplinate dalle pertinenti disposizioni processuali"*.

La Corte di Cassazione si è pronunciata inoltre più volte sul tema nel corso degli anni, come riportato sinteticamente negli esempi che seguono, ribadendo in sintesi che è sempre possibile registrare una conversazione telefonica purché ricorrano le condizioni fondamentali di partecipazione attiva di chi registra al colloquio e che non si registri all'interno di un'abitazione privata di terzi. Elenchiamo di seguito i vari pronunciamenti relativi al tema:

- Cass. n. 1250 del 2018, n. 5259 del 2017 e n. 27424 del 2014: una conversazione tra presenti può costituire fonte di prova "*se colui contro il quale la registrazione è prodotta non contesti che la conversazione sia realmente avvenuta, né che abbia avuto il tenore risultante dal nastro, e sempre che almeno uno dei soggetti, tra cui la conversazione si svolge, sia parte in causa; il disconoscimento, da effettuare nel rispetto delle preclusioni processuali degli artt. 167 e 183 c.p.c., deve essere chiaro, circostanziato ed esplicito e concretizzarsi nell'allegazione di elementi attestanti la non corrispondenza tra la realtà fattuale e quella* riprodotta" (si veda anche art. 234 c.p.p);
- Cass. Civ., n. 5259/2017: sebbene la registrazione di una conversazione tra privati avvenga all'insaputa dell'altro interlocutore, può assumere rilevanza processuale e fungere da fonte di prova in conformità all'art. 2712 del Codice civile;
- Cass. civ. n.8762/2013: ha stabilito che commette il reato di interferenze illecite nella vita privata, il convivente che mette un registratore nella sua casa per spiare i colloqui della sua compagna con la sorella (art. 615-bis c.p.);
- Cass. pen. n.18908/2011: stabilisce la liceità della registrazione tra presenti purché non le si diffonda per scopi diversi dalla tutela di un diritto proprio o altrui;
- Cass. pen. S.U. n. 36747/2003, Cass.pen. n. 31342/11 e Cass. pen. n. 16986/2009: le registrazioni di un colloquio svoltosi tra presenti ad opera di un soggetto che ne sia partecipe, è prova documentale utilizzabile.

Riassumendo, in Italia la registrazione di una telefonata è consentita anche all'insaputa dell'interlocutore (tranne che in ambienti privati), in quanto si ritiene che chi inizia una conversazione accetta implicitamente il rischio di essere registrato. L'audio può essere utilizzato come prova legale in tribunale, ad esempio, in caso di denuncia di reati subiti dal registrante o in un giudizio civile per sostenere le proprie argomentazioni. Tuttavia, la registrazione non può essere divulgata pubblicamente o su social media (concetto ribadito nella riforma della disciplina delle intercettazioni, decreto legislativo 29 dicembre 2017, n. 216.), ma può essere consegnata alle autorità giudiziarie o alle forze dell'ordine, poiché la diffusione del materiale registrato violerebbe la privacy altrui. Si ricorda inoltre che la registrazione di una telefonata è considerata una prova documentale in una causa legale, ma la persona contro cui viene utilizzata ha il diritto di disconoscerla, ad esempio sostenendo che la conversazione non ha avuto luogo o che il contenuto del nastro è stato alterato. In caso di controversia, il giudice può nominare un esperto per verificare l'autenticità della registrazione, un ulteriore compito possibile per il perito audio forense.

È importante distinguere tra registrazioni di telefonate (dove almeno una parte partecipa attivamente) e le intercettazioni telefoniche, che richiedono invece l'autorizzazione preventiva del giudice.

7.9 Le intercettazioni nella giurisdizione svizzera e italiana

Nel panorama giuridico moderno, la questione delle intercettazioni (siano esse telefoniche, ambientali, o tramite captatore informatico) assume un ruolo centrale, delineando il delicato equilibrio tra la necessità di garantire la sicurezza pubblica e il rispetto dei diritti individuali alla privacy. La legislazione internazionale e nello specifico dei paesi italofoni in materia di intercettazioni si presenta come un intricato labirinto normativo, sottolineato da una complessità pratica che riflette la sfida di bilanciare la tutela della società con la salvaguardia delle libertà personali, e complicata inoltre dalle costanti evoluzioni tecnologiche e dalle crescenti preoccupazioni legate alla privacy digitale. Questa sezione non si propone di esaurire la complessità della legislazione sulle intercettazioni, bensì di offrire uno sguardo iniziale sui nodi cruciali che la caratterizzano in Svizzera e Italia.

In Svizzera, la sorveglianza è disciplinata dall'artt. 269 ss. del CPP[126]. In sintesi, il pubblico ministero ha la facoltà di utilizzare apparecchiature tecniche speciali per la sorveglianza delle comunicazioni al fine di ascoltare o registrare conversazioni, o per identificare e localizzare persone o oggetti, esclusivamente se sono soddisfatte determinate condizioni, tra cui la

---

126 <https://www.fedlex.admin.ch/filestore/fedlex.data.admin.ch/eli/cc/2010/267/20161001/it/pdf-a/fedlex-data-admin-ch-eli-cc-2010-267-20161001-it-pdf-a.pdf> (ultimo accesso 20 dicembre 2025).

dimostrata inefficacia delle misure di sorveglianza già attuate e la disponibilità delle necessarie autorizzazioni per l'uso di tali apparecchiature secondo la normativa sulle telecomunicazioni. La misura deve essere tuttavia approvata dal Giudice dei provvedimenti coercitivi.

In Italia, il quadro è molto più complesso e ci limiteremo a fornire i riferimenti più recenti. Il decreto legislativo 29 dicembre 2017, n. 216, ha riformato la disciplina delle intercettazioni. I punti salienti per il presente volume sono il divieto di trascrizione delle comunicazioni ritenute irrilevanti o riguardanti dati personali sensibili, la nuova procedura di deposito degli atti delle intercettazioni, la disciplina dei *trojan* per le intercettazioni informatiche, la semplificazione dell'impiego delle intercettazioni nei procedimenti per reati contro la pubblica amministrazione, il prolungamento dei tempi per l'esame del materiale intercettato da parte delle difese e l'anticipazione del rilascio delle copie dei verbali di trascrizione sommaria (i cosiddetti "brogliacci").

Il decreto-legge n.132/2021, invece, ha adeguato l'ordinamento italiano ad una sentenza della Corte di Giustizia Europea, limitando la possibilità di acquisizione di tabulati telefonici e informatici a determinate forme gravi di criminalità e introducendo un controllo giurisdizionale sulla richiesta del pubblico ministero (o una convalida successiva in caso di urgenza). La sentenza C-746/2018 del 2 marzo 2021, infatti, ha stabilito che l'accesso ai dati di intercettazione deve essere limitato alla lotta contro gravi crimini, con un controllo preventivo da parte di un giudice o entità indipendente. Il pubblico ministero non può accedere direttamente in fase di indagine, e la normativa nazionale deve definire criteri obiettivi per limitare l'accesso a sospettati di gravi reati o minacce alla sicurezza nazionale. Del 2024 è invece il DDL "Nordio"[127], il quale ha apportato ancora rilevanti modifiche alla disciplina codicistica delle intercettazioni sollevando molte polemiche su vari fronti[128]. Per i fini del presente volume è interessante rilevare che questo DDL:

[127] <https://www.agendadigitale.eu/sicurezza/privacy/intercettazioni-e-diritto-alla-riservatezza-cosa-cambia-con-la-legge-nordio/> (ultimo accesso 20 dicembre 2025).

[128] <https://www.giustiziainsieme.it/it/processo-penale/3154-d-d-l-nordio-intercettazioni-andrea-apollonio> (ultimo accesso 20 dicembre 2025).

- Rafforza il controllo giudiziale sulle intercettazioni mediante captatore informatico, richiedendo una "autonoma valutazione" da parte del GIP sulla necessità di utilizzare tale strumento;
- Impone una trascrizione dettagliata e prescrittiva del solo contenuto rilevante per le indagini, con divieto di menzionare comunicazioni non rilevanti nei verbali;
- Modifica la disciplina sull'utilizzabilità delle intercettazioni in procedimenti diversi da quelli iniziali, eliminando la possibilità generale introdotta in precedenza e limitandola ai reati specificati nell'art. 266 comma 1 c.p.p. (applicabile solo ai procedimenti futuri).

Letture consigliate

I consigli di lettura riguardano soprattutto testi attinenti al ruolo del perito, la comunicazione con gli organi giudiziari e della sicurezza e la comprensione dei risultati e le possibilità di utilizzo della prova audio. L'evoluzione della scienza forense nel tempo e di come il cosiddetto between affligga da tempo la collaborazione tra esperti di diversi settori è ben trattata nel lavoro di Athaliah Biju, Kate Hambly & Avani Joshi (2021). The Complexity of Forensic Science in Criminal Investigations: Is there a Gold Standard? *Voices of Forensic Science*, *1*(1), 7–26.

Si segnala il documento *Core Competencies for Forensic Audio* (2017) del già citato Scientific Working Group on Digital Evidence (SWGDE)[129] per quanto concerne i riferimenti internazionali riguardo i doveri, le capacità e le competenze che un perito audio dovrebbe possedere. Un valido e aggiornato sul punto di vista e la situazione degli esperti in altri paesi è invece consultabile in Helen Fraser (2022). *A Framework for Deciding How to Create and Evaluate Transcripts for Forensic and Other Purposes.* Frontiers in Communication, 7, 898410.

Un importante contributo inerente ai cosiddetti "rilevatori di bugie", dispositivi che vengono pubblicizzati come in grado di rilevatore menzogne dal parlato registrato, ma che mancano di qualsiasi evidenza scientifica, è rappresentato dal lavoro di Anders Eriksson & Francisco Lacerda (2007). Charlatanry

[129] La lista complessiva delle pubblicazioni è reperibile sul sito <https://www.swgde.org/documents/published-complete-listing/> (ultimo accesso 20 dicembre 2025).

in forensic speech science: A problem to be taken seriously. *International Journal of Speech, Language and the Law*, *14*(2), 169–193.

L'uso delle registrazioni audio come prove forensi nei processi penali è approfondito nel lavoro di Helen Fraser (2021). Forensic Transcription: Legal and scientific perspectives. In C. Bernardasci, D. Dipino, D. Garassino, S. Negrinelli, E. Pellegrino & S. Schmid (Eds.), *Speaker individuality in phonetics and speech sciences* (pp. 19–32). Studi AISV 8. Milano: Officinaventuno, in cui l'autrice sottolinea la frequente scarsa qualità delle registrazioni audio utilizzate e la necessità di trascrizioni per garantire la comprensione del contenuto da parte del tribunale.

Materiali aggiuntivi

Il tema del dialogo tra diverse professionalità interessa tutte le tipologie di perizie audio. L'incomprensione e la mancanza di collaborazione hanno importanti ripercussioni che dall'ambito scientifico sfociano in quello giuridico e della giustizia sociale. A tal proposito si suggeriscono l'ascolto dell'intervista di Marco Perino all'Avv. Iacopo Benevieri, responsabile della Commissione. Linguistica Giudiziaria Camera Penale Roma, inerente alle trascrizioni e agli errori giudiziari nel nostro paese[130] e quella al prof. Peter French, focalizzata sulla storia e sul percorso intrapreso in Inghilterra[131]. Le autrici di questo volume hanno inoltre descritto un caso reale di incarico peritale riguardante un'attribuzione errata dell'identità del parlatore in Sonia Cenceschi & Chiara Meluzzi (2023). Transcription and voice comparison of noisy interceptions: remarks from an audio forensics report. *STUDI AISV*, *10*, 99-111 in cui sono discusse le problematiche inerenti al riconoscimento uditivo del parlatore senza l'ausilio di un esperto e i conseguenti errori di trascrizione e attribuzione vocale di un audio rumoroso.

Sempre in ambito di trascrizione, sul sito di Radio Radicale è presente la registrazione del convegno del 12 dicembre 2023 "La parola intercettata,

130 <https://www.youtube.com/watch?v=yRbKFM6mh_k> (ultimo accesso 20 dicembre 2025).

131 <https://youtu.be/_V6p6DouW-0?si=5G6BOOlsK8Oojtv1> (ultimo accesso 20 dicembre 2025).

la parola trascritta e il giusto processo”[132], evento conclusivo del corso dal titolo “Intercettazioni, trascrizioni e linguistica forense” organizzato dalla Commissione sulla Linguistica Giudiziaria della Camera Penale di Roma. Sul tema dei compensi dei periti e dei consulenti tecnici si rimanda alla tavola rotonda “I (miseri) compensi dei periti e dei consulenti tecnici: una riforma non più rinviabile” a cura dell’associazione Forensics Group[133], moderata dal compianto avv. Domenico Famà e con l’intervento dell’avv. Giuseppe Cammaroto, dell’ing. Paolo Reale, dell’ing. Sonia Cenceschi e della prof.ssa Chiara Meluzzi. Inoltre, sempre sul canale della stessa Associazione è possibile trovare tutti i video del ciclo di seminari “L’audio forense: prospettive interdisciplinari”[134] organizzato dalle autrici di questo volume. I temi trattati, consultabili sul sito ufficiale[135], hanno toccato i principali ambiti applicativi della pratica forense con ospiti di rilievo e comprovata professionalità i cui interventi rappresentano un valore aggiunto per chi voglia acquisire consapevolezza riguardo la situazione applicativa dell’audio forense.

---

132 <https://www.radioradicale.it/scheda/715942/la-parola-intercettata-la-parola-trascritta-e-il-giusto-processo> (ultimo accesso 20 dicembre 2025).

133 <https://www.youtube.com/watch?v=Sgt86o8zN4M> (ultimo accesso 20 dicembre 2025).

134 <https://youtube.com/playlist?list=PL5zAGJgr2c-Nw-80KktFNC6nlV1xvGEm4&si=BHEnrdvMSdSkev2H> (ultimo accesso 20 dicembre 2025).

135 <https://sites.google.com/view/seminariforense/home> (ultimo accesso 20 dicembre 2025).

Postfazione

Nell'attuale scenario del procedimento penale e nell'ambito delle moderne indagini, la prova audio forense svolge un ruolo cruciale nell'accertamento della verità e nella ricostruzione degli eventi.

Sia nella fase di raccolta della prova, che nel corso della successiva analisi tecnica, sia nella trascrizione e interpretazione che, infine, nella fase finale della valutazione da parte del Giudice, le immediate esigenze dono due: comprendere il contenuto dei suoni e dare un'interpretazione corretta ai medesimi.

Ovviamente esistono ulteriori esigenze come la necessità di valutare la genuinità dei suoni, attribuire la titolarità a un soggetto (riconoscimento), contestualizzare il significato delle parole ecc. La prova audio forense appartiene al mondo più ampio della prova scientifica e, come tale, dovrebbe soggiacere a rigorose regole e seguire protocolli condivisi.

Eppure, malgrado tutti gli attori del procedimento penale - inserendo in questa pletora anche le parti civili e le persone offese - sentano forte la necessità che la prova audio sia assunta nella maniera più genuina e corretta, non sempre si registra la giusta attenzione sotto il profilo istituzionale.

È così che agli occhi degli addetti ai lavori si presentano numerose criticità che discendono da deficit anche normativi e di metodo. Ma ciò che più condiziona è l'aspetto culturale, inteso sia come livello di maturazione della consapevolezza delle potenzialità e dei limiti della prova audio forense, sia una formazione lacunosa da parte di una larga fetta degli attori, a tutti i livelli.

È così che, a titolo esemplificativo, ancora oggi il panorama della prova audio forense vorrebbe ricomprendere, indistintamente, sul piano soggettivo, professionalità molto diverse tra di loro considerandole succedanee le une alle altre anziché, come correttamente dovrebbe avvenire, parti complementari di un team. Così ingegneri audio forensi, linguisti forensi, esperti trascrittori, vengono considerati alla stessa stregua quando non indicati, genericamente, come "tecnici del suono".

Questo errore di fondo condiziona anche la qualità dei risultati ed è condizionato anche da una non diffusa attenzione alla formazione degli operatori. Si pretende che la Polizia Giudiziaria effettui l'ascolto, l'interpretazione e la valutazione delle intercettazioni senza aver preventivamente frequentato appositi corsi formativi, il tutto con effetti devastanti tenuto conto dell'incidenza di tali elementi nella fase delle indagini preliminari.

Altro aspetto discende da una reale disinformazione sulle tecniche di ascolto, interpretazione e valutazione di suoni. La conseguenza di tale criticità è che si pretende che gli esperti forniscano sempre una risposta senza considerare che la prova scientifica, per definizione, fornisce risposte in termini probabilistici e mai di certezza. O ancora, si crede che sia possibile pervenire a risultati straordinari affidandosi a fantomatiche soluzioni innovative o a soggetti di non meglio precisata formazione culturale ma resi noti dall'ormai incontenibile processo mediatico.

Ultima, ma non per importanza, è la drammatica situazione dei compensi degli esperti. Si chiede che nel processo penale operino soggetti sempre più qualificati con strumentazione sempre più moderna, ma si pretende di remunerarli sulla base di parametri vecchi e obsoleti.

In questo quadro che potrebbe sembrare (e in parte lo è!) desolante, si inserisce la fervida attività di studio, di ricerca e di condivisione di una parte del mondo scientifico nazionale e internazionale, distante dal palcoscenico mediatico, che lavora per costruire linee guida e contributi scientifici al fine di contribuire a creare quella "cultura" della e sulla prova audio forense di cui si sente tanto bisogno.

In tale ambito si colloca l'opera "Introduzione all'audio forense" che, grazie all'approccio attento e concreto delle autrici, intende fornire una guida rapida ma densa di contenuti, di esperienze, di riferimenti.

Un testo che rappresenta un punto di sintesi dell'intensa attività finora svolta da Chiara Meluzzi e Sonia Cenceschi ma che fa comprendere come sia forte l'auspicio che possa rappresentare, al tempo stesso, un punto di partenza per la costruzione di un sano confronto che vada oltre la categoria soggettiva dei consulenti tecnici cui, in primis, si rivolge.

Giuseppe Cammaroto, Avvocato e Consigliere di Forensics Group,
Lugano 24.11.2025

Bibliografia

Albano Leoni, F. (2009). *Dei suoni e dei sensi*. Bologna: il Mulino.

Albano Leoni, F. (2010). La linguistica dell'ascoltatore. *Bollettino di italianistica*, 7(1), 5–8.

Albano Leoni, F., & Maturi, P. (2009). *Manuale di fonetica (nuova edizione)*. Roma: Carocci.

Alemanno, A. (2009). The dialogue between judges and experts in the EU and the WTO. In F. Fontanelli, G. Martinico & P. Carrozza (Eds.), *Shaping rule of law through dialogue. International and supranational experiences* (pp. 345–373). Groningen: Europa Law Publishing.

Almutairi, Z., & Elgibreen, H. (2022). A review of modern audio deepfake detection methods: challenges and future directions. *Algorithms, 15*(5), 155–175. DOI: 10.3390/a15050155

Alton, E. F. (1996). *Manuale di acoustica*. Milano: Hoepli.

Andrade-Miranda, G., Stylianou, Y., Deliyski, D. D., Godino-Llorente, J. I. & Henrich Bernardoni, N. (2020). Laryngeal image processing of vocal folds motion. *Applied Sciences, 10*(5), 1556–1593. DOI: 10.3390/app10051556.

Arvaniti, A. (2020). The phonetics of prosody. *Oxford research encyclopedia of linguistics*. DOI: 10.1093/acrefore/9780199384655.013.411

Arcodia, G. F., & Panunzi, A. (a cura di) (2023). *Linguistica. Introduzione alle scienze del linguaggio*. Milano: Pearson.

Awan, S. N., & Alphonso, V. A. (2007). Effects of smoking on respiratory capacity and control. *Clinical Linguistics & Phonetics, 21*(8), 623–636.

Ball, M. (Ed.) (2021). *Manual of clinical phonetics*. London: Routledge.

Banfi, G., & Grandi, N. (2016). *Lingue d'Europa*. Roma: Carocci.

Baugh, J. (2005). Linguistic profiling. In S. Makoni, G. Smithermna, A. F. Ball, & A. K. Spears (Eds.), *Black linguistics. Language, society, and politics in Africa and the Americas* (pp. 155–168). London: Routledge.

Belyk, M., & Brown, S. (2017). The origins of the vocal brain in humans. *Neuroscience & Biobehavioral Reviews*, *77*, 177–193.

Benevieri, I. (2021). La trascrizione della voce intercettata: questioni di linguistica forense. *Processo penale e giustizia*, *4*, 1–22.

Beritelli, F., Casale, S., Grasso, R., & Spadaccini, A. (2010). Performance evaluation of SNR estimation methods in forensic speaker recognition. In R. Savola, M. Takesue, R. Falk & M. Popescu (Eds.), *Fourth International Conference on Emerging Security Information, Systems and Technologies* (pp. 88–92). Danvers (MA): IEEE Computer Society Conference Publishing Services.

Berruto, G. (1995). *Prima lezione di sociolinguistica*. Roma: Laterza.

Berruto, G., & Massimo, C. (2015). *Manuale di sociolinguistica*. Torino: UTET.

Biju, A., Hambly, K., & Joshi, A. (2021). The complexity of forensic science in criminal investigations: is there a gold standard? *Voices of Forensic Science*, *1*(1), 7–26.

Block, D. (2013). *Social class in applied linguistics*. London: Routledge.

Boersma, Paul & Weenink, David (2024). Praat: doing phonetics by computer [Computer program]. Version 6.4.05, retrieved 27 January 2024 from <http://www.praat.org>.

Braber, N., Smith, H., Wright, D., Hardy, A., & Robson, J. (2023). Assessing the specificity and accuracy of accent judgments by lay listeners. *Language and Speech*, *66*(2), 267–290.

Braun, A. (2020). Nonverbal vocalisations. a forensic phonetic perspective. In *Laughter and Other Non-Verbal Vocalisations Workshop Proceedings* (pp. 19–23). Bielefeld: University of Bielefeld

Brown, R. (1995). *Prejudice: its social psychology*. Oxford: Blackwell.

Calamai, S., & Celata, C. (2025). Le scienze del parlato. Teorie, metodi, strumenti. Roma: Carocci.

Canazza, S. (2006a). Tecniche di filtraggio per il restauro audio: modelli a confronto. In S. Canazza & M. Casadei Turroni Monti (a cura di),

Ri-mediazione dei documenti sonori (pp. 259–338). Udine: Forum. DOI: 10.1400/97712

Canazza, S. (2006b). Voce vs rumore: un confronto fra diverse metodologie di restauro. In S. Canazza & M. Casadei Turroni Monti (a cura di), *Ri-mediazione dei documenti sonori* (pp. 609–624). Udine: Forum. DOI: 10.1400/97743

Capone, M. (2023). *La valenza probatoria delle digital evidence acquisite nelle indagini preliminari*. Cosenza: Luigi Pellegrini editore.

Celata, C., Meluzzi, C., & Ricci, I. (2016). The sociophonetics of rhotic variation in Sicilian dialects and Sicilian Italian: corpus, methodology and first results. *Loquens*, 3(1), 1–16. <http://dx.doi.org/10.3989/loquens.2016.025>.

Cenceschi, S. (2019). *Speech analysis for automatic prosody recognition*. Tesi di dottorato. Milano: Politecnico di Milano.

Cenceschi, S., & Meluzzi, C. (2023). Transcription and voice comparison of noisy interceptions: remarks from an audio forensics report. In Meluzzi, C. & Cenceschi, S. (Eds.), *La linguistica forense in prospettiva multidisciplinare / Forensic linguistics in a multidisciplinary perspective* (pp. 99–111). Studi AISV 10. Milano: Officinaventuno.

Cenceschi, S., Meluzzi, C., & Nese, N. (2020). Speaker's identification across recording modalities: a preliminary phonetic experiment. In L. Romito (Ed.), *Language change under contact condition* (pp. 409–428). Studi AISV 7. Milano: Officinaventuno.

Cenceschi, S., Meluzzi, C., & Trivilini, A. (2021). The variability of vowels' formants in forensic speech. *IEEE Instrumentation & Measurement Magazine*, *24*(1), 38–41.

Cenceschi, S., Sbattella, L., & Tedesco, R. (2021). CALLIOPE: A multi-dimensional model for the prosodic characterization of Information Units. *Estudios de fonética experimental*, *30*, 227–245.

Clopper, C. G. (2017). Dialect interference in lexical processing: effects of familiarity and social stereotypes. *Phonetica*, *74*, 25–59. DOI: 10.1159/000446809

Clopper, C. G. (2021). Perception of dialect variation. In J. S. Pardo, L. C. Nygaard, R. E. Remez, & D. B. Pisoni (Eds.), *The handbook of speech perception* (pp. 333–364). London: Wiley.

Colantoni, L. (2024). Reinterpreting the CV transition. Emergence of the glide as an allophone of the palatal lateral. In J. Auger, J. C. Clements &

B. Vance (Eds.), *Contemporary approaches to romance linguistics* (pp. 83–102). Amsterdam: John Benjamins.

Coulthard, M. (2021). Experts and opinions. In M. Coulthard, A. May, & R. Sousa-Silva (Eds.), *The Routledge handbook of forensic linguistics* (2nd ed.) (pp. 523–538). London: Routledge.

Coupland, N. (1980). Style-shifting in a Cardiff work-setting. *Language in society*, *9*(1), 1–12.

Coupland, N. (2007). *Style. Language variation and identity*. Cambridge: Cambridge University Press.

D'Anna, T., Puntarello, M., Cannella, G., Scalzo, G., Buscemi, R., Zerbo, S., & Argo, A. (2023). The chain of custody in the era of modern forensics: from the classic procedures for gathering evidence to the new challenges related to digital data. *Healthcare*, *11*(5), pp. 634–645. DOI: 10.3390/healthcare11050634

De Mauro, T. [1963] (2011). *Storia linguistica dell'Italia unita*. Roma: Laterza.

De Pascale, S., & Marzo, S. (2016). Gli italiani regionali. Atteggiamenti linguistici verso le varietà geografiche dell'italiano. *Incontri: Rivista Europea di Studi Italiani*, *31*(1), 61–76.

Delfino, R. A. (2022). Deepfakes on trial: a call to expand the trial judge's gatekeeping role to protect leegal proceedings from technological fakery. *Hastings LJ*, *74*, 293.

Delfino, R. (2023). The deepfake defense – exploring the limits of the law and ethical norms in protecting legal proceedings from lying lawyers. *Ohio State Law Journal*, *84*, 1–45.

Di Franco, G. (2011). *Dalla matrice dei dati all'analisi trivariata*. Milano: FrancoAngeli.

Dixit, A., Kaur, N., & Kingra, S. (2023). Review of audio deepfake detection techniques: Issues and prospects. *Expert Systems*, e13322.

Downing, L. (2004). George Berkeley. In E. N. Zalta & U. Nodelman (Eds.), *Stanford encyclopedia of philosophy*. Online: <https://plato.stanford.edu/ENTRIES/berkeley/>.

Drager, K. (2010). Sensitivity to grammatical and sociophonetic variability in perception. *Laboratory Phonology*, *1*(1). 93–120.

Eddington, D. (2012). *Statistics for linguists. A step-by-step guide for novices*. Cambridge: Cambridge Scholars Publishing.

Erickson, T. D., & Mattson, M. E. (1981). From words to meaning: A semantic illusion. *Journal of Verbal Learning and Verbal Behavior*, 20, 540–551.

Eriksson, A., & Lacerda, F. (2007). Charlatanry in forensic speech science: A problem to be taken seriously. *International Journal of Speech, Language and the* Law, *14*(2), 169–193.

Esling, J., Moisik, S. R., Benner, A., & Crevier- Buchman, L. (2019). *Voice quality: The Laryngeal Articulator Model.* Cambridge: Cambridge University Press.

Fecher, Natalie, & Watt, Dominic. (2013). Effects of forensically-realistic facial concealment on auditory-visual consonant recognition in quiet and noise conditions, in Proceedings of AVSP, ISCA Archive, <https://www.isca-archive.org/avsp_2013/>.

Forrest, K., Weismer, G., Milenkovic, P., & Dougall, R. N. (1988). Statistical analysis of word-initial voiceless obstruents: preliminary data. *The Journal of the Acoustical Society of America, 84*(1), 115–123.

Fraser, H. (2014). Transcription of indistinct forensic recordings: problems and solutions from the perspective of phonetic science. *Language and Law, 1*(2), 5–21.

Fraser, H. (2018). Forensic transcription: How confident false beliefs about language and speech threaten the right to a fair trial in Australia. *Australian Journal of Linguistics*, *38*(4), 586–606.

Fraser, H. (2020). Enhancing forensic audio: what works, what doesn't, and why. *Griffith Journal of Law & Human Dignity*, *8*(1), 85–102.

Fraser, H. (2021). Forensic Transcription: Legal and scientific perspectives. In C. Bernardasci, D. Dipino, D. Garassino, S. Negrinelli, E. Pellegrino, & S. Schmid (Eds.), *Speaker individuality in phonetics and speech sciences* (pp. 19–32). Studi AISV 8. Milano: Officinaventuno.

Fraser, H. (2022). A framework for deciding how to create and evaluate transcripts for forensic and other purposes. *Frontiers in Communication*, *7*, 898410. DOI: 10.3389/fcomm.2022.898410.

French, P., & Fraser, H. (2018). Why 'ad hoc experts' should not provide transcripts of indistinct forensic audio, and a proposal for a better approach. *Criminal Law Journal*, *42*, 298–302.

French, P., Stevens, L., Jones, M., & Knight, R. A. (2013). Forensic speech science. In M. J. Jones, & R. A. Knight (Eds.), *Bloomsbury companion to phonetics* (pp. 183–197). London: Bloomsbury.

Fujisaki, H. (1997). Prosody, models, and spontaneous speech. In Y. Sagisaka, N. Campbell & N. Higuchi (Eds.), *Computing prosody* (pp. 27–42). London: Springer.

Gagliardi, G. (2021). *Che cos'è la linguistica clinica*. Roma: Carocci.

Ganong, W. F. (1980). Phonetic categorization in auditory word perception, *Journal of Experimental Psychology: Human Perception and Performance*, 6(1), 110–125.

Giannakopoulos, T., & Pikrakis, A. (2014). *Introduction to audio analysis: a MATLAB® approach*. Boston: Academic Press.

Giannini, A., & Pettorino, M. (1992). *La fonetica sperimentale*. Napoli: Liguori.

Gick B., Wilson I., & Derrick D. (2013). *Articulatory phonetics*. London: Wiley-Blackwell.

Giles, H., Coupland, J., & Coupland, N. (1991). *Contexts of accomodation. Develop ments in applied sociolinguistics*. Cambridge: Cambridge University Press.

Giorgetti, M., & Massaro, D. (2007). *Ricerca e percorsi di analisi dati con SPSS*. Milano: Pearson.

Godsill, S., Rayner, P., & Cappé, O. (2002). *Digital audio restoration*. In M. Kahrs & K. Brandenburg (Eds.), *Applications of Digital Signal Processing to Audio and Acoustics* (pp. 133–194). Boston: Springer. DOI: 10.1007/0-306-47042-X_4

Goggin, J. P., Thompson, C. P., Strube, G., & Simental L. R. (1991). The role of language familiarity in voice identification. *Memory & Cognition, 19*(5), 448–458.

Gold, E., & French, P. (2019). International practices in forensic speaker comparisons: second survey. *International Journal of Speech, Language and the Law*, *26*(1), 1–20.

Graffi, G. (2019). *Breve storia della linguistica*. Roma: Carocci.

Gregg, J. W. (2002). Vocal development and articulation in speech and song. *Journal of Singing*, *58*(5), 431–438.

Grey, J. M. (1975). *An exploration of musical timbre using computer-based techniques for analysis, synthesis and perceptual scaling*. Stanford University: Doctoral dissertation.

Grigoras, C. (2007). Applications of ENF criterion in forensic audio, video, computer and telecommunication analysis. *Forensic Science International*, 167(2–3), 136–145.

Grimaldi, M. (2019). *Il cervello fonologico*. Roma: Carocci.

Grimaldi, M., D'Apolito, S., Fivela, B. G., & Sigona, F. (2014). Illusione e scienza nella fonetica forense: una sintesi. *Mondo digitale*, *53*, 1–9.

Grošelj, K. (2022). Consonanti slovene e italiane–dall'analisi contrastiva alla pronuncia slovena dell'italiano. *Suvremena lingvistika*, *48*(93), 19–39.

Guerini, F. (2023). *Lombardia e Ticino*. Roma: Carocci.

Gurrado, G., & Sorianello, P. (2017). La percezione della dimensione di dominanza/sottomissione in un campione di voci femminili. In C. Bertini, C. Celata, G. Lenoci, C. Meluzzi, & I. Ricci (Eds.), *Fattori sociali e biologici nella variazione linguistica / Social and biological factors in speech variation* (pp. 189–210). Studi AISV 3. Milano: Officinaventuno.

Hansen, J. H., & Bořil, H. (2018). On the issues of intra-speaker variability and realism in speech, speaker, and language recognition tasks. *Speech Communication*, *101*, 94–108.

Hanson, H. M., Stevens, K. N., Kuo, H. K. J., Chen, M. Y., & Slifka, J. (2001). Towards models of phonation. *Journal of Phonetics*, *29*(4), 451–480.

Hardcastle, W. J., & Marchal, A. (Eds.). (2012). *Speech production and speech modelling*. London: Springer Science & Business Media.

Hardison, D. M. (2010). Visual and auditory input in second-language speech processing. *Language Teaching*, *43*(1), 84–95.

Harrington, J. (2013). Acoustic phonetics. In *Handbook of phonetic sciences* (2nd ed.) (pp. 81–129). London: Wiley Blackwell.

Harrison, O., Reed-Jones, J., Morrison, K., Robinson, C., & Jones, K. (2023). The effect of noise reduction upon voiceprint integrity. In K. Jones (Ed.), *ICISNA 23 Proceedings Book* (pp. 211–217). Liverpollo: ICSNA Publications.

Heeringa & Van de Velde (2018). Visible vowels: a tool for the visualization of vowel variation. In I. Skadina & M. Eskevic (Eds.), *Proceedings CLARIN Annual Conference 2018, 8 - 10 October, Pisa, Italy* (pp. 124–127). CLARIN: ERIC.

Heselwood, B. (2013). *Phonetic transcription in theory and practice*. Edinburgh: Edinburgh University Press.

Hillenbrand, J. M., Clark, M. J., & Nearey, T. M. (2001). Effects of consonant environment on vowel formant patterns. *The Journal of the Acoustical Society of America*, *109*(2), 748–763.

Hirson, A., & Lindsey, G. (1999). Robustness of/r/-pronunciation in voice disguise. In J. J. Ohala, Y. Hasegawa, M. Ohala, D. Granville, & A. C. Bailey (Eds.), *Proceedings of the XIVth ICPhS* (pp. 1365–1368). San Francisco: University of California Press.

Hrelec, C., & Zhang, E. (2022). Anatomy and physiology of phonation. *International Journal of Head and Neck Surgery, 12*(4), 125–130.

Hsu, H. P., Jiang, Z. R., Li, L. Y., Tsai, T. C., Hung, C. H., Chang, S. C., Wang, S. S., & Fang, S. H. (2023). Detection of audio tampering based on electric network frequency signal. *Sensors, 23*(16), 7029. DOI: 10.3390/s23167029.

Hua, G., & Zhang, H. (2019). ENF signal enhancement in audio recordings. *IEEE Transactions on Information Forensics and Security, 15*, 1868–1878.

Hudson, R. (1980). *Sociolinguistica* (trad. italiana). Bologna: Il Mulino.

Hughes, G. W., & Halle, M. (1956). Spectral properties of fricative consonants. *The journal of the acoustical society of America, 28*(2), 303–310.

Hulstijn, J. H. (2007). Psycholinguistic perspectives on language and its acquisition. In J. Cummins, & C. Davison (Eds.), *International handbook of English language teaching* (pp. 783–795). Boston, MA: Springer US.

Jackson, G. (2009). Understanding forensic science opinions. In J. Fraser & R. Williams (Eds.), *Handbook of forensic science* (pp. 419–445). London: Routledge.

Jessen, M. (2007). Forensic reference data on articulation rate in German. *Science & Justice, 47*(2), 50–67.

Jessen, M. (2021). Speaker profiling and forensic voice comparison. The auditory-acoustic approach. In M. Coulthard, A. May, & R. Sousa-Silva (Eds), *The Routledge Handbook of Forensic Linguistics* (pp. 382–399). London: Routledge.

Jessen, M., Koster, O., & Gfroerer, S. (2005). Influence of vocal effort on average and variability of fundamental frequency. *International Journal of Speech, Language and the Law, 12*(2), 174–213.

Jezek, E. (2005). *Lessico*. Bologna: Il Mulino.

Jongman, A. R., Wayland, S., & Wong, S. (2000). Acoustic characteristics of English fricatives. Journal of the Acoustical Society of America, 108, 1252–1263.

Kachkovskaia, T., Menshikova, A., Kocharov, D., Kholiavin, P., & Mamushina, A. (2022). Social and situational factors of speaker variability in collaborative dialogues. In S. Frota, M. Cruz & M. Vigário (Eds.), *Speech Prosody* (pp. 455–459). 10.21437/SpeechProsody.2022-93

Kaplan, J. P. (2020). *Linguistics and law*. London: Routledge.

Koenig, B. E., & Lacey, D. S. (2015). Forensic authentication of digital audio and video files. In A. T. S. Ho, & S. Li (Eds.), *Handbook of digital forensics of multimedia data and devices* (pp. 133–181). London: Wiley.

Koenig, B. E., Lacey, D. S., & Killion, S. A. (2007). Forensic enhancement of digital audio recordings. *Journal of the Audio Engineering Society, 55*(5), 352–371.

Kuwabara, H., & Ohgushis, K. (1987). Role of formant frequencies and bandwidths in speaker perception. *Electronics and Communications in Japan (Part I: Communications)*, *70*(9), 11–21.

Labov, W. (1972). Sociolinguistic patterns. Philadelphia University of Pennsylvania Press.

Labov, W. (2013). Co-existent systems in African-American vernacular English. In G. Bailey, J. Baugh, S. S. Mufwene, & J. R. Rickford (Eds.), *African-American English. Structure, History and Use* (pp. 110–153). London: Routledge.

Ladefoged, P., & Maddieson, I. (1990). *The Sounds of the world's languages*. London: Blackwell.

Lavan, N., Burton, A. M., Scott, S. K., & McGettigan, C. (2019). Flexible voices: identity perception from variable vocal signals. *Psychonomic Bulletin & Review*, *26*, 90–102.

Li, F., Trevino, A., Menon, A., & Allen, J. B. (2012). A psychoacoustic method for studying the necessary and sufficient perceptual cues of American English fricative consonants in noise. *The Journal of the Acoustical Society of America*, *132*(4), 2663–2675.

Lobanov, B. M. (1971). Classification of Russian vowels spoken by different speakers. *Journal of the Acoustical Society of America*, 49, 606–608.

Lombardi Vallauri, E. (2016). The "exaptation" of linguistic implicit strategies. *SpringerPlus*, *5*(1), 1106. DOI: 10.1186/s40064-016-2788-y

Lombardi Vallauri, E. (2019). *La lingua disonesta*. Bologna: Il Mulino.

Lombardo, V., & Valle, A. (2014). *Audio e multimedia*. Milano: Apogeo.

Lorusso, S. (2008). La prova scientifica. In A. Gaito (a cura di), *La prova penale* (pp. 295–343). Torino: UTET giuridica.

Lotz, J. (1950). Speech and language. *The Journal of the Acoustical Society of America*, *22*(6), 712–717.

Magno Caldognetto, E., Zmarich, C., & Ferrero, F. E. (1998). Indici acustici macroprosodici dello stato emotivo del parlante. *Atti del XXVI Convegno Nazionale di Acustica, Torino, 27–29 maggio 1998* (pp. 263–266). Torino: Sirea.

Maher, R. C. (2009). Audio forensic examination. *IEEE Signal Processing Magazine*, *26*(2), 84–94.

Maher, R. C. (2018). *Principles of forensic audio analysis*. London: Springer.

Maher, R. C. (2020). Forensic interpretation and processing of user generated audio recordings. In A. Andreopoulou & B. Boren (Eds.), *Audio Engineering Society Convention 149* (pp. 149–160). New York: Audio Engineering Society.

Maioli, C. (2004). Dar voce alle prove: elementi di informatica forense. In P. Pozzi, R. Masotti, & M. Bozzetti (a cura di), *Crimine virtuale, minaccia reale* (pp. 45–55). Milano: FrancoAngeli.

Mairano, P., & De Iacovo, V. (2020). Gemination in northern versus central and southern varieties of Italian: A corpus-based investigation. *Language and Speech*, *63*(3), 608–634.

Mandasari, M. I., McLaren, M., & van Leeuwen, D. A. (2012, March). The effect of noise on modern automatic speaker recognition systems. In AA.VV. (Eds.) *2012 IEEE International Conference on Acoustics, Speech and Signal Processing (ICASSP)* (pp. 4249–4252). Danvers: IEEE.

Mangione, F. (2002). *Costruire il suono. Manuale pratico per musicisti e sound engineers*. Palermo: Flaccovio Dario editore.

Manna, R., Pascucci, A., & Monti, J. (2023). La misurazione stilistica della Falsificazione: I comunicati delle Brigate Rosse. In C. Meluzzi & S. Cenceschi (Eds.), *La linguistica forense in prospettiva multidisciplinare / Forensic linguistics in a multidisciplinary perspective* (pp. 125–137). Studi AISV 10. Milano: Officinaventuno.

Marazzini, C. (2004). *Breve storia della lingua italiana*. Bologna: Il Mulino.

Marini, A. (2008). *Manuale di neurolinguistica*. Roma: Carocci.

Marini, A. (2021). *Che cos'è la psicolinguistica*. Roma: Carocci.

Marotta, G. (1987). Dittongo e iato in italiano: una difficile discriminazione. *Annali della Scuola Superiore*, *17*, 847–887.

Marotta, G., & Vanelli, L. (2021). *Fonologia e prosodia dell'italiano*. Roma: Carocci.

Masullo, C. (2023). Migrazione e variazione linguistica: la percezione di varietà linguistiche italiane da parte di parlanti stranieri. *Quaderns d'Italià*, *29*, 75–102.

Maturi, P. (2006). *I suoni delle lingue, i suoni dell'italiano*. Bologna: Il Mulino.

McArdle, R., & Wilson, R. H. (2009). Speech perception in noise: The basics. *Perspectives on hearing and hearing disorders: research and diagnostics*, *13*(1), 4–13.

McGurk, H., & MacDonald, J. (1976). Hearing lips and seeing voices, *Nature*, 264(5588), 746–748.

Marotta, G. (2005). Il consonantismo romano. Processi fonologici e aspetti acustici, in Albano Leoni, F. and Giordano, R. (2005, a cura di), *Italiano parlato. Analisi di un dialogo* (pp. 1–24). Napoli: Liguori.

Melazzo, R. (2022). *Linguistica forense. L'identificazione giudiziaria dell'autore di uno scritto*. Palermo: Palermo University Press.

Mello, H., Panunzi, A., & Raso, T. (2012). Pragmatics and prosody. In H. Mello, A. Panunzi, & T. Raso (Eds.), *Illocution, modality, attitude, information patterning and speech annotation* (pp. 1–18). Firenze: Firenze University Press.

Meluzzi, C. (2020). *Sociofonetica di una varietà di koinè. Le affricate dentali nell'italiano di Bolzano*. Milano: Franco Angeli.

Meluzzi, C. (2021). Dental affricates loss and maintenance in Romance languages: a (socio)phonetic perspective on sound change. In L. Biondi, F. Dedè, & A. Scala (Eds.), *Change in grammar: trigger, paths, and outcomes* (pp. 95–116). Alessandria: Edizioni dell'Orso.

Meluzzi, C. (2022). Fonetica sperimentale e fonologia: questioni ancora aperte e possibili interfacce. In L. Biondi, F. Dedè, & A. Scala (a cura di), *Ubi homo, ibi lingua. Studi in onore di Maria Patrizia Bologna* (pp. 855–866). Alessandria: Edizioni dell'Orso.

Meluzzi, C. (2025). Italian approximants, in M. Ball (Ed.), *Approximants*. London: Equinox.

Meluzzi, C., & Celata, C. (2020). Style and addressees in the selection of dialectal vs standard phonetic forms: Sicilian data. *Quaderns d'Italiá*, 25, 1–18.

Meluzzi, C., & Cenceschi, S. (Eds.) (2023). *La linguistica forense in prospettiva multidisciplinare / Forensic linguistics in a multidisciplinary perspective*. Studi AISV, 10. Milano: Officinaventuno.

Meluzzi, C., Cenceschi, S., & Trivilini, A. (2020). Data in forensic phonetics: from theory to practice. *Teanga*, *27*, 65–78.

Ming, J., Hazen, T. J., Glass, J. R., & Reynolds, D. A. (2007). Robust speaker recognition in noisy conditions. *IEEE Transactions on Audio, Speech, and Language Processing*, *15*(5), 1711–1723.

Moretti, B. (2019). *La terza lingua: Aspetti dell'italiano in Svizzera agli inizi del terzo millennio*. Locarno: Armando Dadò editore.

Morrison, G. S., Ochoa, F., & Thiruvaran, T. (2012). Database selection for forensic voice comparison. In H. Li, B. Ma, & K. A. Lee (Eds.), *Odyssey 2012-The Speaker and Language Recognition Workshop*, Singapore, June 25–28, 2012 (pp. 62–67). San Juan: IEEE. <https://www.isca-speech.org/archive/odyssey_2012/od12_062.html>.

Morrison, G.S. & Zhang, C. (2023). Forensic Voice Comparison. Overview. In M. Hock, L. Wilson, H. Eldridge, S. Lewis, K. Lothridge, R. Reedy (eds.), Encyclopedia of Forensic Sciences (3rd edition) vol. 2, London: Elsevier, pp. 737–750.

Mozziconacci, S. J. L. (1998). *Speech variability and emotion: Production and perception*. PhD Thesis. Technische Universiteit Eindhoven. DOI: 10.6100/IR516785

Murdoch, B. E. (2009). *Acquired speech and language disorders*. London: John Wiley & Sons.

Myhand, T. (2023). Once the jury sees it, the jury can't unsee it: the challenge trial judges face when authenticating video evidence in the age of deepfakes. *Widener Law Review*, *29*, 171–190.

Nencioni, G. (1976). Parlato-parlato, parlato-scritto, parlato-recitato Parlé-parlé, parlé-écrit, parlé-récité. *Strumenti critici*, *10*(1), 1–56.

Nicolao, U. (2011). *Microfoni. Tecnica e applicazioni*. Milano: Hoepli.

Nocchi, N., & Schmid, S. (2008). Aspetti della lenizione in alcune varietà dell'italiano meridionale. In M. Pettorino, A. Giannini, M. Vallone, &

R. Savy (a cura di), *La comunicazione parlata. Atti del congresso internazionale, Napoli, 23–25 febbraio 2006* (pp. 109–136). Napoli: Liguori.

Ohala, J. (1990). There is no interface between phonology and phonetics: a personal view. *Journal of Phonetics*, 18, 153–171.

Orletti, F. (2000). *La conversazione diseguale*. Roma: Carocci.

Orletti, F. (2017). Transcribing intercepted telephone and uncovered recordings: An exercise of applied conversation analysis. In F. Orletti & L. Mariottini (Eds.), *Forensic Communication in Theory and Practice: A study of discourse analysis and transcription* (pp. 11–26). Newcastle upon Tyne: Cambridge Scholars Publishing.

Orletti, F., & Benevieri, I. (2023). La trascrizione forense tra cattive prassi e fallacie probatorie. Analisi di una trascrizione di intercettazione ambientale. In C. Meluzzi & S. Cenceschi (Eds.), *La linguistica forense in prospettiva multidisciplinare / Forensic Linguistics in a multidisciplinary perspective* (pp. 115–124), Studi AISV 10. Milano: Officinaventuno.

Paoloni, A. (2014). Identificazione personale in ambito forense. *Mondo Digitale*, 2, 1–10.

Paoloni, A. (2002). La voce come elemento di identificazione della persona. In A. De Dominicis (a cura di), *La voce come bene culturale* (pp. 125–139). Roma: Carocci.

Parsa, V., Jamieson, D. G., & Pretty, B. R. (2001). Effects of microphone type on acoustic measures of voice. *Journal of Voice*, *15*(3), 331–343.

Pettorino, M., & Gianini, A. (2009). L'età della voce. In L. Romito, V. Galatà, & R. Loi (a cura di) *La fonetica sperimentale. Metodo e applicazioni, Atti del 4° convegno nazionale AISV* (pp. 165–178). Torriana: EDK Editore.

Pettorino, M., & Pellegrino, E. (2014). Age and rhtymic variations: a study on Italian. In H. Li, H. M. Meng, B. Ma, E. S. Chng, & L. Xie (Eds.), Interspeech 2014, 15th Annual Conference of the International Speech Communication Association (pp. 1234–1237). Singapore: ISCA.

Pyke, E. L. (1943). *Phonetics. A critical analysis of phonetic theory and a technic for the practical description of sounds*. Ann Arbor: The University of Michigan Press.

Rallapalli, V. H., & Alexander, J. M. (2019). Effects of noise and reverberation on speech recognition with variants of a multichannel adaptive dynamic range compression scheme. *International Journal of Audiology*, *58*(10), 661–669.

Radi. (2022). Intercettazioni telefoniche, trascrizioni e comparazioni fonetiche: le cause principali degli errori giudiziari. *Filodiritto*. Online: <https://www.filodiritto.com/intercettazioni-telefoniche-trascrizioni-e-comparazioni-fonetiche-le-cause-principali-degli-errori-giudiziari>.

Radi. (2023). Intercettazioni telefoniche, contenuto e interlocutori: per la Cassazione le trascrizioni e la perizia fonica sono inutili, basta la deposizione testimoniale della p.g.. *Terzultimafermata*. Online: <https://terzultimafermata.blog/2023/04/25/intercettazioni-telefoniche-contenuto-e-interlocutori-per-la-cassazione-le-trascrizioni-e-la-perizia-fonica-sono-inutili-basta-la-deposizione-testimoniale-della-p-g-di-riccardo-radi/>.

Richardson, E., Haworth, K., & Deamer, F. (2022). For the record: Questioning transcription processes in legal contexts. *Applied Linguistics*, *43*(4), 677–697.

Righini, P. (1994). *L'acustica per il musicista. Fondamenti fisici della musica* (8ª ed.). Padova: Zanibon.

Roane, K. R., & Morrison, D. (2005). The CSI effect. *US News & World Report*, *138*(15), 48–54.

Rohlfs, G. (1966). *Grammatica storica della lingua italiana e dei suoi dialetti (3 voll.)*. Torino: Einaudi.

Romano, A., Contini, M., & Lai, J. P. (2014). L'Atlas Multimédia Prosodique de l'Espace Roman: uno strumento per lo studio della variazione geoprosodica. In F. Tosques (Ed.), *20 Jahre digitale Sprachgeographie* (pp. 27–51). Humboldt-Universität-Institut für Romanistik.

Romito, L. (2016). La competenza linguistica nelle perizie di trascrizione e di identificazione del parlatore (a margine, alcune riflessioni sul difficile rapporto tra scienza e processo). *Diritto Penale Contemporaneo*, 1–14.

Romito, L. (2023a). La trascrizione forense. *Quaderni della Rassegna degli Archivi di Stato, 114*, 189–200.

Romito, L. (2023b). La linguistica forense: prefazione. In C. Meluzzi & S. Cenceschi (Eds.), *La linguistica forense in prospettiva multidisciplinare / Forensic linguistics in a multidisciplinary perspective* (pp. 9–24). Studi Aisv 10. Milano: Officinaventuno.

Romito, L., & Frontera, M. (2017). La trascrizione forense di intercettazioni ambientali: una proposta di metodologia procedurale. *Quaderni di linguistica*, *5*, 121–139.

Romito, L., & Galatà, V. (2007). Speaker recognition: stato dell'arte in Italia valutazione dei corpora, dei metodi e delle professionalità coinvolte. *Scienze*

Vocali e del Linguaggio-Metodologie di Valutazione e Risorse Linguistiche, *3*, 223–242.

Romito, L., & Lio, R. (2009). Stabilità dei parametri nello Speaker Recognition: la variabilità intra e inter parlatore. In L. Romito, V. Galatà, & R. Loi (a cura di) *La fonetica sperimentale. Metodo e applicazioni, Atti del 4° convegno nazionale AISV* (pp. 125–128). Torriana: EDK Editore.

Rosati, T. (2023). *Suono elettronico. Manuale per studenti di tecnologie musicali e altri esploratori di suoni.* Milano: Volontè & Co.

Rose, P. (2002). *Forensic speaker identification*. London: Taylor & Francis.

Sacco, M. (2014). *Imparare la tecnica del suono.* Roma: Lambda Edizioni.

Santoso, D. A., & Apriyanto, S. (2020). Pragmatic implicature analysis of police interrogation: forensic linguistics analysis. *International Journal of Psychosocial Rehabilitation*, *24*(6), 115–124.

Satria, H., Darwis, M., Kamsinah, K., & Saleh, F. (2022). Implication of interrogation conversions against traffic breakers: a forensic linguistic study. *English Language Journal*, *8*(2), 97–103.

Schilling, N., & Marsters, A. (2015). Unmasking identity: Speaker profiling for forensic linguistic purposes. *Annual Review of Applied Linguistics*, *35*, 195–214.

Serenellini, C. (2014). *Fondamenti di tecnica audio.* Milano: Hoepli.

Serizel, R., Bisot, V., Essid, S., & Richard, G. (2018). Acoustic features for environmental sound analysis. In T. Virtanen, M. D. Plumbley, & D. Ellis (Eds.), *Computational analysis of sound scenes and events* (pp. 71–101). London: Springer.

Sigona, F., & Grimaldi, M. (2015). Il riconoscimento del parlante in ambito forense: uno studio indipendente sul software idem/spread in uso ai carabinieri. *Sicurezza e Giustizia, 4*, 16–21.

Sigona, F., & Grimaldi, M. (2017). Tools for forensic speaker recognition. In F. Orletti & L. Mariottini (Eds.), *Forensic communication in theory and practice: a study of discourse analysis and transcription* (pp. 127–150). Cambridge: Cambridge Scholars Publishing.

Simonyan, K., Ackermann, H., Chang, E. F., & Greenlee, J. D. (2016). New developments in understanding the complexity of human speech production. *Journal of Neuroscience*, *36*(45), 11440–11448.

Simpson, A. P. (2009). Breathiness differences in male and female speech. Is H1-H2 an appropriate measure. In P. Branderud & H. Traunmüller

(Eds.), *Proceedings of FONETIK* (pp. 172–176). Stockholm: Stockholm University Press.

Smith, H. M., Baguley, T. S., Robson, J., Dunn, A. K., & Stacey, P. C. (2019). Forensic voice discrimination by lay listeners: The effect of speech type and background noise on performance. *Applied Cognitive Psychology*, *33*(2), 272–287.

Smith, J. O. (2008). *Mathematics of the discrete Fourier transform (DFT): with audio applications*. Charleston: Booksurge Publishing.

Sobrero, A. A., & Miglietta, A. (2006). *Introduzione alla linguistica italiana*. Roma/Bari: Laterza.

Sorianello, P. (2006). *Prosodia. Modelli e ricerca empirica*. Roma: Carocci.

Souza, P. E. (2002). Effects of compression on speech acoustics, intelligibility, and sound quality. *Trends in Amplification*, *6*(4), 131–165.

Spagnolo, R. (2015). *Acustica. Fondamenti e applicazioni*. Bologna: Zanichelli.

Stefanini, F. (2007). *Introduzione alla statistica applicata. Con esempi in R*. Milano: Pearson education.

Stevens, K. N. (1971). Sources of inter-and intra-speaker variability in the acoustic properties of speech sounds. In A. Rigault & R. Charbonneau (Eds.), *Proceedings of the Seventh International Cons. Phonetic Sciences* (pp. 206–232). Berlin: De Gruyter.

Stone, M. (1997). Laboratory techniques for investigating speech articulation. In W. Lancaster & J. Laver (Eds.), *The handbook of phonetic sciences* (pp. 11–33). Cambridge: Cambridge University Press.

Sztahó, D., & Fejes, A. (2023). Effects of language mismatch in automatic forensic voice comparison using deep learning embeddings. *Journal of Forensic Sciences*, *68*(3), 871–883.

Telmon, T. (2005). Una ricerca sulla percezione dei parlanti circa i rapporti tra italiano e dialetto. In F. Lo Piparo, & G. Ruffino (a cura di), *Gli italiani e la lingua* (pp. 229–254). Palermo: Sellerio.

Thomas, E. R. (2010). *Sociophonetics. An introduction*. London: Bloomsbury.

Torre, P., & Barlow, J. A. (2009). Age-related changes in acoustic characteristics of adult speech. *Journal of Communication Disorders*, *42*(5), 324–333.

Traube, C. (2006). Instrumental and vocal timbre perception. Internet access: <http://www-gewi.uni-graz.at/staff/parncutt/guests/2006/traube/Slides_Ctraube_timbre.pdf>. [last accessed 18 Feb. 2024].

Traunmüller, H. (1990). Analytical expressions for the tonotopic sensory scale. *Journal of the Acoustical Society of America, 88*, 97–100.

Trifone, P. (2010). *Storia linguistica dell'Italia disunita*. Bologna: Il Mulino.

Trubeckoj, N. S. (1971) [1939]. *Fondamenti di Fonologia*. Einaudi: Torino, trad. it. [Ed. originale *Grundzüge der Phonologie*, Vandenhoeck & Ruprecht: Göttingen]

Tsuge, S., Shishibori, M., Kita, K., Ren, F., & Kuroiwa, S. (2006, May). Study of intra-speakers speech variability over long and short time periods for speech recognition. In *2006 IEEE International Conference on Acoustics Speech and Signal Processing Proceedings* (Vol. 1, pp. 397–400). Danvers: IEEE. DOI: 10.1109/ICASSP10488.2006.

Välimäki, V., & Reiss, J. D. (2016). All about audio equalization: Solutions and frontiers. *Applied Sciences, 6*(5), 129–175. DOI: 10.3390/app6050129

van der Harst, S. (2011). *The vowel space paradox*. Utrecht: LOT Publishing.

Van Son, R. J. (2005). A study of pitch, formant, and spectral estimation errors introduced by three lossy speech compression algorithms. *Acta acustica united with acustica*, *91*(4), 771–778.

Vanhecke, F., Lebacq, J., Moerman, M., Manfredi, C., Raes, G. W., & DeJonckere, P. H. (2016). Physiology and acoustics of inspiratory phonation. *Journal of Voice*, *30*(6), 769–789.

Vyas, K., Pareek, P., Jayaswal, R., & Patil, S. (2024). Analysing the landscape of deep fake detection: a survey. *International Journal of Intelligent Systems and Applications in Engineering*, *12*(11), 40–55.

Walker, G. (2012). Phonetics and prosody in conversation. In J. Sidnell & T. Stivers (Eds.), *The handbook of conversation analysis* (pp. 455–474). London: Wiley.

Wood, G. (2019). Guilty by accent? *Journal of Language & Discrimination*, *3*(2), 173–194. DOI: 10.1558/jld.39918

Woolham, G. (2024). Is deepfake technology shifting the gold standard of authentication?. *American Bankers Association. ABA Banking Journal*, *116*(1), 24–25.

Wright, D. B., & Wareham, G. (2005). Mixing sound and vision: The interaction of auditory and visual information for earwitnesses of a crime scene. *Legal and Criminological Psychology*, 10(1), 103–108.

Zdravković, S., & Jovičić, S. (2020). The importance of speech pauses for psychotherapeutic and forensic observations. *Archibald Reiss Days*, 10, 513–524.

Zhang, P., Huang, Y., Yang, C., & Jiang, W. (2023). Estimate the noise effect on automatic speech recognition accuracy for mandarin by an approach associating articulation index. *Applied Acoustics*, *203*, 109217.

Zhang, L., Li, B., Li, H., Gu, G., & Wang, X. (2023). Signal-to-noise ratio analysis based on different space remote sensing instruments. *IEEE Photonics Journal*, 1–12.

Zmarich, C., & Bonifacio, S. (2003). Sui piani formantici acustici e uditivi delle vocali di infanti, bambini, e adulti maschi e femmine. In P. Cosi, E. Magno Caldognetto, A. Zamboni (a cura di), *Voce, Canto, Parlato. Studi in onore di Franco Ferrero* (pp. 311–320). Padova: Unipress.

LANGUAGE

Language and Forensics

Edited by Chiara Meluzzi and Sonia Cenceschi

Language and Forensics is a trans- and inter-disciplinary book series dedicated to exploring the complex relationship between language and forensic practice. Bridging theoretical foundations and applied research, the series includes contributions that range from introductory manuals and historical overviews of the field to in-depth analyses of real-world forensic cases and cross-national comparisons of linguistic methodologies.

Reflecting the diverse nature of forensic linguistics, the series features three main types of volumes: theoretical works introducing specific subfields (such as audio analysis or textual comparison), applied research addressing linguistic challenges in forensic contexts (e.g., authorship attribution, voice comparison), and edited collections emerging from collaborative research or academic conferences.

In line with its inclusive and international scope, *Language and Forensics* welcomes publications in English as well as other Romance languages. This multilingual approach aims to support a broader scholarly community and provide a prestigious publishing platform for researchers who often face limited options beyond specialized scientific journals.

Volume 1 Chiara Meluzzi e Sonia Cenceschi. Introduzione all'audio forense: Fonetica forense, elaborazione del segnale audio e psicoacustica. 2026.

www.peterlang.com

www.ingramcontent.com/pod-product-compliance
Ingram Content Group UK Ltd.
Pitfield, Milton Keynes, MK11 3LW, UK
UKHW021936290926
8980IPUK00016B/1660

9 783034 344173